Die digitale Verführun

Ralf T. Kreutzer
# Die digitale Verführung

Selbstbestimmt leben trotz Smartphone, Social Media & Co.

Ralf T. Kreutzer
Hochschule für Wirtschaft und Recht Berlin
Berlin, Deutschland

ISBN 978-3-658-27780-2    ISBN 978-3-658-27781-9 (eBook)
https://doi.org/10.1007/978-3-658-27781-9

Die Deutsche Nationalbibliothek verzeichnet diese Publikation in der Deutschen Nationalbibliografie; detaillierte bibliografische Daten sind im Internet über http://dnb.d-nb.de abrufbar.

Springer
© Springer Fachmedien Wiesbaden GmbH, ein Teil von Springer Nature 2020
Das Werk einschließlich aller seiner Teile ist urheberrechtlich geschützt. Jede Verwertung, die nicht ausdrücklich vom Urheberrechtsgesetz zugelassen ist, bedarf der vorherigen Zustimmung des Verlags. Das gilt insbesondere für Vervielfältigungen, Bearbeitungen, Übersetzungen, Mikroverfilmungen und die Einspeicherung und Verarbeitung in elektronischen Systemen.
Die Wiedergabe von allgemein beschreibenden Bezeichnungen, Marken, Unternehmensnamen etc. in diesem Werk bedeutet nicht, dass diese frei durch jedermann benutzt werden dürfen. Die Berechtigung zur Benutzung unterliegt, auch ohne gesonderten Hinweis hierzu, den Regeln des Markenrechts. Die Rechte des jeweiligen Zeicheninhabers sind zu beachten.
Der Verlag, die Autoren und die Herausgeber gehen davon aus, dass die Angaben und Informationen in diesem Werk zum Zeitpunkt der Veröffentlichung vollständig und korrekt sind. Weder der Verlag, noch die Autoren oder die Herausgeber übernehmen, ausdrücklich oder implizit, Gewähr für den Inhalt des Werkes, etwaige Fehler oder Äußerungen. Der Verlag bleibt im Hinblick auf geografische Zuordnungen und Gebietsbezeichnungen in veröffentlichten Karten und Institutionsadressen neutral.

Springer ist ein Imprint der eingetragenen Gesellschaft Springer Fachmedien Wiesbaden GmbH und ist ein Teil von Springer Nature.
Die Anschrift der Gesellschaft ist: Abraham-Lincoln-Str. 46, 65189 Wiesbaden, Germany

*Widmung*
*Ich widme dieses Werk allen Menschen, die in Politik, Gesellschaft und Wirtschaft Verantwortung tragen – allen Politikern, Managern, Lehrer und Hochschullehrern, Kindern, Schülern, Auszubildenden, Studenten, Arbeitnehmern, Arbeitssuchenden, Hausfrauen und Hausmännern, Großeltern, Urgroßeltern ...*
***also allen Menschen auf diesem Planeten.***
*Es geht uns alle an!*

# Vorwort

Liebe Leserin, lieber Leser,

in vielen Lehr- und Fachbüchern zum Online- und Social-Media-Marketing werden ausführlich die Chancen beschrieben, die mit dem Einsatz der sozialen Medien und weiteren Entwicklungen des digitalen Zeitalters einhergehen. In dem vorliegenden Buch lenke ich den Blick dagegen ganz gezielt auf die Risiken und damit die „dunkle Seite", die mit diesen Entwicklungen einhergehen.

Erst ein **holistischer Blick auf Licht und Schatten von Smartphone, Social Media & Co.** erlaubt einen verantwortungsvollen Einsatz – durch die Anbieter dieser Systeme, die anwendenden Unternehmen, die für die Gesetzgebung relevanten Institutionen sowie – nicht zuletzt – durch die Endnutzer selbst. Gerade bei den Letztgenannten ist m. E. kein umfassendes Bewusstsein über die Risiken einer extensiven Nutzung von Smartphone, Social Media & Co. vorhanden. Außerdem steigt das Ausmaß der Abhängigkeit und die gesellschaftlichen, politischen wie auch die wirtschaftlichen Fehlentwicklungen nehmen zu.

Meine Motivation, sich mit diesem Phänomen intensiver zu befassen, wurde durch meine alltäglichen **Beobachtungen und Erfahrungen beim Umgang mit Smartphone, Social Media & Co.** gefördert. Nicht zuletzt habe ich auch ganz konkret durch das **Verhalten in vielen Vorlesungen und Veranstaltungen** erlebt, dass immer mehr Menschen zur **Konzentration und Kontemplation** unfähig und/oder unwillig erscheinen. Hierin lauert für mich eine große Gefahr für Politik, Wirtschaft und Gesellschaft. Denn ohne Konzentration und Kontemplation gelingt kein fundierter Wissensaufbau – eine unverzichtbare Voraussetzung, wenn wir als **Wissensgesellschaft** auch in Zukunft noch wertschöpfend agieren möchten.

Wichtig ist mir die Feststellung, dass ich in diesem Werk **keine monokausalen Erklärungsversuche** unternehme, indem ich alle heute beobachtbaren Fehl- oder Falschentwicklungen allein auf eine Ursache zurückführe. Allerdings sollten wir uns alle die Frage stellen, welchen Beitrag Smartphone, Social Media & Co. zu diesen Entwicklungen leisten. Durch meine Ausführungen möchte ich nicht nur aufklären, sondern ganz bewusst auch provozieren, um Ihnen – geschätzte Leserin, geschätzter Leser – die Augen noch ein Stück weiter zu öffnen und Sie zum Nachdenken anzuregen; damit wir gemeinsam – im Sinne einer sich selbst zerstörenden Prophezeiung (**Self-Destroying Prophecy**) – die Entwicklungslinien, die sich heute schon abzeichnen, ganz bewusst durchbrechen.

Zusätzlich möchte ich einen wichtigen Denkanstoß geben, um die heute unverzichtbare **Medienkompetenz zu stärken,** damit wir alle lernen, in höherem Maße verantwortlich – im besten Fall eigenverantwortlich – mit den **Verführungen des digitalen Zeitalters** umzugehen.

Ich gestehe ganz offen, dass sich im Zuge der mehrmonatigen Recherchen zu diesem Werk auch mein eigenes **Mediennutzungsverhalten** verändert hat. Ich bin zwar schon immer sehr selbstdiszipliniert mit den digitalen Versuchungen umgegangen und habe sehr konsequent alle Online-Spiele von meinen Geräten verbannt – nachdem ich bei mir ein gewisses Spiele-Suchtpotenzial erkannt hatte. Auch meine Social-Media-Aktivitäten haben sich mit wenigen Minuten pro Woche schon immer in engen Grenzen gehalten. Allerdings war ich fast 24/7 daran interessiert, welche E-Mails bei mir eingingen. Hier waren immer wieder schöne Inhalte zu finden: von der Liebsten, von Freunden und Verwandten, von Studenten – und gerne auch Vortrags- und Beratungsanfragen von Unternehmen oder positives Feedback zu einem meiner Bücher. Fand ich diese, hat mich das in eine gute Stimmung versetzt – fand ich diese nicht, schaute ich später nach, ob jetzt etwas „Schönes" dabei war.

Nun habe ich mein Verhalten radikal geändert. Ab 19:00 Uhr schaue ich mir jetzt keine E-Mails mehr an (auch nicht am *iPad*) – und mein Smartphone und damit mein Zugang zu E-Mails bleiben von Freitagabend bis Montagmorgen „untouched" in meinem Arbeitszimmer. Es klappt – aber einige **Entzugserscheinungen** habe ich noch. Was nichts anderes bedeutet, als dass bei mir bereits eine gewisse Abhängigkeit vorlag. Vielleicht geht es Ihnen nach der Lektüre ja ähnlich – und vielleicht werden Ihre Lieben von einer Verhaltensänderung sogar begeistert sein …

Ich danke erneut und mit Nachdruck meinem Lektorinnen-Team beim *Springer Gabler Verlag*, Frau *Barbara Roscher* und Frau *Angela Meffert* für die kompetente Begleitung bei diesem neuen Werk.
Ihr

Königswinter – Berlin                                             Ralf T. Kreutzer

# Inhaltsverzeichnis

| | | |
|---|---|---|
| 1 | **Treiber der digitalen Inkompetenz** | 1 |
| | Literatur | 20 |
| 2 | **Mangelnde Konzentrationsfähigkeit** | 23 |
| | Literatur | 51 |
| 3 | **Mangelnde Kontemplationsfähigkeit** | 55 |
| | Literatur | 64 |
| 4 | **Algorithmenbasierte Demagogie** | 67 |
| | Literatur | 94 |
| 5 | **Einfluss von Smartphone, Social Media & Co. auf die physische und psychische Gesundheit** | 97 |
| | Literatur | 123 |
| 6 | **Zeit zur Umkehr: Medienkompetenz, Selbstanalyse, Selbstdisziplin** | 127 |
| | 6.1 Aufbau von Medienkompetenz | 128 |
| | 6.2 Selbstanalyse zur Ermittlung des Status quo | 145 |
| | 6.3 Schaffung von Selbstdisziplin zur Verhaltensveränderung | 151 |
| | Literatur | 168 |
| 7 | **Ausblick** | 171 |
| | Literatur | 174 |

| | |
|---|---|
| **Der Autor** | 177 |
| **Stimmen zum Buch** | 179 |
| **Stichwortverzeichnis** | 181 |

# 1

# Treiber der digitalen Inkompetenz

*Ein schwedisches Ehepaar entschied sich, mit dem Auto von Venedig auf die italienische Insel Capri zu fahren. Bei der Eingabe in das Navigationsgerät unterlief ihm allerdings ein kleiner – aber entscheidender – Tippfehler, so dass aus „Capri" der Zielort „Carpi" wurde. Das führte dazu, dass das Paar nicht am Golf von Neapel ankam, sondern 660 Kilometer entfernt in der eher selten von Touristen bereisten Industriestadt Carpi. Dem Ehepaar fehlte offensichtlich nicht nur das Wissen über die grobe geografische Lage von Capri, sondern auch die nicht ganz unwichtige Information, dass Capri eine Insel ist und deshalb besser mit der Fähre und nicht direkt mit dem eigenen Auto erreichbar wäre (vgl. Lobe 2016).*

Hier stellt sich die Frage, ob der Mensch durch die Möglichkeit, online auf das gesamte Wissen der Menschheit zuzugreifen, eher intelligenter oder eher dümmer wird. Führt der Zugriff auf diesen **universellen Wissensspeicher** zu einer Zunahme an Wissen – oder ist vielmehr das Gegenteil der Fall? Denn heute können wir es uns leisten, so wenig zu wissen wie nie, weil der universelle Wissensspeicher ja immer nur einen Fingertipp entfernt ist. Von hier ist es nicht mehr weit zu Open-Book-Klausuren (auch Koffer-Klausuren genannt), bei denen Schüler und Studenten alle Unterlagen verwenden dürfen, die für die Beantwortung der Fragen relevant sein könnten. Eigenes Wissen wird hier durch **Metawissen** ersetzt: das Wissen über das Wissen bzw. die Informationsquellen.

Macht uns das stärker oder schwächt uns das? Sollten wir auf den mühsamen Aufbau von eigenem Wissen – sprich das **Lernen** – verzichten, weil Wissen (Dritter!) doch jederzeit und von überall her abrufbar ist?

In einem meiner Seminare für Einzelhändler berichtet eine junge Teilnehmerin (24), die außer im Verkauf auch für die Pflege des Instagram-Auftritts des Geschäfts zuständig war, das Folgende: „Lesen tue ich nicht mehr. Auch das Anschauen von

*Fotos ist mir zu anstrengend. Ich schaue nur noch Videos – auch gerne solche, wo jemand mit dem Dampfstrahler einen Gegenstand reinigt. Hauptsache lustig."*

*Ich muss gestehen, dass ich an dieser Stelle den Austausch nicht intensiviert habe, weil meine Antworten und Fragen vermutlich nicht sehr wertschätzend ausgefallen wären.*

Was wird hier sichtbar? Immer mehr Menschen – auch wir? – werden zu **Bewegtbild-Junkies**, die sich an Katzenvideos und anderem erfreuen. Eine Analyse bei *LinkedIn* zeigt, dass auch im beruflichen Umfeld Video vor Foto und Foto vor Text eine höhere „Vergütung" in den Social-Media-Währungen Likes, Applaus, Weiterleitung etc. erhält. So scheint der Siegeszug von Videos und vor allem auch von GIFs (sogenannte Mikro-Formate) unaufhaltsam. Sie alle kennen GIFs aus Ihrem medialen Umfeld. Der Begriff **GIF** ist das Akronym für Graphics Interchange Format. Es handelt sich um ein Grafikformat, das eine verlustfreie Kompression von Bildern erlaubt. Mehrere Einzelbilder können in einer Datei abgespeichert werden, so dass für den Nutzer eine Animation sichtbar wird.

Bei der Analyse der **IQ-Entwicklung der Menschheit** haben wir bisher immer dem sogenannten **Flynn-Effekt** vertraut (vgl. Flynn 2012). Dieser Effekt beschreibt die Beobachtung, dass bis in die 1990er-Jahre hinein die Ergebnisse von IQ-Tests in Industrieländern jedes Jahr kontinuierlich höher wurden. Nach Studien von *Flynn* zeigten Testergebnisse aus 14 Industrienationen, dass die IQ-Werte von Generation zu Generation um fünf bis 25 Punkte zunahmen. Dies wurde als eine **kontinuierliche Zunahme der Intelligenz** in den ersten sieben Jahrzehnten des 20. Jahrhunderts interpretiert. Eine Erklärung für diese Entwicklung fand sich in den verbesserten Umweltbedingungen, die sich durch eine bessere Ernährung und Gesundheitsvorsorge sowie durch zunehmende Bildungsanstrengungen und einen Zugang zu Massenmedien auszeichneten.

Inzwischen zeigt sich in einzelnen Studien allerdings ein **negativer Flynn-Effekt**: Das bedeutet, dass die durch IQ-Test gemessene Intelligenz inzwischen abnimmt. Hierzu werden verschiedene Erklärungsansätze geliefert (vgl. Lynn und Harvey 2008). So wird die Frage gestellt, ob sich unsere Gesellschaft nicht vielleicht trotz, sondern gerade wegen der umfassenden technologischen Fortschritte bereits zurückentwickelt oder dies in Zukunft tun wird. Schwierigkeiten beim Kartenlesen, die Tatsache, dass wichtige Telefonnummern und Adressen nicht mehr auswendig gelernt werden, und die Verlagerung von umfassenden Recherchen auf eine einfache *Google*-Suche waren über viele Jahrzehnte wichtige und deshalb auch erlernte **Kulturtechniken,** die heutzutage aber an Relevanz verlieren (vgl. Lobe 2016). Und unser Gehirn passt sich daran an. Deshalb muss umfassend geprüft werden, welchen Beitrag Smartphone, Social Media & Co. möglicherweise zu diesem negativen Flynn-Effekt leisten.

Da in diesem Kapitel von **digitaler Inkompetenz** gesprochen wird, sollten wir zunächst ein gemeinsames Verständnis davon entwickeln, was genau mit **Inkompetenz** gemeint ist. Wir sprechen von einem inkompetenten Menschen, wenn es diesem an Fähigkeiten, an Kenntnissen mangelt. Häufig verwendete Synonyme sind auch Unfähigkeit und Unvermögen. Die wichtige Frage lautet nun, wie die Digitalisierung in ihren unterschiedlichen Erscheinungsformen diese Inkompetenz fördert oder unterstützt.

Immer mehr Menschen sind „**always on**". Innerhalb von Sekunden können wir aus der (meist) heilen *Instagram*-Welt wechseln zu den Schrecken des islamischen Terrors auf *YouTube*, die letzten Fotos von der Geburtstagsparty auf *Facebook* betrachten und schnell ein paar Schuhe bei *Zalando* ordern, bevor wir uns bei einem Video entspannen, in dem ein Pferd Wassermelone verspeist. Kurz dazwischengestreut sind noch die neuesten Tweets eines irrlichternden US-Präsidenten, Nachrichten über neue Raketentests in Nordkorea und weitere irritierende Informationen über die weltweiten Migrantenströme. Eine unendliche **Vielfalt von Informationen** prasselt in jeder Sekunde auf den Nutzer ein – häufig ungefiltert (oder durch nicht nachvollziehbare Algorithmen vorselektiert) und bar jeder Gewichtung hinsichtlich ihrer Relevanz für den Empfänger.

**Alles ruft – ja schreit – nach unserer Aufmerksamkeit.**

Deshalb entstand die sogenannte **Aufmerksamkeitsökonomie** (auch Attention-Economy), bei der nicht mehr Geld oder Produkte den zentralen Engpassfaktor darstellen, sondern die **Aufmerksamkeit** des Menschen das knappe Gut ist. Wie kam es zu dieser Entwicklung hin zur Aufmerksamkeitsökonomie? Die **Kosten für den Zugang zu Informationen und zu Unterhaltung** sinken im Flatrate-Zeitalter dramatisch. Wer beispielsweise ein (werbefreies) *Spotify-Premium*-Abonnement für 9,99 Euro pro Monat abgeschlossen hat, kann 24/7 auf eine enorme Musikauswahl sowie auf eine Vielzahl von Podcasts zugreifen. Wer ein *Netflix*-Abonnement ab 7,99 Euro pro Monat abschließt, kann jederzeit und überall auf Hunderttausende von Filmstunden zugreifen. Online-Gamer habe ebenfalls ein schier unvorstellbares Flatrate-Angebot, um ihre Spielleidenschaft auszuleben. Damit wird deutlich:

> Begrenzt ist nicht mehr der Zugang zu informierenden und/oder unterhaltenden Inhalten, sondern die Aufmerksamkeit der Nutzer. Die Aufmerksamkeit ist heute in vielen Bereichen die zentrale knappe Ressource. Deshalb wird von der Aufmerksamkeitsökonomie gesprochen.

Wenn viele dieser Angebote in Anspruch genommen werden, kommt es zwangsläufig zu **Trade-offs**. Hierbei handelt es sich um **Austauschbeziehungen**, die eine gegenläufige Abhängigkeit aufweisen. Ein Beispiel verdeutlicht das: Wer beispielsweise mehr Serien auf *Netflix* konsumiert, kann nicht nur weniger Stunden für das Zeitungslesen, sondern auch weniger Zeit für sportliche Aktivitäten im Freien einsetzen. Hier haben wir es folglich mit einer **umgekehrten Proportionalität** zu tun. Eine Zunahme auf der einen Seite (etwa mehr Serien schauen) führt zu einer Abnahme auf der anderen Seite (hier weniger Sport treiben). Deshalb müssen wir permanent abwägen, wie wir unsere Zeit und damit unsere Aufmerksamkeit einsetzen. Es geht bei Trade-offs um **Kosten-Nutzen-Abwägungen** zwischen verschiedenen Handlungsalternativen. **Kompromisse** zwischen verschiedenen Aktivitäten gefunden werden. Folglich geht es ganz klassisch um den **Ausgleich von Zielkonflikten**.

Die Folgen einer – aus meiner Sicht – nicht optimalen Kosten-Nutzen-Abwägung kann ich in vielen Diskussionen sowohl innerhalb als auch außerhalb der Universität feststellen. Hier zeigt sich beispielsweise immer wieder und immer umfassender, dass der **Informationsstand über Politik, Gesellschaft und Wirtschaft** in der jüngeren Generation häufig nur minimal ist. Ob es um dramatische Entwicklungen in Ländern Südamerikas, um das chinesische Seidenstraßenprojekt oder eine Fusionen im deutschen Einzelhandel geht: Der zu Wissensstand ist häufig „notleidend" – um es nett zu sagen. Die Aufmerksamkeit der Nutzer springt immer schneller von Angebot zu Angebot, von Headline zu Headline – häufig, ohne die Tiefe eine Meldung oder eines (theoretischen) Konzepts zu erfassen.

Es gibt bereits **Geschäftsmodelle**, die ganz bewusst auf die **reduzierte Aufmerksamkeitsspanne** der Menschen abzielen. Dazu hat der globale Marketingchef der Kurzvideo-App *TikTok* passend formuliert:

> „Außerdem spielt es uns in die Karten, dass die Aufmerksamkeitsspanne der User immer kürzer wird. Sehr kurze Videos sind schließlich unser Metier. … Normalerweise sind es 15 Sekunden. Theoretisch könnte ein TikTok-Video bis fünf Minuten lang sein. Das will bei uns aber keiner sehen. Der Trend geht ganz klar zu kürzeren Formaten mit sehr hohem Entertainmentfaktor." (Heinrich 2019, S. 24)

*TikTok* ist eine weltweit führende **Plattform für mobile Kurzvideos** und gehört zum chinesischen Unternehmen *Bytedance*. Sie definiert ihren Auftrag wie folgt:

# 1 Treiber der digitalen Inkompetenz

„Unsere Mission ist es, die Kreativität, das Wissen und die bedeutenden Momente unserer Nutzer direkt vom Smartphone aus einzufangen und zu präsentieren. TikTok ermöglicht es jedem, kreativ zu sein und ermutigt die Nutzer, ihrer Leidenschaft und Kreativität Ausdruck zu verleihen" (TikTok 2019).

Und dies alles – weil die Aufmerksamkeitsspanne so kurz ist – in wenigen Sekunden.

Wie konnte es zu einer solchen (Fehl-)Entwicklung kommen? Wir alle stellen für bestimmte Inhalte nur noch **„Häppchen-Zeitfenster" an Aufmerksamkeit** zur Verfügung. Auf diese Weise entstehen ganz **individuelle Medienhaushalte**: Jeder Einzelne von uns kreiert sich einen eigenen Medienhaushalt, der analoge und digitale Kanäle umfassen kann, die vom jeweiligen Nutzer als besonders wichtig bzw. relevant angesehen werden. Deshalb sprechen wir hier vom Relevant Set (vgl. Ebenfeld und Ziems 2018, S. 23). Unser persönliches Relevant Set wird immer wieder neu bestückt: Manche Medien werden längerfristig genutzt, andere werden zeitweise geprüft und dann wieder verworfen. Aufgrund der hohen **Verfügbarkeit alternativer Medien** ist ein solcher Wechsel meist auch nicht mit größeren Wechselkosten verbunden. Wie ein solcher individueller Medienhaushalt aussehen kann, zeigt Abb. 1.1. Je nach Interessenslage und Zielsetzung werden unterschiedliche Medien aus dem eigenen Relevant Set genutzt. In diesem Beispiel wird zwischen den

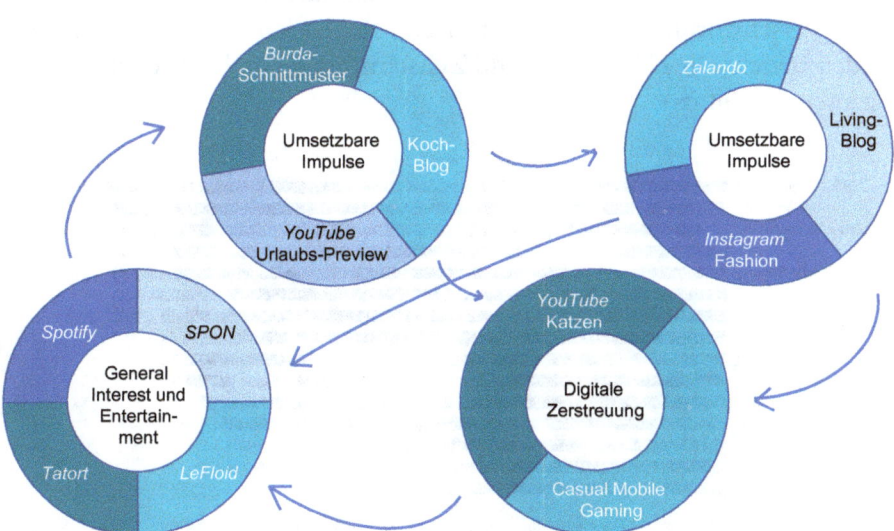

**Abb. 1.1** Individueller Medienhaushalt am Beispiel Anna, BWL-Studentin, 23 Jahre. (Quelle: Nach Ebenfeld und Ziems 2018, S. 24)

Feldern „General Interest und Entertainment", „Umsetzbare Impulse" und „Digitale Zerstreuung" unterschieden.

Doch welche Medien dominieren heute in den individuellen Medienhaushalten? Welche gehören für viele Menschen zum Relevant Set? Hier stellt sich zunächst die spannende Frage nach der **Glaubwürdigkeit verschiedener Nachrichtenquellen** (vgl. Abb. 1.2). Diese Glaubwürdigkeit kann sich darauf auswirken, welche Quellen als relevant angesehen und damit intensiver genutzt werden. Im Zuge der hier ausgewerteten Studie wurden in Deutschland 2022 Personen befragt. Interessant ist zunächst, dass die klassischen, primär beitragsfinanzierten Medien (*ARD, ZDF*) das Ranking der Vertrauenswürdigkeit anführen. Auf den folgenden Rängen finden sich viele Tageszeitungen und Informationsmagazine, wobei die jeweiligen Offline-Ausgaben dominieren. Interessant ist, wie gering die Vertrauenswürdigkeit der *Bild Zeitung* im Vergleich zu den anderen Medien ausfällt.

Eine interessante Frage ist jetzt, ob sich das wahrgenommene Vertrauen auch im eigenen **Mediennutzungsverhalten** niederschlägt. Abb. 1.3 zeigt, dass die tatsächliche **Mediennutzung** nicht deutlich vom wahrgenommenen Vertrauenspotenzial der einzelnen Medien beeinflusst wird. 23.389 Personen ab 14 Jahren in Deutschland wurden zu den am meisten **genutzten Informationsquellen** befragt. Nach „Verwandten, Freunden und Bekannten" steht hier die „Suche im Internet" bereits auf dem zweiten Platz. Für 71 % stellt das Internet die zweitwichtigste Informationsquelle dar. Wir wissen alle, dass „Internet" sowohl für solide Informationen als auch für Populismus, Demagogie, Verschwörungstheorien, Lügen etc. stehen kann. Im Vergleich dazu werden Berichte in TV, Zeitung und Zeitschriften schon heute deutlich weniger intensiv genutzt.

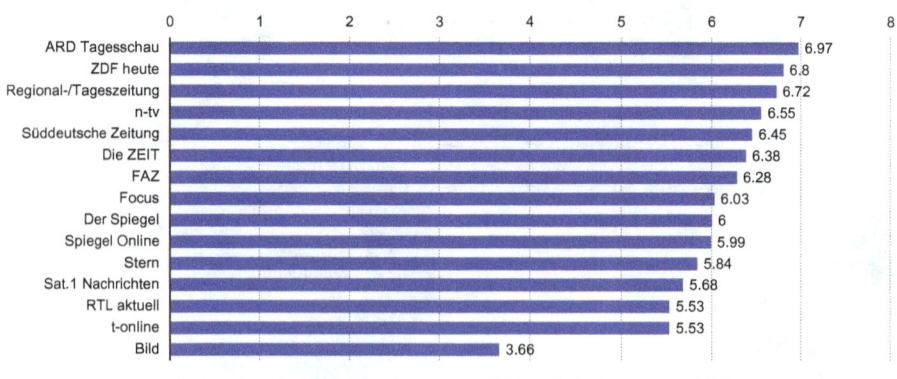

**Abb. 1.2** Ranking der Nachrichtenquellen in Deutschland, denen die Bürger am stärksten vertrauen – 2019. (Quelle: Reuters Institute for the Study of Journalism 2019)

Wie Abb. 1.3 zeigt, liegen „Fachbuch" und „Bücherei" bei den angegebenen Informationsquellen auf den letzten Plätzen. Das ist interessant, denn das *Institut für Demoskopie Allensbach* hat in einer repräsentativen Studie (vgl. AWA 2019) eindeutige Präferenzen festgestellt, und diese sind eigentlich eindeutig ausgeprägt. Altersübergreifend wird bei der Frage „Lesen Sie längere Texte lieber auf Papier oder am Bildschirm?" eine Präferenz für das Papier sichtbar (vgl. Abb. 1.4). Allerdings zeigt sich, dass die Antwort „Egal" umso häufiger gegeben wird, je jünger die Befragten sind. In der Altersklasse 14 bis 19 Jahre sagt mit 53 % bereits die Mehrheit, dass es ihnen egal sei. Das ist keine gute Nachricht für alle, die nach wie vor (allein) auf papiergebundene Produkte setzen.

**Abb. 1.3** Meistgenutzte Informationsquellen der Bevölkerung in Deutschland im Jahr 2018 – in %. (Quelle: Allensbach 2018)

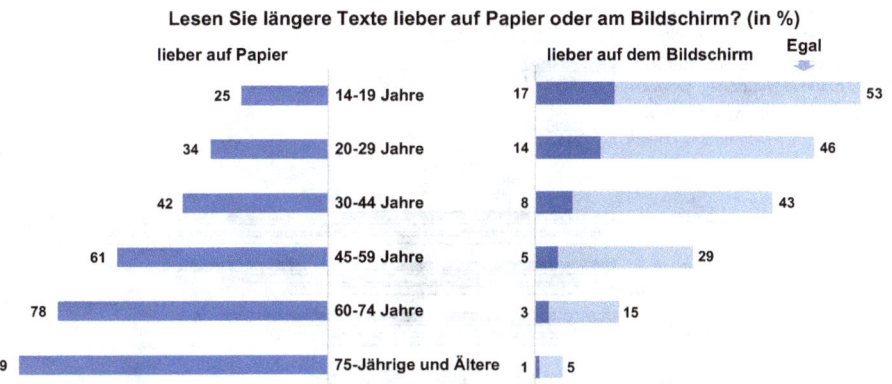

**Abb. 1.4** Präferenzen beim Lesen – Papier oder Bildschirm? – in %. (Quelle: AWA 2019)

Da im Internet Informationen aus allen möglichen Quellen stammen können, sind zwei Fragen interessant: Welches sind die **wichtigsten Zugangswege zu Online-Nachrichten?** Welche dieser Online-Kanäle gehören in verschiedenen Altersgruppen zum Relevant Set in den individuellen Medienhaushalten? Antworten hierauf liefert Abb. 1.5. Zur Ermittlung dieser Werte wurde in Deutschland 1675 Personen die folgende Frage gestellt: „Welcher von diesen war der hauptsächliche Weg, über den Sie innerhalb der letzten Woche auf die Nachrichten zugegriffen haben?"

Abb. 1.5 zeigt, dass zwischen verschiedenen Altersgruppen signifikante Unterschiede in den individuellen Medienhaushalten vorliegen. Bei der jungen Online-Nutzergruppe (18 bis 24 Jahre alt) sind **algorithmenbasierte Zugangswege** weit verbreitet. 44 % dieser Gruppe finden Nachrichten regelmäßig über die thematische Suche, über News-Aggregatoren sowie über die sozialen Medien. Hier kommt den **sozialen Medien** eine herausgehobene Position zu: Für 23 % der jungen Online-Nutzer stellen die sozialen Medien sogar die wichtigste Informationsquelle dar. Beim Aufruf von Informationen über Marken gibt es dagegen keine gravierenden Unterschiede nach dem Alter der Nutzer.

Den **Stellenwert von sozialen Medien als Nachrichtenquelle** in den verschiedenen Altersgruppen zeigt Abb. 1.6. Die Ergebnisse basieren auf einer

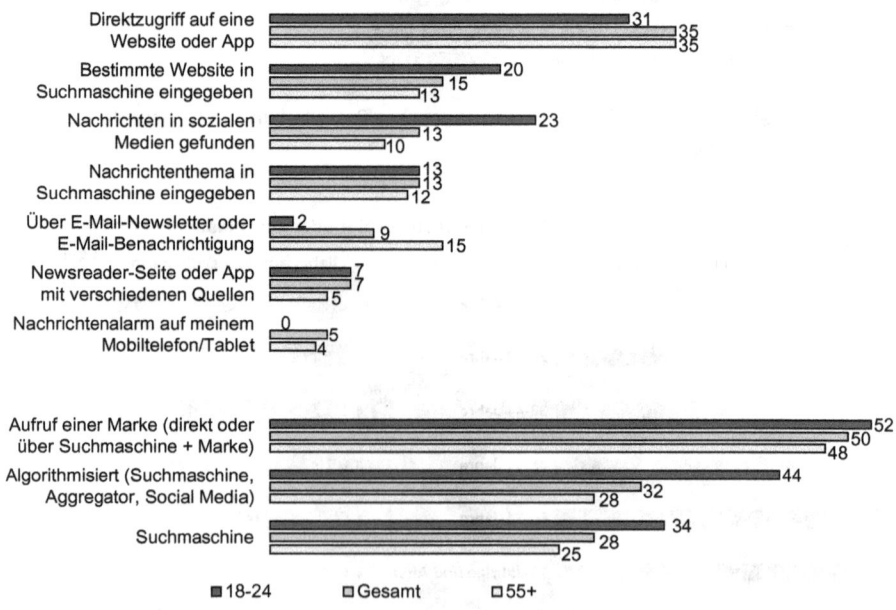

**Abb. 1.5** Wichtigster Zugangsweg zu Online-Nachrichten nach Alter im Jahr 2018 – in %. (Quelle: Hölig und Hasebrink 2018, S. 35)

Umfrage bei 2038 Personen in Deutschland. Die konkrete Frage lautete: „Welche der folgenden Dienste haben Sie letzte Woche genutzt, um Nachrichten zu suchen, zu lesen, anzuschauen, zu teilen oder um darüber zu diskutieren, falls überhaupt einen?" In der jüngsten Zielgruppe (18 bis 24 Jahre) sind bei den sozialen Medien *Facebook* und *YouTube* die wichtigsten Informationsquellen für Nachrichten. Während in den Altersgruppen 25 bis 34 und 35 bis 44 die Bedeutung von *Facebook* deutlich größer ist, fällt die Bedeutung von *YouTube* als Nachrichtenquelle deutlich ab. Dagegen etabliert sich *WhatsApp* ab der Altersgruppe 25 bis 34 als zweit- bzw. drittwichtigster Nachrichtenkanal. *Twitter* und *Instagram* haben für die Nachrichtenversorgung dagegen nur geringe Relevanz.

Angesichts dieser **Nutzungspräferenzen** bei den sozialen Medien sollten wir einen Blick auf die dort präsentierten Inhalte und deren Qualität werfen. Stellen Sie sich hierfür folgendes **Szenario** vor (vgl. Georgi 2019a, S. 20): Ein Urlauber entdeckt am Strand von Ibiza einen seltsamen Fisch und filmt ihn mit seinem Handy. So entsteht ein verwackeltes Video, auf dem eine Flosse zu sehen ist, die auch von einem Hai stammen könnte. Natürlich wird das Video gleich bei *YouTube* hochgeladen, um den Rest der Welt an diesem bewegenden Ereignis teilhaben zu lassen. Das Video wird angesehen, gelikt und irgendwann mit dem Kommentar „Hai-Alarm auf Ibiza" versehen. Jetzt findet es auch weitere Verbreitung via *Facebook*, *Instagram* und *Twitter*. Das intensive

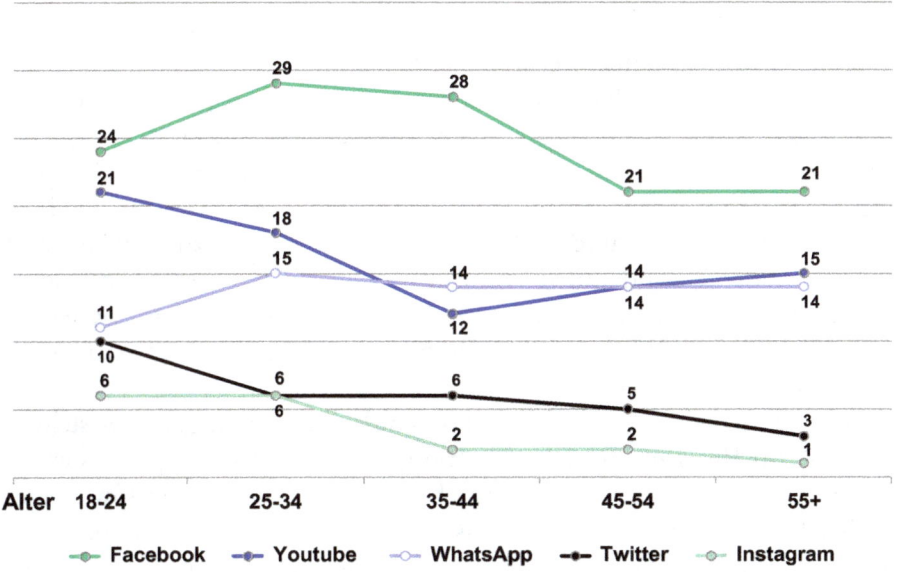

**Abb. 1.6** Für Nachrichten genutzte soziale Medien nach Alter im Jahr 2018 – in %. (Quelle: Hölig und Hasebrink 2018, S. 44)

Sharing führt dazu, dass „Hai-Alarm auf Ibiza" bei *Twitter* zum Trending Topic wird, weil es vom Algorithmus als besonders wichtig eingeschätzt wird.

Jetzt springt die Meldung von den sozialen auf die klassischen Medien über, die sich nicht vorwerfen lassen möchten, „relevante" Nachrichten nicht aufzugreifen. Ein Online-Redakteur verfasst einen umfassenderen Bericht über den vermeintlichen Hai-Alarm auf Ibiza. Obgleich hier von einem „vermeintlichen" Hai gesprochen wird, verbreitet sich der Text immer weiter und wird auch von anderen klassischen Medien aufgegriffen – Zeitungen, Zeitschriften, Radio und TV. Jetzt kommen Hai-Experten, Meeresbiologen und Tourismusexperten ins Spiel, um das Rad immer weiter zu drehen. Schließlich werden erste Fragen und Forderungen an die Politiker in Spanien gestellt, warum Strände nicht schon gesperrt wurden und man nicht früher darüber informierte. Erst viel später stellt sich heraus, dass ein kleiner Delfin Auslöser der gesamten Debatte war – was in der **medialen Übererregung** allerdings nicht mehr wahrgenommen wird. Eine Beobachtung, die früher für ein paar Minuten das Gespräch an der Theke dominiert hätte, wird heute weltweit diskutiert – und das häufig über Tage und Wochen.

Welche Ursachen liegen einer solchen Entwicklung zugrunde? In der Hai-Geschichte können wir ein ganz spezifisches **Wirkungsnetz** erkennen, das tagtäglich mit ähnlichen Inhalten im Einsatz ist (vgl. vertiefend Pörksen 2018). Klassische Medien und Online-Medien verstärken sich gegenseitig und schaukeln sich geradezu hoch – immer mit dem Ziel, möglichst keine aufmerksamkeitsstarke Geschichte zu verpassen, um einen möglichst großen Anteil der Aufmerksamkeit für sich zu gewinnen.

Das Wirkungsnetz, dessen Dynamik wir am Hai-Beispiel gesehen haben, löst die klassischen Leitmedien (TV sowie die überregionalen Zeitungen und Zeitschriften) zunehmend ab und definiert in vielen Fällen das Thema des Tages – wir sprechen hier vom **Agenda-Setting**. Das Futter für die Tagesagenda in den Online- und Offline-Medien liefern heute zum einen irrlichternde Präsidenten und andere Politiker mit einzelnen Tweets. Zum anderen wird regelmäßig neues Material durch die Jedermann-Reporter generiert, die sekündlich Foto- und Filmaufnahmen sowie auch Texte hochladen und damit der ganzen Welt zur Verfügung stellen.

Einen zusätzlichen Turbo für die **Dynamik des Wirkungsnetzes** stellt der „Zwang" zur **Realtime-Berichterstattung** dar. Journalisten, Spezialisten und Politiker haben immer weniger Zeit, Ereignisse zu reflektieren sowie eigene Recherchen durchzuführen. Kaum ist ein Tweet in der Welt, werden sie zu einem Kommentar „genötigt". Wer hier nicht liefern kann oder will, etwa weil die eigene Meinungsbildung noch nicht abgeschlossen ist, wird das nächste Mal nicht mehr gefragt – und verliert gleichzeitig Meinungsführerschaft. Wer will das schon? Auch Medien, die hier nicht schnell genug sind, weil auch für die Online-Ausgabe noch Faktenchecks durchgeführt werden müssen oder Nachrichtensendungen bzw. Tageszeitungen erst zu bestimmten Zeiten gesendet werden bzw. erscheinen, scheiden für immer mehr Menschen als relevante Nachrichtenquelle aus – sie werden schlicht als zu langsam wahrgenommen. So werden die sozialen Medien und Online-Newsportale (auch der klassischen Medien) für viele Menschen zur wichtigsten Informationsquelle – getrieben vom **Zwang zur Schnelligkeit**.

Diese Entwicklungen fasst Georgi (2019a, S. 20) treffend zusammen:

„Es ist, als befände sich unsere Gesellschaft in einem **permanenten Zustand der Übererregung**, weil wir die vielen Reize, die uns über immer mehr Kanäle simultan ‚wichtig, noch wichtiger, Skandal!' zurufen, kaum noch bewältigen, geschweige denn nüchtern kategorisieren können."

So wird eine **Aufmerksamkeitsspirale** in Gang gesetzt, die Politiker einem Äußerungszwang aussetzt – auch wenn die Politiker zu manchen Themen eigentlich nichts zu sagen haben. Das Ergebnis: Es wird mit vielen Worten wenig gesagt, wodurch es zu floskelhaften Ausführungen der Politiker kommt, die dann für ihre Sprechweise wiederum kritisiert werden (vgl. vertiefend Georgi 2019b).

Peter Glaser hat dazu sinngemäß formuliert (vgl. z. B. Köhler 2001; Pörksen 2019):

„Information ist schnell. Wahrheit braucht Zeit."

Aber wer nimmt sich heute noch Zeit zum Nachdenken und Recherchieren? Und wem wird diese Zeit heute noch gegeben? Die **Allgegenwart der digitalen Medien** hat dazu geführt, dass sich immer mehr Menschen vom Aufwachen bis zum Schlafengehen in einen (digitalen) Medienstrom einbinden lassen. Die früher dominierende, eher **episodenhafte Mediennutzung** existiert heute fast nur noch in der älteren Generation (vgl. Ebenfeld und Ziems 2018, S. 25):

- Zum Frühstück und ggf. in der Mittagspause wird die analoge Tageszeitung gelesen
- Bei der Arbeit (im Büro, in der Werkstatt, im Laden) oder auf dem Weg dorthin wird Radio gehört
- Abends wird ferngesehen, Musik gehören, gelesen; ggf. werden sogar Gespräche mit der Familie und/oder dem Freundeskreis geführt

Je jünger die Menschen, desto häufiger heißt es heute **"always on"**. Je nach Nutzungssituation (in der U-Bahn, im Büro, zu Hause) werden zum einen **unterschiedliche Devices** genutzt, um beispielsweise Statusmeldungen in den sozialen Medien abzusetzen oder um Nachrichten zu lesen. Zum anderen wird je nach Tageszeit auch auf **unterschiedliche Medien** zugegriffen – zum Beispiel auf *WhatsApp, Facebook, Instagram* und News-Websites zum Update am Morgen, ein Check der beruflichen Nachrichten auf *LinkedIn* und *Xing* auf dem Weg zur Arbeit und längere Videos auf *YouTube* am Abend. In der Kaffeepause – oder (leider) gerne auch während der Arbeit, in Meetings oder laufenden Vorlesungen – kann etwas bei *Facebook* oder *Instagram* gepostet werden. Und tagsüber immer wieder *Spotify* & Co. – man ist versucht zu sagen: um seinem Kopf bloß keine Zeit zu geben, die auf ihn einprasselnden Informationen irgendwie zu verarbeiten. Was wir heute sehen können, ist eine **entgrenzte Mediennutzung**.

*Ich sehe viele Schüler und Studenten schon am Morgen mit Kopfhörern zur Schule bzw. Universität kommen. Diese werden für die Vorlesung abgesetzt – aber sobald der Rückweg von der Universität angetreten wird, sind die Kopfhörer schon wieder im Einsatz.*

*Ich frage mich dann immer: Wann wollt ihr das Gelernte einmal verarbeiten, in euer bestehendes Wissen einordnen und – idealerweise – memorieren?*

*Der Trend, sich immer und überall intensiv beschallen zu lassen, ist übrigens nicht auf Schüler und Studenten beschränkt. Im Flugzeug, im Zug, in der U-Bahn – überall sieht man Menschen, die – kaum, dass sie Platz genommen haben, sich einer kontinuierlichen Berieselung aussetzen.*

> **Denkanstoß**
>
> Bei einer **Dauerbeschallung durch digitale Kanäle**, wie sie bei einer immer größer werdenden Anzahl von Menschen an der Tagesordnung ist, kann ein umfassendes Lernen nicht mehr gelingen. Schließlich lehren uns wichtige **Lerntheorien**, dass der Lernprozess schlechter funktioniert, wenn gerade Erfahrenes permanent durch neue Informationen überlagert wird (vgl. vertiefend Kroeber-Riel und Gröppel-Klein 2013, S. 409–457).

Durch ein **hohes zeitliches Investment** in die große Zahl von Social-Media-Plattformen (vor allem *WhatsApp* und *YouTube*, aber auch *Instagram* und *Facebook*) sowie in die unbegrenzten Angebote der Streaming-Plattformen steht keine Zeit mehr für eine fundierte Beschäftigung mit gesellschaftlich, politisch und wirtschaftlich relevanten Themen mehr zur Verfügung. Dies ist eine **Konsequenz des Trade-offs**.

Denn auch bei *YouTube* besteht trotz *Rezo*-Video der größte Teil der Inhalte nach wie vor aus Unterhaltung sowie einer breiten Palette aus Schmink-, Bastel-

und Mode-Tipps. Diese Einschätzung ist auch das zentrale Ergebnis einer Studie von Frühbrodt und Floren (2019, S. 6), die die 100 deutschen **YouTube-Kanäle mit den höchsten Abonnentenzahlen** mit Hilfe einer **qualitativen Inhaltsanalyse** ausgewertet haben. Diese Analyse führte zu folgenden Ergebnissen:

- *YouTube* ist eher eine **durchkommerzialisierte Werbeplattform** denn ein basisdemokratisches Medium zur „kulturellen Selbstermächtigung".
- Die überwiegende Mehrheit der Kanäle ist inhaltlich von anspruchsloser, vielfach sogar platter und stark emotionalisierter **Unterhaltung** geprägt – und gleichzeitig von **Produktwerbung** durchdrungen.
- Über ein Drittel der Kanäle bieten **Unterhaltung**, wie beispielsweise Comedy, Streiche, Wettkämpfe und Videotagebücher. Ein Viertel sind reine **Musikkanäle**. 15 % der Angebote fokussieren auf **Gaming**. Knapp 10 % der Kanäle beschäftigen sich mit **Beauty und Lifestyle**.
- Nur vier von 100 Kanälen beschäftigen sich im weiteren Sinne mit **Politik und Wissen**.
- Den **digitalen Meinungsführern bzw. Influencern** kommt in 56 der Top-100-Kanäle die Hauptrolle zu. Bei den Top-20-Kanälen sind in 15 Fällen Influencer aktiv.
- Diese Influencer haben einen Einfluss auf die **Identitätsbildung** von Kindern und Jugendlichen – allerdings meist auf sehr einseitige Weise. Häufig wird hier ein ungezügelter Konsum (**Konsumismus**) gepredigt und gleichzeitig werden **tradierte Geschlechterrollen** von Mann und Frau vermittelt.
- Unter den Top-100-Kanälen adressieren drei explizit **Kinder** (The *Voice Kids*, *Clips Mix* und *Surprise Joe*). Zahlreiche weitere Comedy- und Beauty-YouTuber wie *Die Lochis* und *Dagi Bee* zielen auch auf ein sehr **junges Publikum** und prägen damit deren Vorlieben und Sehgewohnheiten. Während gesetzliche Regelungen bei der klassischen Werbung davor schützen sollen, dass die Unerfahrenheit und Leichtgläubigkeit von Kindern ausgenutzt wird, werden diese Regelungen bei *YouTube* oft unterlaufen.
- Die **Glaubwürdigkeit der Influencer** macht diese für Unternehmen als **Werbepartner** sehr interessant, um vor allem jüngere Zielgruppen anzusprechen. So sind fast alle Top-100-Kanäle Teil des *YouTube*-Partnerprogramms, bei dem den Videos **klassische Werbespots** vorangestellt werden.
- Zusätzlich bieten viele Influencer eigene **Fan-Artikel** an bzw. **bewerben** ganz offensiv verschiedene **Produkte**, indem sie diese in ihre Videobeiträge einbinden. Die dafür notwendige Einblendung, dass es sich um Werbung handelt, findet häufig nicht statt, so dass vielfach der Tatbestand der **Schleichwerbung** erfüllt ist.

> **Denkanstoß**
> 
> Entscheidend ist, dass sich viele junge Menschen diesen Einflüssen – oft mehrere Stunden pro Tag – ausliefern. Nur wenige Eltern haben Zeit – und Lust – mit ihren Kindern die Inhalte auf diesen Kanälen zu „genießen" oder diese sogar kritisch zu diskutieren.
> 
> Es bleibt zu fragen, welche langfristigen Auswirkungen diese starke **Kommerzialisierung der Unterhaltung** – auf meist sehr niedrigem informatorischem Niveau – auf Politik, Gesellschaft und Wirtschaft haben wird. Hier sind weitere Forschungsprojekte unverzichtbar.

Versucht man, Erklärungen für die geschilderten Verhaltensmuster zu finden, landet man sehr schnell beim heutigen **Mediennutzungsverhalten** – und den Mechanismen, die uns zu „Abhängigen" von Angeboten machen. Bei allen nachfolgend beschriebenen Entwicklungen haben die **mobilen Devices** – vom Smartphone über das Tablet bis zur Smartwatch – den größten Anteil. Denn heute findet die Online-Nutzung schwerpunktmäßig mobil statt. Um eine konsistente Begriffsnutzung sicherzustellen, wird deshalb im Folgenden immer von Devices bzw. mobilen Devices gesprochen, wenn diese Geräte gemeint sind. Um eine gemeinsame Vorstellung von der Größe der Herausforderung zu haben, die es jetzt zu meistern gilt, sind nachfolgend ein paar **Keyfacts zur Online-Nutzung in Deutschland 2019** zusammengestellt (vgl. We are social 2019, S. 15, 19, 21, 23):

- 79,13 Millionen Personen in Deutschland sind **Internetnutzer** – damit greifen 96 % der Bevölkerung von 82,37 Millionen auf das Internet zu.
- 87 % der Bevölkerung sind **tägliche Internetnutzer** – 11 % mindestens einmal in der Woche.
- 64,25 Millionen sind **aktive mobile Internetnutzer** – das sind 78 % der Gesamtbevölkerung.
- 38 Millionen Personen sind **aktive Social-Media-Nutzer** – dies entspricht 46 % der Bevölkerung.
- 30 Millionen Personen sind **mobile Social-Media-Nutzer** – 36 % der Bevölkerung.
- Die **tägliche Internetnutzungsdauer** beträgt durchschnittlich – geräteübergreifend – vier Stunden und 37 Minuten.
- Die **durchschnittliche tägliche Social-Media-Nutzung** – wiederum geräteübergreifend – liegt bei einer Stunde und vier Minuten.
- Die **durchschnittliche tägliche TV-Zeit** (inkl. linearer Ausstrahlung, Streaming und Video-on-demand) liegt bei zwei Stunden und 55 Minuten.
- Die **durchschnittliche tägliche Musikstreaming-Dauer** beläuft sich auf 35 Minuten.

In Ergänzung hierzu noch einige weitere Fakten zur **Online-Nutzung in Deutschland 2018** (vgl. Statista 2019, S. 7–10, 13 f., 24, 34, 38–41):

- 240 Minuten beträgt die durchschnittliche tägliche Nutzungsdauer des Internets unter mobilen Internetnutzern.
- 10,2 Millionen Nutzer sagen, dass sie „ständig, fast die ganze Zeit" online sind; weitere 28 Millionen Nutzer sind „mehrmals täglich" online.
- 6 bis 7 Jahre alte Kinder sind bereits 39 Minuten pro Tag online; bei den 12 bis 13 Jahre alten Kindern sind es bereits 67 Minuten pro Tag.
- Jugendliche zwischen 16 und 18 verbringen 121 Minuten pro Tag online.
- Jugendliche im Alter von 12 bis 19 Jahren sind pro Tag im Schnitt 214 Minuten online.
- 28 % der Kinder von 9 bis 14 Jahren sind „sehr oft" online; weitere 33 % sind „oft" im Internet unterwegs.
- In der Altersgruppe von 14 bis 49 Jahren nutzen fast 100 % das Internet.

Bei dieser **Nutzungsintensivität** müssen wir uns die Frage stellen, was passiert, wenn vor allem Jugendliche pro Tag zwar 150 bis 200 *WhatsApp*-Nachrichten lesen bzw. schreiben, gerne auch mit einer Vielzahl von Emojis, aber das Lesen längerer Texte oder auch ganzer Bücher – ggf. sogar anspruchsvollerer – vernachlässigen. Es leidet letztendlich die **Lern- und damit auch die Studierfähigkeit einer ganzen Generation** – und das, obgleich nach statischen Zahlen die Durchschnittsnoten der Abiturzeugnisse in den letzten Jahren immer besser geworden sind (vgl. Ladenthin 2018).

Gleichzeitig stellt man in den Diskussionen mit Managern, aber auch mit Professorenkollegen immer wieder fest, dass bei Mitarbeitern und auch bei Studenten häufig auch **Grundlagen des Wissens** – fächerübergreifend – selbst bei Abitur oder Bachelor-Abschluss nicht bekannt sind. Das führt dazu, dass Hochschulen verstärkt **Brückenkurse** anbieten müssen, um bei Abiturienten die für ein Studium relevanten Grundlagen zu schaffen. Doch dies ist eine Kernaufgabe der weiterführenden Schulen. Solche Brückenkurse werden beispielsweise von der *TU9* angeboten, einer Allianz führender Technischer Universitäten in Deutschland. Es wird deutlich: Die an den Gymnasien vermittelten Fähigkeiten stellen eine Studierfähigkeit nicht mehr flächendeckend sicher. Dies zeigt sich auch außerhalb von technischen Fakultäten.

Aber nicht nur an den Inhalten mangelt es, sondern auch an deren **Präsentation. Rechtschreib- und Interpunktionsregeln** werden fälschlicherweise vielfach als Kann-Bestimmungen interpretiert und/oder nicht beherrscht. Trotz der in *Word* integrierten Rechtschreibprüfung finden sich – auch in Bachelor- und Master-Arbeiten – Fehler im Übermaß.

Auch inhaltlich werden haarsträubende Fehler gemacht. So werden beispielsweise Prozentwerte ausgewiesen, wo es um absolute Beträge geht – und häufig auch umgekehrt. ROI (Return on Investment) wird in einer Balanced Scorecard dem „Prozess"-Bereich zugeordnet. Bei der Berechnung der Lagerumschlagshäufigkeit (Inventory Return) wird hier auf den Gewinn zugegriffen. Diese **Liste der Unzulänglichkeiten** (auch auf Master-Niveau) ließe sich endlos fortsetzen – obwohl alle Inhalte mehrfach intensiv im Unterricht diskutiert wurden. So gewinnt man den Eindruck, dass der Kern vieler Aspekte nicht mehr durchdrungen wird und teilweise ein unkritisches Auswendiglernen ohne tiefes Verständnis dominiert.

Der Eindruck, dass in vielen Bereichen negative Entwicklungen stattfinden, ist allerdings nicht auf Schulen, Hochschulen und Lehre beschränkt (vgl. hierzu Ladenthin 2018). Vielmehr zeigt sich in immer mehr Lebensfeldern, dass die **Treiber der digitalen Inkompetenz** schon ihre Spuren hinterlassen haben. Die nachfolgenden Schilderungen basieren auf der Auswertung einschlägiger Studien sowie auf umfassenden Beobachtungen:

- **Kinder im Grundschulalter** können in zunehmendem Maße schulische Hilfsmittel wie Stift und Schere nicht richtig halten oder korrekt benutzen. Es kommt vor, dass Kinder bis zur Einschulung erst sehr selten oder noch nie einen Stift in der Hand gehabt haben. Teilweise ist zu beobachten, dass die einzige feinmotorische Fähigkeit bei Kindern das Wischen mit dem Daumen auf Smartphones oder Tablets ist.
- In immer mehr Bereichen des öffentlichen Lebens **verstummt die Kommunikation**. Das Gespräch mit den Mitmenschen wird ersetzt durch die intensive Beschäftigung mit den verschiedenen Mobilgeräten. Auch in Restaurants widmen sich die Menschen weniger ihren Begleitern und/oder den Speisen. Das Hauptaugenmerk gilt Smartphones & Co. – und somit der digitalen Welt. Dialoge in der analogen Welt mit den anwesenden Personen werden verdrängt durch den digitalen Dialog. Die Konsequenz: ein **großes (analoges) Schweigen**!
- Bei **Ausflügen mit dem Kinderwagen** richtet sich die Aufmerksamkeit der Eltern oft mehr auf das Smartphone als auf den Nachwuchs. Auch beim **Fahrradfahren** und sogar beim **Reiten** konzentrieren sich viele auf ihr mobiles Device.
- Auch **Jogger** sind immer häufiger mit Headsets bzw. Kopfhörern unterwegs, um sich entweder von Musik unterhalten oder antreiben zu lassen – statt einfach einmal auf den eigenen Körper und/oder die Umwelt zu achten.

- **Lesen in seiner analogen Ausprägung** verliert mehr und mehr Anhänger. Im öffentlichen Bereich – etwa im Zug oder im Flugzeug – sieht man immer mehr Menschen, die stundenlang Filme anschauen oder sich Online-Spielen widmen. Ein Buch hält nur sehr selten noch jemand in der Hand.
- Die **24/7-Zugänglichkeit zum Wissen** führt dazu, dass vor allem die Digital Natives selbst bei einfachsten Fragen nicht mehr überlegen, sondern gleich nach einer Antwort googeln. Ihr Wissensdurst ist dann häufig nach dem Lesen der ersten drei Trefferergebnisse erschöpft – wie gut oder schlecht diese auch immer sein mögen.
- Die unzureichende Aneignung eigenen Wissens in Verbindung mit einem Hang zur Oberflächlichkeit fordert allerdings ihren Tribut. So fällt es Studenten zunehmend schwer, **Theorien,** die in der Lehre zuvor sprachlich einfach dargestellt wurden, angemessen zu **memorieren** und zu **reproduzieren.**
- Auch die **eigenständige Erschließung von Theorien** aus einfachen wissenschaftlichen Texten fällt schwer – weil das Gehirn diese anspruchsvolle Tätigkeit kaum mehr gewohnt ist. Gleichzeitig fällt es Studenten immer schwerer, **Abstraktionen vom Einzelfall** auf das große Ganze vorzunehmen – oder einen **Wissenstransfer** auf andere Einsatzbereiche zu leisten.
- In den **Abschlussarbeiten an Hochschulen** finden sich dann beispielsweise vier bis fünf **Definitionen** nacheinander „aufgeschrieben", ohne diese kritisch zu würdigen und ggf. eine eigenständige Definitionen vorzunehmen.
- **Hypothetische „Wenn-dann"-Beziehungen** werden in der Reproduktion zu **beschreibenden „Weil-also"-Zuständen**, das heißt von der konditionalen Aussage zur kausalen Erklärung verändert. Aus dem Satz „Wenn man durchs Mikroskop schaut, sieht man eine Zelle" wird dann die Aussage „Weil man durchs Mikroskop schaut, gibt es Zellen." Der **Unterschied zwischen Bedingung und Begründung** wird dabei nicht beachtet oder nicht verstanden.
- Der Frage nach **Voraussetzungen von Thesen** („Wer behauptet, dass etwas ungerecht sei, muss ein Kriterium haben für das, was gerecht und ungerecht ist") wird mit dem Hinweis begegnet, dass davon nichts im Text stünde.
- Wird vom Dozenten darauf hingewiesen, dass die **Voraussetzungen von Aussagen** selbst zu bedenken wären, wird teilweise erwidert, dass man doch keine Texte von Professoren kritisieren könne. Hier denkt man an den Famulus aus *Goethes „Faust"*: „Was man schwarz auf weiß besitzt, kann man getrost nach Hause tragen." Allerdings sollte man darüber nicht die eigene kritische Reflexion vergessen.

- Im Verwaltungsbereich von Universitäten kann angesichts einer **zunehmenden Anzahl von Anfragen** eine **wachsende Unselbstständigkeit** festgestellt worden. Die Studenten erwarten vielfach, dass jemand anderes für sie alles Wichtige erledigt. Wenn **Unsicherheiten über Termine, Aufgaben etc.** bestehen, dann wird vielfach nicht in den verfügbaren Dokumentationen nachgeschaut, sondern gleich der Professor kontaktiert – und nicht etwa Studienkollegen.
- Zunehmend ist auch festzustellen, dass viele Teilnehmer an Lehrveranstaltungen **keine Fragen** mehr haben; das bedeutet, dass sie kaum mehr Probleme erkennen und diskutieren können oder möchten. Allerdings gilt hier: Wer keine Fragen hat, sucht auch nicht nach Antworten.
- Von Seminarteilnehmern wird häufig erwartet, dass ihnen (immer) etwas angeboten wird, das sie ganz persönlich interessiert. Einmal hat ein externer Sprecher bei mir im Master-Kurs kurz vor dem Wirksamwerden der Datenschutz-Grundverordnung am 25.05.2018 über diese referiert. Anschließend hörte ich: „Das interessiert mich nicht!" – obwohl alle Unternehmen in diesem Zeitraum in hohem Maße mit den Schritten zur Umsetzung befasst waren und täglich in der Presse darüber berichtet wurde. Das **persönliche Interesse** wird hier zum **Maßstab des Relevanten**.
- Zunehmend gewinnt man den Eindruck, dass selbst Master-Studenten nicht zur Universität gehen, weil sie motiviert sind. Vielmehr gehen manche zur Universität, um dort motiviert zu werden. Allerdings ist eine umfassende **intrinsische Motivation** für den eigenen Lernerfolg unverzichtbar. Schüler und Studenten sollten sich von externen Belohnungen unabhängig machen. Jedoch wird heute – im Kontext **Gamification** – in zunehmendem Maße Lehrern und Professoren empfohlen, mit Belohnungen zu arbeiten, um die Schüler und Studenten zu motivieren.
- Teilweise ist eine **Verabsolutierung eigener Erfahrungen** festzustellen, die keinen Raum für andersartige Sachverhalte mehr lässt: „Ich habe in meiner Bachelor-Arbeit festgestellt, dass …" Daneben wird keine andere Sicht der Dinge akzeptiert.
- Vielfach ist eine geringe **Frustrationstoleranz** zu beobachten, wenn auf eindeutige Fehler oder zumindest auf Optimierungspotenzial hingewiesen wird. **Gegenargumente** werden manchmal als Kritik an der Person fehlinterpretiert; sachlich vorgetragene Begründungen als inakzeptables Insistieren auf der eigenen „Meinung" missverstanden.

- Die Vielfalt des Online-Informationsangebots verführt auch leichter zu einer **Copy & Paste-Mentalität**. Algorithmen helfen Schülern und Studenten, vermeintlich relevante Inhalte zu ihren Fragestellungen zu finden. Das eigene Denken scheint dann nicht mehr notwendig zu sein, denn andere haben ja schon vorgedacht. Die auf diesem Wege entstandenen „Werke" sind dann nicht mehr Ergebnis einer umfassenden, arbeitsintensiven Auseinandersetzung mit bestimmten Inhalten, sondern ein billiger Abklatsch oder **Aufguss von schon Dagewesenem**. Kreativität und eine intensive geistige Beschäftigung mit den Herausforderungen der heutigen Zeit bleiben auf der Strecke.

Diese häufig zu beobachtenden Phänomene sollten kein Grund zur Resignation sein, sondern vielmehr Ansporn, dieser überaus kritischen Entwicklung etwas entgegenzusetzen. Ich versuche das auf den unterschiedlichsten Wegen und nenne es **liebevolle Penetranz**. Denn wie heißt es so schön (Goldmann 1996, S. 39):

> „**Gesagt ist nicht gehört,
> gehört ist nicht verstanden,
> verstanden ist nicht einverstanden,
> einverstanden ist nicht getan,
> getan ist nicht richtig getan.**"

Wer hier Erfolge erzielen möchte, muss hartnäckig sein. Hier bietet sich – und das ist meine Erfahrung – ein wunderbares Lernfeld für Resilienz. Dabei geht es um eine **psychische Widerstandsfähigkeit**, die uns in die Lage versetzt, Krisen zu bewältigen und diese durch den Einsatz eigener Ressourcen für die eigene Entwicklung und das persönliche Wachstum zu nutzen.

Was Resilienz im persönlichen Schicksal bedeuten kann, können wir von *Abraham Lincoln* lernen (vgl. Nagler 2009):

- Mit 31 Jahren ging *Abraham Lincoln* bankrott.
- Er verlor den Wahlkampf mit 32.
- Im Alter von 34 ging er wiederum bankrott.
- Er begrub seine Liebste mit 35 und hatte einen Nervenzusammenbruch mit 36.
- Er verlor den Wahlkampf im Alter von 43, 46 und 48.
- Er verlor die Senatorenwahl mit 55 und die Wahl zum Vizepräsidenten mit 56.
- Im Alter von 58 verlor er eine weitere Senatswahl.
- Im Alter von 60 Jahren wurde er zum Präsidenten der USA gewählt und zählt heute zu den größten Führern der Geschichte der Menschheit.

Ein weiteres Beispiel kann uns zeigen, was durch **Hartnäckigkeit** – also **Resilienz** – erreicht werden kann.

*Am 27.05.2019 präsentierte der am 13.09.1988 geborene japanische Pianist **Nobuyuki Tsujii** das Klavierkonzert Nr. 1 von Tschaikowsky in der Kölner Philharmonie – begleitet von einem großen Orchester. Alle waren von der Präsentation dieses berühmten Klavierkonzerts begeistert – auch ich. Sie denken: nichts Außergewöhnliches.*

*Aber: Der heutige Pianist wurde aufgrund einer Augenkrankheit blind geboren. Allerdings erkannten seine Eltern schon in frühester Kindheit seine musikalische Begabung. So spielte er im Alter von zwei Jahren das Stück Jingle Bells bereits auf einem Kinderpiano – nachdem er die Melodie nur einmal gehört hatte. Im Alter von vier Jahren begann seiner musikalische Ausbildung. Mit zehn Jahren hatte Nobuyuki Tsujii seinen ersten Bühnenauftritt. Auftritte in der weltberühmten Suntory Hall in Tokyo sowie auch in der Carnegie Hall in New York folgten. Was war für diese Erfolge notwendig? Resilienz!*

---

**Denkanstoß**

Viele Menschen kommen im Leben deshalb nicht so recht voran, weil sie glauben, sie stünden auf einer Rolltreppe, die sie automatisch nach oben befördert. Das ist allerdings nicht der Fall.
Es gilt vielmehr: **Ausdauer ist das Geheimnis erfolgreicher Menschen.**
Oder auch (einer meiner Lieblingsaussagen): **Genie ist Fleiß!**

---

# Literatur

AWA. (2019). *Allensbacher Markt- und Werbeträgeranalyse 2019, Bundesbürger hätten gern mehr Lesezeit.* https://www.boersenblatt.net/2019-07-11-artikel-allensbacher_markt-_und_werbetraegeranalyse_2019.1690874.html. Zugegriffen 06.08.2019.

Ebenfeld, T., & Ziems, D. (2018). *Influencer – die neue Macht im Marketing.* Köln/Berlin: insights +strategies publishing.

Flynn, J. R. (2012). *Are we getting smarter? Rising IQ in the twenty-first century.* Cambridge: Cambridge University Press.

Georgi, O. (29. Mai 2019a). Hai-Alarm in der Politik. *Horizont,* S. 20.

Georgi, O. (2019b). *Und täglich grüßt das Phrasenschwein. Warum Politiker keinen Klartext reden – und wieso das auch an uns liegt.* Berlin: Dudenverlag.

Goldmann, H. M. (1996). *Erfolg durch Kommunikation.* Düsseldorf: Econ.

Frühbrodt, L., & Floren, A. (2019). *Unboxing YouTube. Im Netzwerk der Profis und Profiteure.* Ein Projekt der Otto-Brenner-Stiftung. Frankfurt a. M.: OBS.

Heinrich, S. (11. Juli 2019). Wir verstehen die Gen Z. *Horizont,* S. 24.

Hölig, S., & Hasebrink, W. (2018). *Reuters Institute Digital News Report 2018, Ergebnisse für Deutschland.* Arbeitspapiere des Hans-Bredow-Instituts Nr. 44. Hamburg: Hans-Bredow-Institut.

Köhler, M. (9. Mai 2001). Meine Tinte ist das Licht. *Die Welt.* https://www.welt.de/print-welt/article449805/Meine-Tinte-ist-das-Licht.html. Zugegriffen am 05.08.2019.

Kroeber-Riel, W., & Gröppel-Klein, A. (2013). *Konsumentenverhalten* (10. Aufl.). München: Vahlen.

Ladenthin, V. (2018). *Studierfähigkeit – da läuft etwas ganz schief.* https://www.forschung-und-lehre.de/lehre/da-laeuft-etwas-ganz-schief-894/. Zugegriffen am 25.06.2019.

Lobe, A. (2016). *Technologischer Fortschritt: Macht uns Google dumm?* https://www.faz.net/aktuell/feuilleton/debatten/die-digital-debatte/technologie-und-kultur-macht-uns-google-dumm-14351341.html?printPagedArticle=true#pageIndex_0. Zugegriffen am 06.08.2019.

Lynn, R., & Harvey, J. (2008). The decline of the world's IQ. *Intelligence, 36*(2), 112–120.

Nagler, J. (2009). *Abraham Lincoln: Amerikas großer Präsident. Eine Biographie.* München: Beck.

Pörksen, B. (2018). *Die große Gereiztheit: Wege aus der kollektiven Erregung.* München: Hanser.

Pörksen, B. (4. August 2019). Wir müssen alle medienmündig werden. *heute.* https://www.zdf.de/nachrichten/heute/medienwissenschaftler-poerksen-wir-muessen-alle-medienmuendig-werden-100.html. Zugegriffen am 15.08.2019.

Reuters Institute for the Study of Journalism. (2019). *Ranking der Nachrichtenquellen in Deutschland, denen die Bürger am stärksten vertrauen im Jahr 2019.* https://de-statista-com.ezproxy.hwr-berlin.de/statistik/daten/studie/877238/umfrage/ranking-der-vertrauenswuerdigsten-nachrichtenquellen-in-deutschland/. Zugegriffen am 08.07.2019.

Statista. (2019). *Internetnutzung in Deutschland, Statista-Dossier.* https://de-statista-com.ezproxy.hwr-berlin.de/statistik/studie/id/22540/dokument/internetnutzung-in-deutschland-statista-dossier/. Zugegriffen am 25.06.2019.

TikTok. (2019). *Über TikTok.* https://www.tiktok.com/de/about. Zugegriffen am 31.07.2019.

We are social. (2019). *Digital 2019. Deutschland.* https://wearesocial.com/de/digital-2019-germany. Zugegriffen am 09.07.2019.

# 2

# Mangelnde Konzentrationsfähigkeit

*Ich versuche regelmäßig, mit meinen Master-Studenten in Berlin ein klassisches Konzert im Konzerthaus am Gendarmenmarkt zu besuchen. Ich reduziere meinen „Bildungsauftrag" ganz bewusst nicht auf das Vermitteln von BWL- und Marketingwissen, sondern möchte meinen geschätzten Studenten auch auf die Schönheit klassischer Musik sowie klassischer Architektur näherbringen. Bei einem solchen Besuch drehte sich in der ersten Pause eine Studentin zu mir um und sagte: „Das ist das erste Mal seit vielen Jahren, dass ich über 1,5 Stunden so konzentriert und ruhig und ganz ohne Handy-Nutzung auf einem Platz gesessen habe."*

*In einer Vorlesung hatte ich einmal einen externen Sprecher zu Gast, weshalb ich mich in der hinteren Reihe neben eine Studentin setzte. Während des 90-minütigen Vortrags (inkl. Diskussion) zählte ich mit, wie häufig sich die Studentin durch ein optisches Signal ihres Handys ablenken ließ: Es waren 22 Mal. In Summe konzentrierte sie sich volle 15 Minuten auf die Inhalte ihres Handys – die intellektuelle Nacharbeit der dort empfangenen Botschaften gar nicht mitgerechnet. Und dies war und ist kein Einzelfall!*

Was versteht man eigentlich genau unter **Konzentration**? Mit dem Begriff Konzentration beschreiben wir die bewusste **Fokussierung der Aufmerksamkeit** auf eine Tätigkeit, um ein bestimmtes Ziel zu erreichen oder eine Aufgabe zu lösen. Diese Fokussierung führt dazu, dass wir unsere Aufmerksamkeit für eine gewisse Dauer voll auf die aktuelle Beschäftigung sowie auf die damit einhergehenden Empfindungen richten. Je nach Aufgabenstellung können wir uns gedanklich auch intensiv mit den möglichen Auswirkungen unseres Tuns beschäftigen.

**Konzentration** erfordert geistige Energie; diese lässt erfahrungsgemäß mit der Zeit nach. Konzentration wird meist als ein längeres Aufrechterhalten eines Aufmerksamkeitsniveaus verstanden. Auf unser **persönliches Aufmerksamkeitsniveau** wirken mehrere Faktoren ein. Hierzu zählen zum einen die eigene **emotionale** sowie physische **Befindlichkeit** (sprich: Wie geht es uns gerade?). Zum anderen wirken sich die vorhandenen **Umgebungsbedingungen** nachhaltig fördernd oder störend auf unsere Konzentrationsfähigkeit aus. Hierzu zählen beispielsweise Hintergrundgeräusche, laut sprechende Kollegen am Arbeitsplatz, ein unruhiger Flug, starke Vibrationen beim Bahnfahren etc. Diese Faktoren stehen in einer Wechselwirkung zueinander und können sich gegenseitig verstärken oder auch abschwächen (vgl. Stangl 2019).

Eine durchaus kritisch zu hinterfragende (vgl. Milano 2019) Studie von *Microsoft* liefert ein interessantes Ergebnis zum Thema Aufmerksamkeit, das uns alle zum Nachdenken anregen sollte. Wie Abb. 2.1 zeigt, lag die **Aufmerksamkeitsspanne** im Jahr 2000 noch bei durchschnittlich 13 Sekunden. Im Jahr 2015 reduzierte sie sich auf acht Sekunden. Die **Aufmerksamkeitsspanne eines Internetnutzers** liegt heute sogar bei nur drei bis fünf Sekunden. Im Vergleich dazu stellt der **Goldfisch** mit einer Aufmerksamkeitsspanne von – wie auch immer gemessenen – neun Sekunden geradezu den Inbegriff von Konzentrationsfähigkeit dar. Wie gesagt: Selbst wenn wir den Zahlen nicht im Detail vertrauen: Ein **Aufmerksamkeitsschwund** lässt sich überall feststellen. Warum dann nicht ganz plakativ formulieren:

> Ein Goldfisch kann sich heute länger konzentrieren als ein Internetnutzer.

**Abb. 2.1** Aufmerksamkeitsspannen im Vergleich

Wenn man bei Vorträgen ins Publikum schaut oder selbst im Publikum sitzt, kann man immer wieder und immer häufiger feststellen, dass nur wenige der körperlich Anwesenden auch mental anwesend sind und sich auf den jeweiligen Vortrag konzentrieren. Häufig nutzen zwischen 30 und 50 % der Anwesenden ihre mobilen Devices – und zwar meist nicht, um damit Ideen oder Anregungen des Vortragenden zu notieren, sondern um mit der Welt zu kommunizieren. Es wird geshoppt, gechattet, gemailt, es werden *Instagram*-Fotos und andere Posts gelikt, geteilt, kommentiert etc. Da fragt man sich dann, warum die Teilnehmer oft nicht nur Zeit, sondern auch Geld in die Teilnahme an solchen Veranstaltungen investieren, wenn sie ihre Aufmerksamkeit dann ganz anderen Aktivitäten zuwenden.

*Eine Teilnehmerin aus einem meiner Seminare für Einzelhändler zeigte mir einmal „stolz" ihr* **Handy-Aktivitäten-Profil** *vom Vortag. Es zeigte, dass sie während des laufenden, von mir sehr interaktiv gestalteten Seminars mehr als vier Stunden online war. Das waren 50 % der Seminarzeit!*

Interessant ist in diesem Zusammenhang auch, dass es für die große Mehrheit der „Zuhörer" aus der Mode gekommen zu sein scheint, sich **Notizen zu machen** – übrigens auch ein **Zeichen von mangelnder Aufmerksamkeit**. Das kann ich mir nicht damit erklären, dass die anderen so viel intelligenter sind als ich, dass sie sich alles merken können und es auch nach Tagen noch wissen (beispielsweise auch der Hinweis auf spannende Studien oder einzelne Ergebnisse). Ich muss immer mitschreiben, um es am Folgetag im wahrsten Sinne des Wortes „abzuarbeiten". Das allerdings gelingt mir fast regelmäßig mit tollen neuen Einsichten und Erkenntnissen – mit anderen Worten: Die Teilnahme an einer Veranstaltung hat mich weitergebracht.

Heute zücken die Teilnehmer lediglich von Zeit zu Zeit das Handy, um ein Foto von einer PowerPoint-Folie zu schießen. Wer das je selbst gemacht hat, weiß, dass diese **Fotos** meist für lange Zeit unangeschaut im Handy-Speicher verbleiben – bis sie vielleicht an Aktualität und damit auch an Wert verloren haben. Denn wer überträgt schon die Fotos vom Handy auf einen geeigneten Arbeitsplatz, um sie dort systematisch zu verarbeiten? **Analoge Aufzeichnungen** – so richtig auf Papier – fallen einem nach dem Seminarbesuch dagegen buchstäblich immer wieder „in die Hände" – und erzwingen geradezu Aufmerksamkeit und Bearbeitung.

Wir können feststellen, dass sich die Menschen immer häufiger in einem der drei folgenden Modi befinden:

- Viele Menschen sind heute im **Berichtsmodus** und haben den Drang, der Welt permanent mitzuteilen, was sie gerade tun. Vielfach gilt: Es

reicht nicht mehr aus, ein Event (sei es ein Konzert, ein schönes Essen, einen Urlaub) mit allen Sinnen intensiv zu genießen. Ein richtiges Ereignis wird es erst dann, wenn es digital dokumentiert und mit der Welt geteilt wird.
- Gleichzeitig sind wir häufig in einem **Inszenierungsmodus** oder vielmehr in einem **Inszenierungswettbewerb**, um möglichst viele Likes, Smiles etc. zu erhalten. Schließlich muss das Essen (Stichwort „Foodporn") oder das Selfie so inszeniert werden, dass es bei der (anonymen) Fangemeinde möglichst gut ankommt. Wie heißt es heute so „schön": Ein Event ist „**instagramable**" zu inszenieren. Es geht immer weniger um den bewussten Moment des Erlebens, sondern vielmehr darum, Momente so ins Bild zu setzen, dass sie möglichst vielen anderen gefallen.
- Gleichzeitig sind wir in einem permanenten **Antwortmodus**. Wir müssen nicht nur mehr oder weniger ernst gemeinte Fragen beantworten und Ideen, Anregungen, Empfehlungen etc. der anderen kommentieren. Sondern wir müssen natürlich auch die ganzen Statusmeldungen, Posts, Beiträge, Fotos und Videos anderer liken und kommentieren – so wie wir das auch von ihnen erwarten. Heute geht es nicht mehr „Auge um Auge" und „Zahn um Zahn", sondern „Like um Like" und „Smiley um Smiley".

*So stelle ich nach jeder Landung am Flughafen mit einem – zugegeben – süffisanten Lächeln fest, dass sehr viele meiner Mitreisenden schon im Bus oder auf dem Weg dorthin anfangen, ihre WhatsApp- und anderen Messenger-Nachrichten abzuarbeiten – zu antworten oder auch nur zu liken, zu sharen, zu kommentieren. Immer gehetzt, um schnell alle auf den neuesten Stand zu bringen und um ja nicht „in Verzug" zu kommen.*

Was ich immer häufiger vermisse, ist der **Jetzt-Modus** – im Hier und Jetzt zu leben, zu sehen und zu sein.

Wenn Sie sich selbst einmal darüber Rechenschaft ablegen möchte, wie Ihr eigenes Verhalten aussieht, brauchen Sie nur die Funktion „**Bildschirmzeit**" auf Ihrem *Apple*-Device zu aktivieren. Dann erhalten Sie Echtzeitberichte darüber, wie viel und wo Sie Ihre Online-Zeit verbringen. Wie heißt es bei Apple (2019) so schön? „Mit der in iOS 12 neu eingeführten Funktion ‚Bildschirmzeit' erhalten Sie präzise Angaben dazu, wie viel Zeit Sie oder Ihre Kinder mit bestimmten Apps, auf Websites und mit anderen Aktivitäten verbracht haben. Auf Grundlage dieser Informationen können Sie fundiert über die Nutzung Ihrer Geräte entscheiden und bei Bedarf Zeitlimits dafür festlegen."

> **Denkanstoß**
>
> Ich empfehle Ihnen sehr, einmal die Funktion „Bildschirmzeit" zu nutzen und das eigene Tun zu erfassen. Sicherlich werden auch Sie feststellen: Was gemessen wird, verändert sich. Durch das Wissen, dass das eigene Tun erfasst wird, erhöht sich das (kritische) Bewusstsein – und ggf. geht man bewusster mit diesen Ablenkungen um. So ist es zumindest mir ergangen.

Allerdings haben *Apple* & Co. gar kein echtes Interesse daran, dass Sie diese Zeit reduzieren. Denn jeder Kontakt, jede Nutzung, jede Aktivität generiert weitere **Daten** für die Unternehmen. Und jede Zunahme an Informationen über die Nutzer ermöglicht ein höheres Maß an Personalisierung und Individualisierung (vgl. vertiefend Kreutzer 2018). Außerdem erhöht eine **längere Verweilzeit** auch die Chance auf weitere **Werbeeinnahmen** und **Verkäufe**. Zudem gilt ganz einfach: Mehr Verweilzeit auf meinem Device, bei meiner App, auf meiner Plattform bedeutet weniger Verweilzeit bei Angeboten meiner Wettbewerber. Sie erinnern sich: Wir leben in einer Aufmerksamkeitsökonomie, in der Aufmerksamkeit immer häufiger den zentralen Engpass darstellt (vgl. Kap. 1).

Angesichts dieser Entwicklungen stellen sich **zentrale Fragen**:

- Wie konnte es dazu kommen, dass die Aufmerksamkeitsspanne so gesunken ist?
- Was bedeutet diese Entwicklung für Politik, Wirtschaft und Gesellschaft?
- Wird die Aufmerksamkeitsspanne in Zukunft noch geringer werden?

Zunächst zu der Frage, wie es zu einem solch dramatischen **Nachlassen der Konzentrationsfähigkeit** kommen konnte. Ein Ausdruck, den wir in diesem Kontext kennen und verstehen sollten, ist **Addiction by Design** (vgl. auch Genner 2019). Wenn immer mehr Menschen – häufig zwanghaft – alle paar Minuten auf ihr Handy oder ihr Tablet schauen, dann ist das kein Zufall, sondern das **Ergebnis der systematischen Ausnutzung menschlicher Verhaltensmuster**. Um diese Abhängigkeiten von Handys und Tablets bzw. den darauf laufenden Anwendungen zu erzeugen, setzen die Hard- und Software-Entwickler systematisch abhängig machende Strukturen ein. Es gilt: „Once you know how to push people's buttons, you can play them like a piano" (Harris 2016).

Im Drogenjargon hat man dafür einen eigenen Begriff: **Anfixen**!

Welche zeitlichen (und damit auch geistigen) Ressourcen in soziale Medien investiert werden und wie stark die Abhängigkeit bereits ausgeprägt ist, zeigen folgende Fakten zur **Nutzung von Social-Media-Kanälen in Deutschland 2018** (vgl. Statista 2019, S. 53, 55 f.):

- 76 % der Bevölkerung ab 18 Jahre nutzen *WhatsApp* mindestens einmal täglich; 56 % nutzen täglich *Facebook*, weitere 30 % *YouTube* und 23 % *Instagram*.
- In der Generation Z (14 bis 18 Jahre) liegen die korrespondieren Werte für *WhatsApp* bei 92 %, für *YouTube* bei 69 %, für *Instagram* bei 65 %, für *Snapchat* bei 57 % und für *Facebook* bei 14 %.
- 34 % der Bevölkerung (14 bis 69 Jahre) verbringen an einem durchschnittlichen Werktag weniger als 30 Minuten in den sozialen Netzwerken (egal ob beruflich oder privat und unabhängig vom Gerät). 27 % verbringen zwischen 30 und 60 Minuten, 22 % 60 bis 120 Minuten, 9 % zwei bis drei Stunden, 4 % drei bis fünf Stunden und 3 % fünf Stunden und mehr mit Social Media.

Diese Intensität der Nutzung führt dazu, dass der durchschnittliche Nutzer sein Device ca. **150 bis 180 Mal am Tag in die Hand** nimmt. Bei 16 „Wachstunden" pro Tag wäre das alle fünf bis sechs Minuten. Otto (2019, S. 10) nennt dies eine **permanente Antimediation**, weil wir uns nicht mehr konzentrieren, sondern in einer **ständigen inneren Alarmbereitschaft** sind. Der Blick für das Wesentliche geht verloren – wir befinden uns mehr und mehr in einer **Ablenkungsgesellschaft**.

Die Kernfrage lautet: Ist der Griff zum mobilen Device eine **bewusst und willentlich getroffene Entscheidung** – oder „werden wir entschieden"; so wie der Raucher immer wieder zur Zigarette, der Trinker zur Flasche und der vermeintliche Genießer zu Süßem greift. Der harte Antwort lautet: Nein, wir entscheiden nicht selbst – wir werden entschieden!

Die **Schaffung von Abhängigkeiten im digitalen Kontext** findet über **intermittierende variable Belohnungen** statt. Als „intermittierend" werden unregelmäßige Belohnungen bezeichnet, das Verhalten wird also manchmal belohnt, manchmal nicht. Wenn die Sucht des Nutzers maximiert werden soll, müssen die Tech-Designer lediglich die Aktion eines Benutzers (so beispielsweise das In-die-Hand-Nehmen des Smartphones) mit einer variablen Belohnung verbinden.

Wir kennen das alle von uns selbst: Wir nehmen das Handy in die Hand und hoffen auf eine Belohnung. Dies können Likes, Shares und positive Kommentare bei *Facebook*, *Instagram* oder *LinkedIn* sein – ober auch *WhatsApp*-Nachrichten mit netten Fotos, Texten, Emojis oder Ähnlichem. Erhalten wir eine solche Belohnung, werden umgangssprachlich **Glückshormone** genannte Hormone ausgeschüttet. Diese Botenstoffe, zu denen u. a. Dopamin, Serotonin sowie Endorphine zählen, rufen Wohlbefinden oder Glücksgefühle hervor. Sie haben eine vergleichbare Wirkung wie Psychopharmaka und werden auch als „körpereigene Drogen" bzw. als „endogene Drogen" bezeichnet, weil der Körper sie selbst erzeugt. Je mehr Glückshormone ausgeschüttet werden, desto besser. Deshalb werden immer mehr Menschen **digitale Trophäen-Sammler**.

Es kann aber auch sein, dass wir beim Blick auf unser Smartphone „leer" ausgehen: keine Likes, keine Shares, keine positiven Kommentare und auch keine netten *WhatsApp*-Nachrichten, keine schönen Fotos und auch kein Match – und folglich auch keine Glückshormone. Wir sind enttäuscht. Dies macht uns allerdings noch hungriger, weshalb wir schon nach wenigen Minuten wieder nach dem Smartphone greifen „müssen" – denn jetzt könnte die Welt ja schon wieder viel besser aussehen. Vielleicht erhalten wir die Benachrichtigung „Deine Freundin Julia hat dich auf einem Foto markiert" – und schon durchströmt uns ein Gefühl der sozialen Anerkennung und der Zugehörigkeit – und zusätzliches Dopamin wird ausgeschüttet. Was natürlich dazu motiviert, nach dieser Belohnung schnell wieder zum Device zu greifen – vielleicht hat es ja wieder etwas Schönes für uns auf Lager und füllt unser Glückshormonreservoir auf.

Das Verrückte an der Sache ist: **Die Sucht wird maximiert, wenn die Belohnungsrate am variabelsten ist** (vgl. Harris 2016). Und genau das können uns Smartphone, Social Media & Co. bieten – 24/7!

Dieser Effekt wurde bei „Nutzern" von Spielautomaten intensiv erforscht. Auch hier ist die Belohnungsrate extrem variabel – von der Möglichkeit, alles zu verlieren, bis zu der Chance, ganz viel zu gewinnen. Studien haben gezeigt, dass **Spielautomaten** im Vergleich zu anderen Arten von Glücksspielen drei- bis viermal schneller zu Abhängigkeit führen (vgl. vertiefend Schüll 2014).

Wie beim Spielautomaten prüfen wir bei jedem Zugriff auf unser mobiles Device, ob wir „gewonnen" haben. Ähnlich agieren wir mit den Gesichtern auf Dating-Apps wie *Tinder* – immer in der Hoffnung auf „It's a match" – einen möglichen emotionalen Hauptgewinn. Auch in unserem E-Mail-Account sind wir immer auf der Suche nach dem nächsten Kick, einer netten Mitteilung von Freunden, einer Einladung zu einem Vortrag oder einer spannenden Diskussion. Es kann auch die Nachricht sein, dass ein von uns bestelltes Produkt jetzt auf dem Weg zu uns ist. Bei jedem schönen Ereignis wird das Glückshormon Dopamin ausgeschüttet.

Bei Apps und auf Corporate Websites werden **intermittierende variable Belohnungen** ganz gezielt eingesetzt, um **Abhängigkeitsbeziehungen** aufzubauen. Schließlich schlagen hier Algorithmen vor, dass beispielsweise Personen auf Fotos markiert werden können. Wenn dann jemand einen „Freund" markiert, ist das eine Reaktion auf einen Vorschlag von *Facebook*. Der Nutzer trifft folglich keine unabhängige Entscheidung, sondern beugt sich dem von *Facebook* aufgebauten sozialen Druck – oft auf der Suche nach weiterer eigener

Belohnung. Dieser Effekt tritt auch ein, wenn wir in den sozialen Netzwerken unser Profilfoto ändern. Die Plattformen „wissen", dass die Nutzer in diesen Momenten besonders auf der **Suche nach sozialer Anerkennung** sind – schließlich ändert man das Foto, um etwas Positives zu bewirken. Wenn der Algorithmus eine solche Nachricht im Newsfeed höher einstuft, wird es zu mehr Reaktionen kommen – von denen wir wieder so schnell wie möglich erfahren möchten.

Wir alle – vor allem Teenager in ihrer Findungsphase – sind **soziale Wesen** und auf **soziale Zustimmung** angewiesen, um uns zugehörig zu fühlen. *Facebook* und andere Plattformen haben darum Algorithmen geschaffen, die darüber entscheiden, wie häufig Millionen Menschen soziale Anerkennung erfahren. Nachrichten wie „Holger Kuhfuss hat Dich in einem Kommentar erwähnt" oder „Martina Wichmann hat auf einen Kommentar geantwortet, in dem Du markiert bis" sollen den Nutzer motivieren, sich (wieder) stärker auf *Facebook* zu engagieren. Dabei nutzen die Tech-Designer die „Schwachstellen" der Zielpersonen systematisch aus (vgl. Harris 2016).

Vor diesem Hintergrund ist es nicht erstaunlich, dass die Angst, mobil nicht erreichbar zu sein und mobil nicht agieren zu können, immer häufiger krankhafte Züge annimmt. Hierfür gibt es seit einigen Jahren den bezeichnenden Begriff **Nomophobie** – abgeleitet von **No-Mobile-Phone-Phobia**. Der Begriff bezeichnet die Angst, kein Mobiltelefon in greifbarer Nähe zu haben. Die Nomophobie stellt eine Begleiterscheinung der generellen Handy- bzw. Mobile-Device-Abhängigkeit dar.

> **Denkanstoß**
>
> In einer spannenden **Studie zum Braindrain** (zu verstehen als ein „Abwandern von geistiger Fähigkeit") haben Ward et al. (2017) herausgefunden, dass bereits die bloße Anwesenheit unseres eigenen Smartphones kognitive Fähigkeiten und Kapazitäten belegt – die dann für andere Aufgaben nicht mehr zur Verfügung stehen.
>
> Ich wiederhole es noch einmal ganz bewusst:
> Allein die räumliche **Anwesenheit unseres eigenen Smartphone** – mit allen seinen **fantastischen** Optionen der Ablenkung – führt zu einer **Schwächung unserer kognitiven Leistungsfähigkeit**.
>
> Dies gilt selbst dann, wenn die Menschen der Versuchung widerstehen, ihr Smartphone tatsächlich auch zu nutzen. Diese negativen Effekte auf die eigene Leistungsfähigkeit sind – nicht verwunderlich – bei den Personen am stärksten ausgeprägt, die die größte Abhängigkeit von ihrem Smartphone aufweisen. Hier entsteht ein Teufelskreis. Wie die Studie zeigt, wirkt sich der hier beobachtete Braindrain nicht nur auf die Entscheidungsfindung, sondern auch auf das Wohlergehen der Nutzer aus.

Nicht zuletzt vor dem Hintergrund dieser Erkenntnisse sollte es uns zum Nachdenken anregen, dass die Manager aus dem Silicon Valley ihre Kinder primär auf Privatschulen – häufig sogar **Waldorfschulen** – schicken, auf denen Handys, Tablets, soziale Medien etc. verboten sind. Die Entwickler dieser Devices sowie der darauf genutzten Software wissen genau, welche Effekte deren intensive Nutzung auf die Gehirne und damit auch auf die Persönlichkeit der Nutzer haben. In den Waldorfschulen wird – nach wie vor – auf ein **Minimum an Techniknutzung** gesetzt. Das Motto hier lautet **Low Tech** und schlägt sich in folgenden Prinzipien nieder (vgl. Munker 2019, S. 5):

- **Minimaler Einsatz von digitalen Hilfsmitteln** (Klassenzimmer ohne Monitore und Computer)
- **Fokus auf Disziplin**
- **Förderung menschlicher Nähe**
- **Schulung klassischer motorischer Fähigkeiten** (beispielsweise Schreiben)

Spannend ist, dass die Silicon-Valley-Unternehmen selbst – für andere – eine umfassende **Digitalisierung von Schulen und Hochschulen** fordern und fördern. Folgende Handlungsfelder stehen im Mittelpunkt der Kommunikationsstrategie der Silicon-Valley-Größen (vgl. Munker 2019, S. 5):

- Ersetzen von analogen Unterrichtsformen durch **Hightech-Klassenzimmer** mit Monitoren und Internetnutzung
- **Erschließung von Inhalten über das Internet** – weit über die Themen der klassischen Schulbücher hinaus
- Steigerung der Motivation durch den **Einsatz von Computern und Videos**

Um diese Entwicklung zu unterstützen, stellt *Google* günstige mobile Geräte – sogenannte *Chromebooks* – für die Schulen bereit. *Microsoft* setzt ebenfalls auf spezielle Schulförderungen, um einen möglichst frühen Einsatz von Computern zu unterstützen. *Apple* fördert den umfassenden und ebenfalls frühen Einsatz von *iPads* in Schulen. Was hier propagiert wird, kommt dem schon angesprochen Phänomen „Anfixen" aus dem Drogenmilieu sehr nahe.

In den Niederlanden wollte man die Substitution klassischer Lehrformate durch eine Digitalisierung besonders konsequent vorantreiben und eröffnete mehrere sogenannte **Steve-Jobs-Schulen**. Hier sollten die Kinder primär mit *iPad* und *Apple-TV* lernen. Auf das Erlernen von Handschrift wurde dagegen weitgehend verzichtet. Teilweise wurde der **Verzicht auf Handschrift** damit begründet, dass es für die Kinder zu anstrengend wäre, mit der Hand zu schreiben – und auch gar nicht mehr notwendig. Auf die anfängliche Euphorie bei der Einführung dieser Schulen in Holland 2013 (vgl. Hense 2016) folgte inzwischen Ernüchterung.

Die interessante **Grundidee der *Steve-Jobs-Schulen*** bestand darin, unterstützt durch IT-Programme ein **Lernen in individuellem Tempo** zu ermöglichen. Die Lehrer sollten hierbei mehr die Funktion eines Coaches ausüben, der die Schüler bei ihrem **selbst gewählten Wissenserwerb** per Laptop eher unterstützt als anleitet. Die jeweiligen Schwerpunkte des Lernens – diese Woche Englisch, nächste Woche Mathematik – konnten von den Schülern selbst gewählt werden.

Nach einem dynamischen Start in den Niederlanden existieren heute kaum mehr *iPad*-Schulen – den Namen *Steve Jobs* tragen sie auch nicht mehr. Das zugrunde liegende **Prinzip des individuellen digitalen Lernens** wurde zunächst sehr begrüßt. Das Ziel, dass ein selbstbestimmtes Arbeiten an *iPad* oder Laptop die Schüler nicht nur motivieren, sondern auch deren Leistung verbessern und sogar soziale Benachteiligung ausgleichen sollte, wurde nicht erreicht. In Summe gilt heute das Konzept der *Steve-Jobs-Schulen* als gescheitert, weil der Erwerb von Basiswissen und grundlegenden Fähigkeiten vernachlässigt wurde. Außerdem wurde durch das rein digitale Lernen nur in Mathematik ein Motivationsschub erzielt, nicht dagegen in anderen Fächern. Interessant ist, dass sich *Steve Jobs* – immerhin der „Erfinder" des *iPads* – selbst explizit gegen den Einsatz von *iPads* im Schulunterricht ausgesprochen haben soll (vgl. Apfel 2018).

Wie sollte also mit **digitalen Formaten in der Lehre** umgegangen werden? Was hat sich bewährt, was sollte umgesetzt werden? Hierzu liefert eine **Meta-Studie zur Bildungsforschung,** die durch die *Technische Universität München* durchgeführt wurde, spannende Ergebnisse. Es wurden 79 Einzeluntersuchungen ausgewertet, die seit dem Jahr 2000 weltweit zum Themenfeld **Digitalisierung in der Lehre** erschienen sind (vgl. TUM 2017). Die Studie *Bildungsforschung, Politik und Schule im Diskurs* zeigte, dass der Einsatz von Tablets, Beamern und anderen digitalen Werkzeugen im **Unterricht in Naturwissenschaften und Mathematik** gewinnbringend sein kann. Schüler in Vergleichsgruppen mit konventionellen Unterrichtskonzepten schnitten durchweg schlechter ab als die „Tablet-Klassen". Die digitalen Materialien alleine garantierten allerdings noch keinen Erfolg.

Die **Wirkung digitaler Medien auf Leistung und Motivation** ist davon abhängig, wie der Einsatz im Unterricht erfolgt (vgl. TUM 2017):

- Zunächst einmal profitieren Kinder und Jugendliche von digitalen Unterrichtsmedien stärker, wenn sie nicht allein, sondern **in Paaren arbeiten**. Es wird davon ausgegangen, dass digitale Angebote Gespräche zwischen ihnen besonders anregen und so das Lernen fördern.

- Höhere Lernerfolge bei Schülern stellen sich ein, wenn sie bei ihrer Arbeit mit den digitalen Angeboten **von Lehrkräften begleitet** werden. Bei einem vollkommen selbstständigen Arbeiten mit Computerprogrammen ist deren positiver Effekt eher gering.
- Die angestrebte leistungssteigernde Wirkung von digitalen Medien ist größer, wenn sie die **klassischen Unterrichtsmaterialien nicht vollständig ersetzen**. Es wirkt sich positiv auf den Lernerfolg aus, wenn **digitale Medien ergänzend zu analogen Methoden** eingesetzt werden.
- In Summe können digitale Medien die Leistungen stärker steigern, wenn sie von **professionell geschulten Lehrkräften** im Unterricht eingesetzt werden.
- Die größte positive Wirkung auf den Lernerfolg haben **intelligente Tutorensysteme**. Diese Programme vermitteln die Lehrinhalte in kleinen Einheiten und bieten Übungen zur Überprüfung des Wissensstands an. Wichtig ist hierbei, dass sich die Geschwindigkeit, der Schwierigkeitsgrad und die Hilfestellungen dieser Tutorensysteme an die Kompetenzen der Nutzer anpassen.
- Vergleichsweise wenig leistungssteigernd sind **Hyper-Media-Systeme**, die mit Video-, Audio- und Textmaterial arbeiten und ein **freies Erkunden ohne Ausrichtung auf ein Lernziel** anstreben.

Es zeigt sich in dieser Meta-Studie wieder einmal, dass das erfolgreichste Konzept weder eine Digitalisierung der Lehre um jeden Preis noch ein vollständiger Ausschluss digitaler Medien aus der Lehre ist. Vielversprechend sind alle Konzepte, die auf eine **Kombination von analogen und digitalen Werkzeugen** setzen – und diese in die Hände von qualifizierten Pädagogen legen (vgl. vertiefend Hillmayr et al. 2017).

Warum ist es so gefährlich, gerade junge Menschen – aber nicht nur sie – sehr lange mit digitalen Anwendungen arbeiten zu lassen? Warum ist es ein zentrales Ergebnis der genannten Meta-Studie, dass es am vorteilhaftesten ist, analoge und digitale Methoden kombiniert einzusetzen? Es gehört zu den wichtigsten **Erkenntnissen der Neurobiologie**, dass sich das Gehirn permanent verändert und damit lernt, wenn es benutzt wird. Hier wird von der **Neuroplastizität des Gehirns** gesprochen. Das bedeutet nichts anderes, als dass die Art und Weise, wie wir unser Gehirn nutzen, sich auf dessen Anatomie und Funktionen auswirkt. Zum Verständnis kann eine **Analogie zu Verkehrswegen** herangezogen werden: Wege, die häufig und lange genutzt werden, nehmen die Dimensionen von Autobahnen an. Selten genutzt Pfade verkümmern zu Feldwegen – nicht genutzte Möglichkeiten werden überwuchert und verschwinden langfristig ganz. Das so veränderte Gehirn beeinflusst dann wiederum unsere Art wahrzunehmen, zu denken, zu erleben, zu fühlen und zu handeln.

> Alles, was wir tun, hinterlässt Gedächtnisspuren und verändert sogar unser Gehirn. Nur eines kann das Gehirn nicht: sich nicht verändern und nicht lernen.

Und so hat mein Gehirn – und vielleicht auch das Ihre – schon gelernt, dass es sich keine Telefonnummern mehr merken muss. Auch die Fähigkeit, sich in großen Städten ohne Navigationssystem zurechtzufinden, hat zumindest bei den Navi-Nutzern schon gelitten. Bei welchem Unternehmen *Dr. Rainer Mayer* arbeitet, brauchen wir uns auch nicht mehr zu merken. Ein einfacher Suchbefehl von *LinkedIn* klärt uns auf. Termine brauchen wir uns ebenfalls nicht mehr wirklich zu merken – dafür haben wir verschiedene Alert-Funktionen installiert. Auf (fast) alle Fragen der Menschheit finden wir dank *Google* & Co. schnelle und manchmal auch sehr einfache Antworten.

Die Konsequenz fasst Spitzer (2012, S. 16) treffend zusammen:

> „Wer denken lässt, wird kein Experte."

Nur das Selberdenken führt zum qualifizierten Lernen – und Lernen ohne Denken führt zu einem Auswendiglernen ohne Zeit- und Raumbezug und ohne eine tieferes Verständnis des Sachverhalts.

Deshalb sollten wir, wann immer wir einmal etwas nicht wissen, einfach einmal nachdenken und versuchen, eine Wissenslücke so zu schließen. Schließlich heißt es doch so schön:

> Denken ist wie Googeln, nur krasser!

*Das Ergebnis einer Delegation von Aufgaben und Denken an Algorithmen und/oder (unbekannte) Dritte kann zu folgendem Ergebnis führen. Ein Kollege von mir, Professor für Mathematik, berichtete kürzlich von seinen Erfahrungen mit Erstsemestern: „Wenn ich diesen die Aufgabe stelle, 70 % von 100 auszurechnen, dann sagen drei Viertel der Anwesenden, dass sie für diese Berechnung einen Rechner benötigen." Auch die Fähigkeit, zumindest Größenordnungen eines möglichen Lösungsraums anzugeben, ginge immer mehr verloren.*

Welches Ausmaß hat die **Abhängigkeit von Smartphone, Social Media & Co.** inzwischen erreicht? Zunächst ist es bemerkenswert, dass schon seit vielen Jahren im **Drogen- und Suchtbericht der Bundesregierung** (vgl. Drogenbeauftragte 2018, S. 106) nicht nur über **Computerspielabhängigkeit**, sondern auch von **Internetsucht** bzw. von einer **pathologischen Internetnutzung** berichtet wird. Personen, die eine solche Abhängigkeit entwickelt haben, haben ihren Umgang mit Computerspielen und dem Internet generell nicht mehr unter Kontrolle. Sie beschäftigen sich gedanklich übermäßig stark damit und fühlen sich unruhig und gereizt, wenn sie diese Angebote nicht nutzen können. Gleichzeitig werden andere wichtige Lebensbereiche vernachlässigt. Während bei Computerspielen bereits deutliche Parallelen zum Suchtverhalten gesehen werden, wird das bei einer pathologischen Internetnutzung noch diskutiert. Es wird allerdings davon ausgegangen, dass die Nutzung der sozialen Medien ebenfalls zu dem schon diskutierten Suchtverhalten führt.

Selbst im sehr technologieoffenen Land China hat man inzwischen die **Gefahr** erkannt, die mit einem **extensiven Gaming** einhergeht. So schrieb die *Volkszeitung* – immerhin das Zentralorgan der Kommunistischen Partei – bereits 2017 in einem Leitartikel, dass das vom chinesischen Unternehmen *Tencent* angebotene Spiel *Honor of Kings* „Gift" sei: „Vergiftet würden die Hirne der Jugendlichen. Chinas Zukunft sei so schlapp vom vielen Zocken, das der weitere wirtschaftliche Aufschwung des Landes in Frage stehe" (Ankenbrand 2019, S. 22). Nach diesem als Warnschuss verstandenen Statement wurde von *Tencent* beispielsweise die Zeit begrenzt, die ein Spieler bei *Honor of Kings* angemeldet sein kann. In Folge wurde seitens des *Amts für Presse, Radio, Film und Fernsehen* die Lizenzierung von Computerspielen in China stark eingeschränkt (vgl. Ankenbrand 2019, S. 22).

Um die **Problematik der Social-Media-Nutzung** zu ermitteln, wurden in einer repräsentativen Studie der DAK (2018a, S. 5) 1001 Kinder und Jugendliche zwischen 12 und 17 Jahren in Deutschland befragt. Zur Ermittlung einer problematischen Social-Media-Nutzung wurde die sogenannte **Social-Media-Disorder-Scale** einsetzt (vgl. Eijnden et al. 2016). In der Kurzversion besteht der standardisierte Fragebogen aus neun Fragen. Wie die Befragten auf die Fragen antworteten, ist in Abb. 2.2 zu sehen.

Wurden fünf oder mehr der neun Fragen mit „Ja" beantwortet, wurde eine **Social-Media-Disorder** und damit eine **pathologische Social-Media-Nutzung** angenommen. In dieser repräsentativen Studie erfüllten 2,6 % der 12- bis 17-Jährigen dieses Kriterium. Bei Mädchen liegt dieser Wert mit 3,4 %

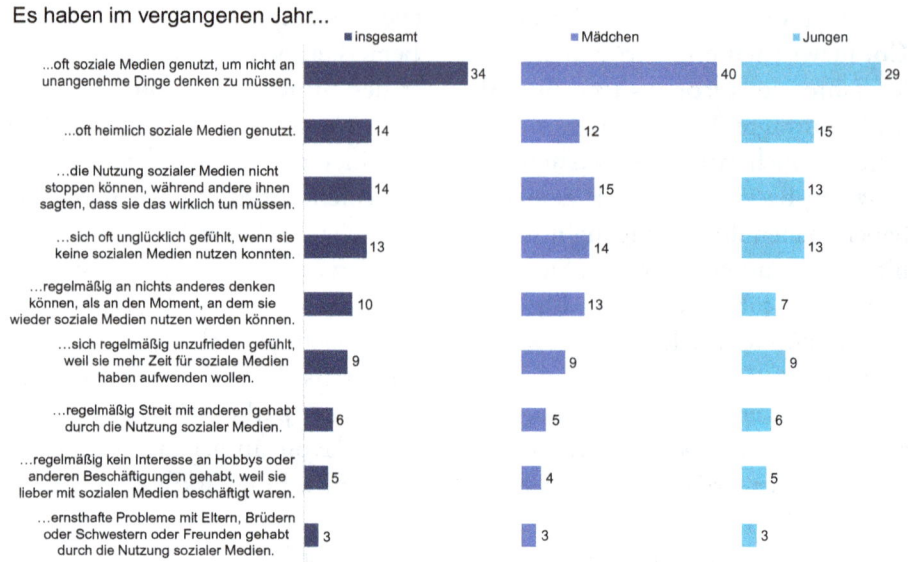

**Abb. 2.2** Auswirkungen der Social-Media-Nutzung bei 12- bis 17-Jährigen – in %. (Quelle: Nach DAK 2018a, S. 31)

höher als der von Jungen mit 1,9 %. Für die Gesamtheit der 12- bis 17-Jährigen in Deutschland sind demzufolge ca. 100.000 Personen betroffen.

Jugendliche, die die Kriterien einer **Social-Media-Disorder** erfüllen, **streiten sich häufiger mit den Eltern** wegen der Nutzung der sozialen Medien und weisen auch ein höheres Maß an **Schlafmangel** auf – bedingt durch die Nutzung der sozialen Medien. Außerdem wurden in der Studie Hinweise auf den Zusammenhang zwischen einer zu intensiven Nutzung der sozialen Medien und einer **depressiven Symptomatik** ermittelt.

Von den Jugendlichen, die die Kriterien einer Social-Media-Disorder erfüllen, berichtete jeder Dritte über depressive Symptome; dieser Wert lag in der Gesamtstichprobe nur bei 8,2 %. Es ist allerdings darauf hinzuweisen, dass über die **Ursache-Wirkungs-Beziehungen** noch keine Erkenntnisse vorliegen (vgl. Drogenbeauftragte 2018, S. 108 f.; vertiefend DAK 2018b). Deshalb bleibt offen, ob eine zu intensive Social-Media-Nutzung zu depressiven Symptomen führt oder ob umgekehrt depressive Symptome dazu verleiten, die sozialen Medien intensiver zu nutzen.

> **Denkanstoß für Eltern**
>
> Ob Sie wollen oder nicht – auch und gerade bei der **Social-Media-Nutzung** – sind Sie ein oder sogar das entscheidende **Rollenmodell**. Wenn Sie beim gemeinsamen Essen, bei Gesprächen und bei gemeinsamen Aktivitäten mit Ihren Kindern immer (auch) den Blick auf Ihr Smartphone gerichtet haben, werden Ihre Kinder ein solches Verhalten spiegeln. Wenn Ihr letzter Blick vor dem Schlafengehen Ihrem Smartphone gilt, wird auch dieses Verhalten gelernt werden.
> Wichtig ist allerdings auch, dass Sie die **Erlaubnis zur Nutzung von Smartphone & Co.** nicht als Belohnung und den Entzug nicht als Strafe verwenden sollten. Sonst steigern Sie ganz automatisch die entsprechende Begehrlichkeit – wie bei Süßigkeiten und Taschengeld.

*Bei einem kürzlich in der Wüste von Dubai unternommenen Ausflug war auch ein jüngeres Paar zugegen. Während des ca. dreistündigen Aufenthalts in der Wüste schoss die junge Dame – gefühlt – 300 Selfies. Ob sie mitbekommen hat, wo sie eigentlich war, steht wohl in den Sternen bzw. in den Sand geschrieben. Die Texte zu den so entstandenen, ggf. noch vielfach mit Filtern bearbeiteten Fotos kennen wir alle:*
„*#Best #Wüstentour – ever! #nice #sweet #lovely #beautiful #inspiring #bestever.*"
*Wo das ganze stattgefunden hat, ist eigentlich egal. Hauptsache, gut inszeniert und das große „Ich" mittendrin.*

Wir können hier von einem regelrechten **Selfiismus** sprechen, dem Versuch, sich immer perfekt zu inszenieren. Es bleibt uns selbst überlassen, ob wir es so hart formulieren möchten wie Karl Lagerfeld (2014); er stellte fest: „Selfies sind elektronische Masturbation."

Um zu verstehen, was Nutzer zu einer intensiven Beschäftigung bis hin zu einer **pathologischen Social-Media-Nutzung** verführt, soll anhand von *Instagram* analysiert werden. Das Institut *Rheingold Salon* ermittelte auf der Basis von Tiefeninterviews mit 100 Jugendlichen sowie durch über 3060 Online-Fragebögen bei 14- bis 22-Jährigen, welche Motive bei dieser **Generation Z** für die Nutzung von *Instagram* dominieren. Die zentralen Erkenntnisse werden wie folgt zusammengefasst (Rheingold Salon 2019, S. 2):

„Instagram ist für viele Jugendliche ein Versuch, eine rundum kontrollierbare Traumwelt zu installieren, in der alles perfekt ist und sie selbst unangreifbar sind." Angestrebt wird ein **Leben in einer Parallelwelt auf *Instagram***.

Vergleichbar heißt es zu *YouTube* bei Ebenfeld und Ziems (2018, S. 18): „Viele der Stimmungen, die Youtuber zu Autoritäten im Netz werden lassen, können als Reaktion darauf verstanden werden, die Unüberschaubarkeit und Zersplitterung der Gegenwart zu überwinden und wieder Halt zu finden. Der

Komplexität wird begegnet durch die Sehnsucht nach neuer Einfachheit und Überschaubarkeit (,Simplify your life', Entschleunigung)."

Hier wird der Fluchtcharakter deutlich, den die Beschäftigung mit *Instagram* und *YouTube* hat. Die Sehnsucht nach Kontrolle und Perfektion wird auf einen subjektiv wahrgenommenen **Kontrollverlust auf allen Ebenen** zurückgeführt, der zu einer **Erschütterung des Grundvertrauens** führt. Dieser Kontrollverlust wird von der Generation Z auf mindestens drei Ebenen erlebt – der physischen, der familiären sowie der gesellschaftlichen Ebene (vgl. Rheingold Salon 2019, S. 2):

- Ein **Kontrollverlust auf der physischen Ebene** liegt vor, weil die Jugendlichen den Veränderungen ihres Körpers in Zeiten der Pubertät hilflos gegenüberstehen.
- Ein **Kontrollverlust auf der familiären Ebene** wird verursacht durch die Tatsache, dass praktisch jedes Kind eine Patchwork-Familie oder Alleinerziehende kennt – wenn es nicht sogar selbst in solchen familiären Umfeldern lebt.
- Schließlich erleben die Jugendlichen einen weiteren **Kontrollverlust auf der gesellschaftlichen Ebene**, weil sie früh und auch regelmäßig mit dem Wort „Krise" konfrontiert werden – sei es mit der Flüchtlingskrise oder anderen politischen Krisen.

Jugendliche haben verschiedene **Strategien gegen Kontrollverlust** entwickelt. Während sie auf den gesellschaftlichen und familiären Kontrollverlust kaum einwirken können, versuchen sie, zumindest hinsichtlich des eigenen Körpers die Kontrolle zurückzugewinnen. Über die „Behandlung des Äußeren" wollen die jungen Menschen die „Kontrolle über ihr Innenleben" zurückgewinnen (vgl. Rheingold Salon 2019, S. 2). Gerade *Instagram* eignet sich dafür, diese Kontrolle zurückzugewinnen. Denn hier können sich die jungen Menschen eine perfekte und – zumindest subjektiv gefühlte – komplett beherrschbare **Traumwelt** aufbauen. In diese **Parallelwelt** ziehen sich viele junge Menschen zurück – nicht selten vier Stunden täglich und mehr. Welche Motive hierbei zugrunde liegen, zeigt Abb. 2.3.

Was sich hinter den in Abb. 2.3 genannten verschiedenen Gründen verbirgt, wird im Folgenden erläutert (vgl. vertiefend Rheingold Salon 2019, S. 3–141):

- **Erschaffung heiler Traumwelten**
Auf *Instagram* können die Jugendlichen eine **heile Welt inszenieren**; gleichsam als Flucht vor der bedrohlich erscheinenden Realität. Das „böse

**Abb. 2.3** Warum junge Menschen sich so viel auf Instagram bewegen. (Quelle: Nach Rheingold Salon 2019, S. 3)

Weltgeschehen" bleibt hier außen vor. Schließlich ist *Instagram* die **harmonischste Social-Media-Plattform**. Hier dominieren Hashtags wie:
- #sweet (100 Millionen Beiträge)
- #nice (90 Millionen Beiträge)
- #lovely (62 Millionen Beiträge)
- #beautiful (6,1 Millionen Beiträge)
- #inspiring (5,6 Millionen Beiträge)
- #bestever (1,3 Millionen Beiträge)

Folglich werden auf *Instagram* auch kaum anspruchsvolle Themen aus Gesellschaft, Politik und Wirtschaft diskutiert. Auf die direkte Frage, ob denn auch ernstere Themen auf *Instagram* wahrgenommen werden, gab es zum *Hambacher Forst* die folgende launige Aussage:

„Das war so lustig, wie die Aktivisten die Bäume rauf und runter kletterten, da gab es einen Meme."

Bei **Memes** handelt es sich häufig um aussagekräftige Motive (beispielsweise Fotos oder Videos), die mit einem Text kombiniert werden, um auf diese Weise neue Bedeutungen zu erhalten. Diese Memes verbreiten sich online oft sehr schnell – und führen häufig zu viel Anerkennung durch Likes etc.

Bei *Instagram* beschäftigt man sich eher mit schönen Dingen aus Sport, Mode und Lifestyle. Und obwohl die Jugendlichen wissen, dass die Inhalte auf *Instagram* **Konstruktionen einer heilen Welt** sind, wird dies bei der Betrachtung ausgeblendet. Lediglich 14 % erleben die Fotos als künstlich – 27 % sehen die Fotos im Sinne einer heilen Welt, die „gut aufgebessert" wurde.

- **Narzisstische Verbesonderung**
  Auf *Instagram* können sich die Jugendlichen zunächst von den Eltern abgrenzen, die häufiger auf *Facebook* aktiv sind. Eine weitere **Abgrenzung** wird dadurch erreicht, dass man besonders ausgefallenen Influencern folgt oder selbst mehrere Accounts betreibt, bei denen Mode, Musik, Reise oder Sport im Mittelpunkt stehen. Eine wichtige Währung auf *Instagram* sind die **Likes**, die erzielten **Reichweiten** sowie die **Anzahl der gewonnenen Follower**. Zusammen bilden sie eine wichtige **Währung für das eigene Selbstwertgefühl**. Wie lauten zwei in der Studie zitierte Aussagen so schön:
  – „Viele Follower sind ein Statussymbol. Man ist mächtiger und angesagter."
  – „Über die Follower-Zahlen kann man vergleichen, wer den Längsten hat."
- **Exhibitionistische Tendenzen**
  In Ergänzung zu narzisstischen Verhaltensmustern zeigen junge Menschen auch sehr gerne, was sie haben bzw. was sie sich leisten können. Auf *Instagram* dominiert eine **Zeige- und Schaulust**.
- **Abhängigkeit und besinnungsloses Abhängen**
  Fast alle Jugendlichen geben zu, dass sie auf *Instagram* nicht nur schauen, um zu entspannen. Es geht vielfach um **einfaches Abhängen**. Manche geben zu, acht bis neun Stunden auf *Instagram* zu sein – auch in der Schule. 35 % der Jugendlichen sagen, dass sie jeden Tag während der Schulzeit online sind. Viele beschreiben sich selbst auch als süchtig – nach dem Motto: „Klar bin ich süchtig, aber was soll's. Es machen doch alle." Der **Suchtfaktor** ist stark ausgeprägt.

  Welche Auswirkungen diese Sucht und damit das Zeitinvestment auf *Instagram* auf andere Beschäftigungen haben, zeigen zwei weitere in der Studie zitierte Aussagen:
  – „Na ja, ich habe zwar schon ein Buch, aber ich lese immer wieder dasselbe Buch, sonst ist es mir zu anstrengend."
  – „Ich habe meiner Freundin vorgeschlagen, mal etwas zu lesen. Sie hat gesagt, sie hätte aber kein Buch. Ich habe ihr jetzt mal eins gekauft."
- **Digitale Inspiration und Identitätsfindung**
  *Instagram* hat allerdings auch noch eine andere wichtige Funktion: **Identitätsfindung**. Es mag erstaunen, aber viele Jugendliche fühlen sich ohne *Instagram* weniger lebendig. Jugendliche finden teilweise erst durch *Instagram* ihre Identität. Ihr **Selbst** und auch ihr **Selbstwertgefühl** sind

„digital". Der Prozess der Selbstfindung findet nicht mehr durch eine direkte Auseinandersetzung mit und Abgrenzung von anderen statt, sondern verlagert sich auf ein Messen der Anzahl der Follower sowie die Perfektion eigener Posts.

Da ein wichtiger Teil des eigenen Lebens sozusagen „digital" stattfindet, muss auch permanent überprüft werden, was im „digitalen Leben" passiert. Folglich sind 45 % öfter als zehnmal pro Tag auf *Instagram*.

In Abwandlung des Ausspruchs von *René Descartes* **Cogito ergo sum** (Ich denke, also bin ich) heißt es jetzt: „Ich Insta – also bin ich." (Rheingold Salon 2019, S. 9)

> **Denkanstoß**
>
> Ist es heute schon wichtiger, sein **Profil** bei *Facebook*, *Instagram*, *LinkedIn*, *Snapchat*, *Xing* & Co. zu pflegen, als seine **eigene Persönlichkeit**?

- **Standardisierte Unangreifbarkeit**
  Ein interessantes Phänomen ist, dass *Instagram* nur scheinbar Privates offenbart. Tatsächlich werden hier jedoch **standardisierte „Codes"** verwendet. Hierbei handelt es sich um **bestimmte Posen** – häufig an **identischen Locations** – die ganz einfach nachgestellt werden. Wer an solchen Locations wohnt, kennt die Horden von Smartphone-Usern, die sich ungefragt im Hauseingang oder im eigenen Garten platzieren, nur um ein Foto nachzustellen – **mit dem eigenen Ich im Zentrum**. Persönliche Geschichten und echte Privatheit sehen dagegen anders aus. Gleichzeitig gilt: „Der Status spiegelt sich nicht mehr im auf Hochglanz polierten Mercedes-Sportwagen, sondern in Hochglanzfotos von den weltweiten Touristen-Hotspots auf Instagram und Facebook" (Steiner 2019, S. 17).

  Wird von den *Instagram*-Nutzern selbst ein neuer Stil inszeniert, verändert sich der Freundeskreis oder hat sich schlicht der eigene Körper weiterentwickelt, so werden Posts aus der Vergangenheit gelöscht. So vermeidet man eine Angreifbarkeit im Hinblick auf die eigene Vergangenheit. Man lebt ganz im Jetzt. Da Emotionen und damit verbundene Geschichten zu Konflikten führen können, werden sie konsequent vermieden, um den **Traum der Unverwundbarkeit** auf *Instagram* zu erhalten.

Vergleichbare Effekte sind auch bei *LinkedIn* festzustellen. Postet man etwas bei *LinkedIn*, wünscht man sich Anerkennung und Wertschätzung durch Likes, Applaus, ein Teilen der Nachricht sowie positive Kommentare. Für alle wichtigen Interaktionen muss man auf die Plattform zurückkehren – um dort möglichst viel Zeit zu verbringen. Es gilt auch hier: Wenn man für einen Post viele Likes einsammelt, motiviert das für den nächsten – es könnte ja wieder klappen. Und wenn es nicht klappt, versucht man es wiederum mit dem nächsten Post – vielleicht klappt es ja dann. Wir sehen: Auch hier sind intermittierende variable Belohnungen im Einsatz, die sich ohne großen Algorithmeneinsatz einstellen.

Allerdings vertraut auch *LinkedIn* auf den Einsatz von Algorithmen. Hier nutzt *LinkedIn* – wie auch *Facebook* und andere – eine **Asymmetrie der Wahrnehmung**. Erhält man eine Einladung, sich zu vernetzen, dann unterstellt man häufig eine ganz bewusste Entscheidung der anfragenden Person. Häufig wird der Anfrager aber lediglich eine Liste von Kontaktvorschlägen abarbeiten, die ein Algorithmus für ihn erstellt hat. Hierdurch werden neue soziale Verpflichtungen geschaffen, die letztendlich dazu führen sollen, dass die Nutzer mehr Zeit auf *LinkedIn* verbringen und dort Datenspuren hinterlassen, die werblich genutzt werden können.

> **Denkanstoß**
>
> Wie stark sind Sie selbst bei *Instagram*, *Facebook*, *Xing* oder *LinkedIn* engagiert? Welchen Stellenwert nimmt Ihr **digitales Leben** heute ein – und wie stark leben Sie in der analogen Welt? Welches Ausmaß hat Ihre Abhängigkeit von Likes, Reichweiten und Follower-Zahlen bereits erreicht?
>
> Seien Sie selbstkritisch und ehrlich zu sich selbst! Denn wie heißt es so schön und immer noch treffend:
>
> **Selbsterkenntnis ist der erste Schritt zur Besserung!**
>
> **Entwöhnung** – auch bei einer **digitalen Abhängigkeit** – ist allerdings nicht einfach. Selbst wenn es sich bei der digitalen Abhängigkeit um eine nichtstoffgebundene Abhängigkeit handelt, sind die Effekte auf unser Gehirn die gleichen. Wie schmerzhaft es sein kann, von solchen Abhängigkeiten wieder loszukommen, kann jeder nachvollziehen, der einmal selbst mit dem Rauchen aufgehört hat oder Freunde dabei unterstützt hat. Denn auch beim Rauchen handelt es sich vor allem auch um eine psychische Abhängigkeit. Aber genau wie in diesem Fall dürfte sich lohnen!

Mit einem hohen **Stellenwert des „digitalen" Lebens** verbunden ist der sogenannte **FOMO-Effekt** – die **Fear of missing out**. Dieser Effekt beschreibt die Angst von Menschen, dass irgendwo gerade ein interessantes oder spannendes Ereignis stattfindet, dass sie verpassen könnten. Er wird vor allem durch Beiträge in den sozialen Medien ausgelöst. Deshalb sind Millionen von Menschen den ganzen Tag über online und scannen die unterschiedlichen Newsströme – häufig nicht, um über das große Weltgeschehen informiert zu sein, sondern um zu erfahren, welchem A-, B- oder C-Promi gerade Hund oder Partner entlaufen ist, wer in einer Sinn- oder Schaffenskrise steckt oder welche Tabus während der Wochenendeskapaden von Politikern oder Schauspielern gebrochen wurden. Es geht auch darum, möglichst nichts „Wichtiges" zu verpassen, was sich im Freundeskreis zugetragen hat. Wo hat welche Party stattgefunden oder wird eine stattfinden? Wer hat was wo gekauft? Welche Events sollte man nicht verpassen, welche Serien sollte man gesehen, welche Musik gehört und – seltener – welches Buch sollte man gelesen haben?

Dieser FOMO-Effekt würde zu **Stress pur** führen – wenn nicht regelmäßig **Belohnungen** winken würden, weil wir Nettes sehen und hören oder selbst soziale Anerkennung erfahren. Sie erinnern sich an die Diskussion der **intermittierenden variablen Belohnungen**? Sie wirken auch hier. Bei der Analyse dieses Sachverhaltes fühle ich mich an eine berühmte **Bibel-Stelle** erinnert (Matthäus 16, 26):

Was hülfe es dem Menschen, wenn er die ganze Welt gewönne und nähme doch Schaden an seiner Seele?

Ob Sie selbst an diesem Effekt leiden, können Sie durch einen **FOMO-Self-Check** ermitteln (vgl. Abschn. 6.2). Ein Blick auf die in Kap. 1 genannten Zahlen von Menschen, die viele Stunden oder gar ganztägig online sind, zeigt, welche Größenordnung dieses Phänomen inzwischen erreicht hat. Warum ein FOMO-Effekt kritisch zu betrachten ist, wird durch eine interessante Antwort von McLaughlin deutlich (Texas A&M University 2016):

> „FOMO is especially rampant in the millennial community because they see a peer achieving something they want, and somehow in their mind, that achievement means something is being ‚taken away' from them."

Es ist besonders verführerisch, unser Leben orientiert an einer **virtuellen Gemeinschaft** zu definieren, die jeden unserer Schritte beobachtet, kommentiert, kritisiert und/oder lobt. Die Gefahr besteht in dem Versuch, den Erwartungen dieser (teilweise) anonymen Gemeinschaft gerecht zu werden und unser Leben kontinuierlich an den *Facebook*- oder *Instagram*-Posts, den *YouTube*-Videos von (Pseudo-)Berühmtheiten oder Freunden zu messen oder uns gar daran auszurichten.

Damit kann ein hoher Erwartungsdruck verursacht werden, dem wir oft nicht standhalten können – weil das Erstrebte (momentan) unerreichbar ist, allerdings nicht absolut unerreichbar erscheint. Beispiele für einen Urlaubsgenuss, der für die meisten wohl (dauerhaft) unerreichbar bleiben wird, zeigt Abb. 2.4.

Folglich führt FOMO zu **Unzufriedenheit**, weil ich mich bspw. gerade auf eine Prüfung vorbereite, während andere auf Hawaii surfen. Wenn mir dann diese Bilder an meinem Schreibtisch im Studentenwohnheim online „ins Haus flattern". Damit geht auch ein **Verlust des authentischen Selbstwertgefühls** einher. Die permanente Angst, etwas zu verpassen, kann dazu führen, dass man nicht mehr als „echte" Person in der eigenen (analogen) Welt agiert. Das kann zu **Ängsten** und sogar **Depressionenn** führen, wie bereits gezeigt wurde. Deshalb stellt es keine Überraschung dar, dass in vielen Ländern der Welt ein **steigender Konsum von Antidepressiva** zu verzeichnen ist (vgl. Texas A&M University 2016).

Zusammengefasst kann die **Nutzung der sozialen Medien** aus folgenden Gründen zu Distress im Sinne von Kummer, Leid und auch Verzweiflung führen:

- Wir fühlen uns oft genötigt, etwas in den sozialen Medien zu teilen – obwohl wir nicht immer etwas zu teilen haben.
- Alle – außer uns – scheinen in den sozialen Medien immer und überall und in allen Lebenslagen glücklich zu sein.
- Wir fühlen uns durch negative Rückmeldungen auf unsere Social-Media-Aktivitäten verletzt, missverstanden, nicht respektiert – und können kaum etwas dagegen tun.
- Wenn auf unsere Posts etc. zu wenige (positive) Rückmeldungen kommen, fühlen wir uns von der (digitalen) Gemeinschaft (partiell) ausgestoßen.

Laut McLaughlin (Texas A&M University 2016) wurde bei mindestens drei bis 13 % der US-Bevölkerung eine Störung namens **soziale Angst** diagnosti-

**Abb. 2.4** Posts, die zum FOMO-Effekt verführen. (Quelle: Instagram 2019)

ziert. Es handelt sich um die Angst davor, von anderen negativ oder allein schon kritisch beurteilt zu werden oder als merkwürdig oder peinlich wahrgenommen zu werden. Diese Angst kann zu einem **Mangel an Selbstvertrauen** sowie zum **Rückzug aus dem sozialen Umfeld** führen. Die unaufhörliche Beschäftigung damit, was alle anderen tun oder wie uns andere (digital) bewerten, kann dazu führen, dass wir unser eigenes Leben verpassen.

Deshalb können wir an dieser Stelle dem FOMO kraftvoll **YOLO** entgegenstellen:
**You only live once!**

### Denkanstoß

Eines sei allen FOMO-Betroffenen ins Stammbuch geschrieben: Alles vermeintlich Relevante mitzubekommen, ist heute gar nicht mehr möglich. Deshalb können und sollten wir unser diesbezügliches Streben auch einstellen.

Außerdem gilt: Während wir auch die Hintergründe unseres Lebens mit allen Höhen und Tiefen kennen, wird uns vom Leben der Anderen – vor allem in den sozialen Medien – häufig nur die Schokoladenseite präsentiert. Die Realität sieht vielfach ganz anders aus. Eine US-Studie der Allianz Global Assistance (2018), bei der 1005 US-Amerikaner interviewt wurden, liefert spannende Erkenntnisse über die **Motive bei der Nutzung der sozialen Medien:**

- 51 % posten hier Fotos, um mit anderen **zu konkurrieren**.
- 65 % posten Fotos, um Freunde und Familienmitglieder **neidisch zu machen**.
- 17 % **stellen ihren Urlaub schöner dar**, als er eigentlich ist.
- Über 40 % der jungen Reisenden möchten einen Urlaub verbringen, der **instagramable** ist – sich also auf *Instagram* schön inszenieren lässt.
- Gleichwohl glauben 86 % der US-Amerikaner den Posts von persönlich Bekannten.
- Allerdings glauben nur 31 % der US-Amerikaner Posts von Menschen, die sie nicht persönlich kennen.

Wäre es deshalb nicht mehr als nur einen Versuch wert, dem FOMO-Effekt einen **JOMO-Effekt** entgegenzusetzen?
**Joy of missing out**

Ein gerade lustvoll zu inszenierendes Gefühl, nicht mehr jeden Tag, jede Stunde, jede Minute an der Angel des Smartphones mit seinem nie endenden Newsstrom zu hängen und zu zappeln – bis die nächste Belohnung kommt.

Warum nicht einmal mit den Liebsten ausgehen – in die Natur, in ein schönes Restaurant oder die Oper – ohne **Sklave der Devices** zu sein? Denn diese können wir getrost auch einmal zu Hause lassen.

Dabei wissen wir: Ja, vielleicht verpasse ich etwas online – und erlebe gleichzeitig etwas viel Schöneres im richtigen Leben, weil ich auf einmal wieder aktiv teilnehme, Wertschätzung und Anerkennung im direkten Umgang mit realen Menschen gebe und erlebe – und merke, wie schön das sein kann.

> **Denkanstoß**
>
> *Der Philosoph Søren Kierkegaard* hat einmal treffend formuliert:
> „*Das Vergleichen* ist das Ende des Glücks und der Anfang der Unzufriedenheit."

Da fragt man sich, warum sich Millionen Menschen regelmäßig Vergleichen unterziehen, indem sie sich auf *Instagram* & Co. mit den selten ungeschönten Berichten, Fotos und Videos beschäftigen – und insgeheim einen Vergleich mit dem eigenen Leben anstellen. Wir sollten uns beim Betrachten dieser Inhalte immer klarmachen, dass es sich um – vielfach noch optisch aufgehübschte – Inszenierungen handelt, die oft mit der normalen Lebenswirklichkeit der dort abgebildeten Personen nichts oder wenig zu tun haben. Sie stellen vielmehr eine **Auswahl der Auswahl der Auswahl der schönsten Momente** dar. Was dort zu sehen ist, ist häufig die vielfach bearbeitete Feinauswahl, die mit der Lebenswirklichkeit oft nichts oder sehr wenig zu tun hat.

Warum dieses permanente Vergleichen so gefährlich sein kann, zeigte eine US-Studie von Burnette et al. (2017). Hier wurden in sechs Fokusgruppen (insgesamt 38 Studienteilnehmerinnen) die **Zusammenhänge** zwischen der **Social-Media-Nutzung** und dem **Körperbild bei Mädchen** im Alter von zwölf bis 14 Jahren untersucht. Die Mädchen, die soziale Medien intensiv nutzten, bestätigten **Unsicherheiten im Auftreten** – vor allem durch den Vergleich mit Gleichaltrigen. Gleichzeitig wiesen die Mädchen aber auch eine hohe Medienkompetenz auf. Durch eine eigene Medienkompetenz sowie durch Selbstvertrauen kann ein potenziell negativer Zusammenhang zwischen der Social-Media-Exposition und dem eigenen Körperbild verringert werden. Die Mädchen berichteten, dass die Medienkompetenz und das Selbstvertrauen durch einen positiven elterlichen Einfluss sowie ein unterstützendes Schulumfeld gefördert wurden. Hierdurch wird deutlich, wie wichtig ein wohlinformiertes Umfeld zur **Prävention von Körperunzufriedenheit** ist (vgl. vertiefend zur Medienkompetenz Abschn. 6.1).

Gleichzeitig können wir feststellen, dass – gerade bei jungen Frauen in den USA – eine dramatisch hohe **Selbstmordquote** zu konstatieren ist. Hängt das damit zusammen, dass viele junge Frauen glauben, dem durch die sozialen Medien aufgebauten Erwartungsdruck in Sachen Schönheit, Erlebnisintensität etc. nicht gerecht werden zu können? Eine von Bracho-Sanchez (2019) analysierte Studie zeigt, dass die **Selbstmordraten junger Mädchen** schneller steigen als die von Jungen. So ändert sich das bisher gültige Muster, dass Jungen eher an Selbstmord sterben, während Mädchen eher daran denken und es „nur" versuchen. Ein Grund wird darin gesehen, dass Mädchen anfälliger für die negativen Auswirkungen der sozialen Medien sein könnten und dass sie im Vergleich zu Jungen die sozialen Medien intensiver nutzen und dort auch häufiger **Cybermobbing** erleben. Den sozialen Medien kommt hier zudem eine verhängnisvolle Verstärkungsfunktion zu: Depressive Mädchen erhalten durch ihre Art des Social-Media-Engagements dort auch mehr negative Reaktionen ihrer Freunde als Jungen.

Eine – aus meiner Sicht – besonders kritisch zu bewertende App ist *Tellonym*. Diese Bezeichnung setzt sich aus „to tell" (erzählen) und „anonymous" (anonym) zusammen. Die Berliner App bietet die Möglichkeit, „Freunden" anonym etwas mitzuteilen. Auf der *Tellonym*-Seite steht so schön: „Erstelle einen Account, um zu sehen, worüber deine Freunde reden und lasse sie deine Fragen beantworten." (Tellonym 2019) Das werbebasierte Geschäftsmodell der App besteht allerdings nicht nur darin, sondern sie ist geradezu prädestiniert, aus der Anonymität heraus nicht nur Komplimente zu machen oder Fragen zu beantworten, sondern auch „giftige Pfeile" auf andere zu schießen. Dann ist die Kommunikation nicht mehr so nett und wertschätzend, wie sie auf der *Tellonym*-Seite präsentiert wird (vgl. Abb. 2.5). Die *Tells* genannten Botschaften können Nettigkeiten und Bosheiten enthalten – die Anonymität ist geschützt. „Die Gemeinheit ist Teil des Geschäfts, vermarktet wird sie als Ehrlichkeit" (Schmelcher 2019, S. 5)

Einen weiteren Beitrag zu den steigenden **Teenager-Selbstmordraten** leistete das Debüt der *Netflix*-Show „13 Reasons Why" (auf Deutsch: „Tote Mädchen lügen nicht") im März 2017. Die Serie wurde weltweit von Ärzten und Gesundheitsorganisationen kritisiert; Psychologen warnten Jugendliche und Erwachsene sogar davor, die Serie anzusehen. Diese könne psychische Probleme verstärken oder erst hervorrufen und somit zu Nachahmungstaten motivieren.

Mit dem umfassenden, nie endenden **digitalen Informationsstrom** sind weitere Gefahren verbunden: Es „… verflüchtigen und verwischen sich die

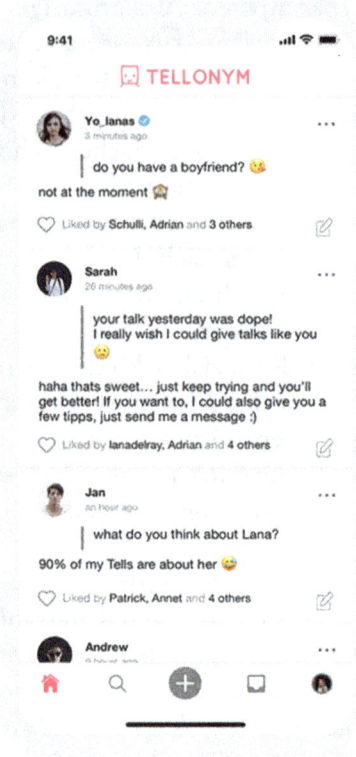

**Abb. 2.5** App *Tellonym*. (Quelle: Tellonym 2019)

Grenzen zwischen real und virtuell, von konkreter und möglicher Welt, vom Hier und Jetzt und vom Woanders und Wann-anders" (Ebenfeld und Ziems 2018, S. 27). Das Ergebnis ist eine **hybride Realitätskonstruktion** – alles verschwimmt, alles verwischt: analog und digital, realistisch und utopisch, real und virtuell. Dabei sollten wir uns immer wieder fragen: Was macht das mit uns, mit unseren Kindern, mit unseren Mitmenschen, mit unserer Gesellschaft?

Vielleicht zeichnet sich hier mit dem Erfolg der schon in Kap. 1 vorgestellten Kurzvideo-App *TikTok* eine erste digitale **Gegenbewegung** ab. Bei Heinrich (2019, S. 24) heißt es: „Wir sehen einen generellen Trend zur Imperfektion. Während sich bei anderen Social-Media-Plattformen alles um die perfekte Inszenierung dreht, lebt TikTok von echten Menschen, die zu ihren Fehlern stehen. ... Anstatt der Öffentlichkeit ein Bild von sich vorzugaukeln, das überhaupt nicht der Realität entspricht, wird Authentizität künftig wieder einen viel größeren Stellenwert einnehmen. Und dazu gehört es eben auch, Fehler zu machen und nicht perfekt zu sein."

Die Vielzahl von Ablenkungen, denen wir kontinuierlich ausgesetzt sind, führt dazu, dass sich Menschen immer weniger auf eine einzige Tätigkeit beschränken können und vielmehr versuchen, mehrere Aktivitäten gleichzeitig auszuüben. Allerdings sind inzwischen immer mehr Studien zu dem Ergebnis gekommen sind, dass weder Männer noch Frauen für **Multitasking** geschaffen sind, sondern dass durch Multitasking mehr Fehler gemacht werden.

Ein weiterer Effekt des Multitaskings, der in der bisherigen Diskussion noch weniger Beachtung gefunden hat, ist **Attention Residue** bzw. **Aufmerksamkeitsrückstand** (vgl. Leroy 2009). Beim Springen von einer Beschäftigung zu einer anderen denkt man immer noch ein wenig an die vorherige Tätigkeit, während man bereits eine neue Aktivität beginnt. Das bedeutet: Selbst wenn Sie eine Aufgabe bereits vollständig erledigt haben, verbleiben immer noch ein Rest der Aufmerksamkeit bei der vorherigen Aufgabe, was die volle Konzentration auf die neue Aufgabe verhindert. Das ist erst recht der Fall, wenn Sie von einer unerledigten Aufgabe zur nächsten übergehen.

Multitasking führt folglich nicht nur zu einer **Zunahme an Fehlern**, sondern auch zu einer **Abnahme der Produktivität**.

> Die Überlegenheit des Multitaskings ist folglich ein Mythos. Mono-Tasking ist das Gebot der Stunde!

Verabschieden wir uns endlich von der Illusion, dass wir gut Auto fahren und gleichzeitig geistreiche Telefonate führen können; meist geht dies zu Lasten unserer Fahrkünste. Selbst beim (einfacheren) Gehen ist das parallele Telefonieren und Laufen eine Herausforderung. Ist Ihnen schon einmal aufgefallen, dass telefonierende Menschen auf dem Bürgersteig manchmal auf einmal stehenbleiben? Der Grund: Wenn ein Telefonat sehr anspruchsvoll wird, werden andere Körperaktivitäten – hier das Gehen – einfach gestoppt, um mehr mentale Energie für das Telefonieren zu haben. Deshalb funktioniert auch das parallele Schreiben von E-Mails und das gleichzeitige Telefonieren nicht. Dennoch wird während Vorträgen gemailt und geshoppt und es werden beim Fernsehen (unabhängig davon, ob linear oder nicht-linear) *WhatsApp*-Nachrichten bearbeitet oder Filme auf *Facebook* und *Twitter* kommentiert. Hierfür haben sich die Begriffe **Second-Screen- bzw. Multiple-Screen-Usage** eingebürgert.

> Das Ergebnis von Multitasking ist, dass man eigentlich gar nichts mehr richtig bzw. in der Tiefe mitbekommt, zusätzlich viele Fehler verursacht und gleichzeitig seine Arbeitsproduktivität verringert.

Wenn wir unsere „eigentlichen" Tätigkeiten regelmäßig auf der Suche nach Belohnungen unterbrechen, wird sich allerdings auch ein sehr spannender Effekt nicht mehr einstellen: ein **Flow**. Hierbei handelt es sich um ein positives emotionales Erleben bei der Ausübung einer Tätigkeit. Dieses Erleben wird dadurch erreicht, dass sich eine Person vollständig auf das momentane Tun konzentriert und alles andere um sich herum vergisst. Dann vergeht die Zeit wie im Fluge, eines fügt sich zum anderen und ein **tiefes Gefühl der Zufriedenheit** stellt sich ein – weil beispielsweise bei der Vorbereitung von Präsentationen, Vorlesungen oder dem Verfassen von Artikeln und Büchern wirkliche Fortschritte und tolle Ergebnisse erzielt werden. Allerdings stellt sich ein solcher Flow erst nach ca. 15 Minuten ein – im Zustand der wirklichen Konzentration. Kommt in einer solchen Flow-Phase ein ungeplanter Anruf, muss man aus tiefen gedanklichen Schichten auftauchen – und ärgert sich oft darüber.

Wen einmal ein solches **Glücksgefühl** durchströmt hat, der wird sich immer wieder ein Arbeitsumfeld suchen, das frei von Ablenkungen ist und in dem Flow entstehen kann.

> **Denkanstoß**
>
> In vielen Fällen ist es ganz einfach, die **Voraussetzungen für Flow** zu schaffen. Das Handy lautlos (oder gar auf Flugmodus) stellen, damit nicht jede eingehende E-Mail oder sonstige Nachricht mit einem Signal angekündigt wird. Hierzu zählt auch, das Handy auf die Bildschirmseite zu legen, damit nicht jedes Mal, wenn eine Nachricht eingeht, der Bildschirm aufleuchtet.

Aktivitäten werden immer seltener ohne Ablenkungen bzw. Unterbrechungen ausgeführt. Wenn ein Film auf *YouTube* oder bei *Netflix* & Co. nicht gefällt, wird schnell zu einem anderen gewechselt. Wenn ein Musikstück nicht sofort zusagt, wird bei *Spotify* gleich zum nächsten gewechselt. Hier wird ein **permanentes Wechseln ohne Zusatzkosten** möglich.

Teilweise werden **Musikstücke** schon „**gespotified**" – das heißt so komponiert, dass bereits in den ersten Sekunden der Funke überspringt und der Zuhörer nicht wechselt. Die „Notwendigkeit" hierzu resultiert daraus, dass *Spotify* erst ab einer Spieldauer von mehr als 30 Sekunden Tantiemen zahlt. Die Folge könnte sein, dass beispielsweise bei Popsongs keine sich langsam aufbauenden Intros mehr komponiert werden. Die Songs müssen musikalisch gleich durchstarten, damit in den ersten 30 Sekunden bloß keine Hörer verloren gehen.

Auch hier wirkt sich möglicherweise die **Unfähigkeit zur Konzentration** aus – die Unfähigkeit zu einem bewussten und damit fokussierten Zuhören. Muss deshalb auch die Musik gleich zum Punkt kommen und uns ja nicht durch eine langsame Hinführung zum Wechsel zu einem der anderen 30 Millionen Songs auf *Spotify* motivieren? Muss sich folglich **Musik als Kulturprodukt** – als Spiegel der aktuellen Kultur – auch hier an die mediale Erwartung seiner Nutzer anpassen (vgl. Levin und Billerbeck 2018)?

Wie häufig haben Sie dagegen schon eine Kino-, Musik-, Theater- oder Opernvorführung während des laufenden Programms verlassen? Und ging es Ihnen nicht auch so, dass Sie – vielleicht nach anfänglichen Verständnisschwierigkeiten – nach einer gewissen Zeit die Schönheit, Tiefe, Eleganz etc. der Veranstaltung erkennen konnten? Ähnlich ist es bei analogen Büchern: Natürlich werden auch heute noch viel mehr analoge Bücher gekauft und verschenkt als tatsächlich gelesen. Aber motiviert Sie ein analoges Buch, für das Sie vielleicht 15, 20 oder 25 Euro investiert haben, nicht viel mehr zum Durchbeißen und Weiterlesen als digitale Lesehappen auf Newsseiten oder Bücher, zwischen denen Sie in Sekundenschnelle auf *Kindle* oder *Tolido* wechseln können? Auch hier können wir von Resilienz sprechen, auf die in Kap. 1 intensiv eingegangen wurde.

Meines Erachtens lohnt es sich viel mehr, sich beispielsweise das Werk *Homo Deus* von *Yuval Noah Harari* in vielen Stunden intensiver geistiger Auseinandersetzung zu erschließen, statt über die *Blinkist*-App dessen Kernaussagen in einem 15-minütigen Kurztext zu lesen oder sich die Zusammenfassung als Audioversion vortragen zu lassen (vgl. Blinkist 2019).

> **Denkanstoß**
>
> Ja, **Lesen** bedeutet – neben dem unendlichen Spaß und der Freude am Lernen und an der Unterhaltung – auch **richtige geistige Arbeit**. Aber wollen wir uns gar nicht mehr anstrengen? Und wollen wir nicht, dass sich unsere Kinder, unsere Schüler, unsere Auszubildenden und unsere Studenten anstrengen müssen? Wie sollen sie sich dann auf die Anforderungen des Erwachsenseins und der Berufs- und Arbeitswelt vorbereiten? Schließlich werden die heutigen Kinder, Schüler, Auszubildenden und Studenten in 15, 20, 25 Jahren in hohem Maße unsere Wirtschaft und Gesellschaft (mit)tragen müssen.

# Literatur

Allianz Global Assistance. (2018). *Millennials most likely to post deceptive vacation photos to make social media followers jealous. Allianz Global Assistance Study*. https://www.prnewswire.com/news-releases/millennials-most-likely-to-post-deceptive-vacation-photos-to-make-social-media-followers-jealous-300679940.html. Zugegriffen am 09.07.2019.

Ankenbrand, H. (20. Juni 2019). Chinas große Zockerbude. *Frankfurter Allgemeine Sonntagszeitung*, S. 22.

Apfel, P. (2018). *Steve-Jobs-Schulen gefloppt: Was Deutschland aus Hollands Fehlern lernen kann*. https://www.chip.de/news/Steve-Jobs-Schulen-gefloppt-Was-Deutschland-aus-Hollands-Fehlern-lernen-kann_150828886.html. Zugegriffen am 07.08.2019.

Apple. (2019). *Bildschirmzeit auf dem iPhone, iPad oder iPod touch verwenden*. https://support.apple.com/de-de/HT208982. Zugegriffen am 18.06.2019.

Blinkist. (2019). *Große Ideen auf den Punkt gebracht*. https://www.blinkist.com/de. Zugegriffen am 29.07.2019.

Bracho-Sanchez, E. (2019). *Suicide rates in girls are rising, study finds, especially in those age 10 to 14*. https://edition.cnn.com/2019/05/17/health/suicide-rates-young-girls-study/index.html. Zugegriffen am 09.07.2019.

Burnette, B., Kwitowski, M. A., & Mazzeo, S. E. (2017). *„I don't need people to tell me I'm pretty on social media". A qualitative study of social media and body image in early adolescent girls*. https://www.researchgate.net/publication/320170925_I_don't_need_people_to_tell_me_I'm_pretty_on_social_media_A_qualitative_study_of_social_media_and_body_image_in_early_adolescent_girls. Zugegriffen am 09.07.2019.

DAK. (2018a). *WhatsApp, Instagram und Co. – so süchtig macht Social Media*. DAK-Studie: Befragung von Kindern und Jugendlichen zwischen 12 und 17 Jahren. Hamburg: DAK.

DAK. (2018b). *Präventionsradar, Kinder- und Jugendgesundheit in Schulen*. Hamburg: DAK.

Drogenbeauftragte. (2018). *Drogen- und Suchtbericht*. Berlin: Die Drogenbeauftragte der Bundesregierung Bundesministerium für Gesundheit.

Ebenfeld, T., & Ziems, D. (2018). *Influencer – die neue Macht im Marketing*. Köln/Berlin: insights +strategies publishing.

van den Eijnden, R., Lemmens, J. S., & Valkenburg, P. M. (2016). The social media disorder scale. *Computers in Human Behavior, 61*, 478–487.

Genner, S. (2019). Digitale Plattformen: Addiction by Design? *Digma, 2*, 2–5.

Harris, T. (2016). *The Slot machine in your pocket, Smartphone apps are addictive – by design. They take advantage of human weaknesses to ensure your constant attention. But there is another way*. https://www.spiegel.de/international/zeitgeist/smartphone-addiction-is-part-of-the-design-a-1104237.html. Zugegriffen 18.06.2019.

Heinrich, S. (11. Juli 2019). Wir verstehen die Gen Z. *Horizont*, S. 24.

Hense, J. (2016). *Besuch in der Praxis: Steve Jobs School Amsterdam*. https://www.digitalisierung-bildung.de/2016/02/19/besuch-der-praxis-steve-jobs-school-amsterdam/. Zugegriffen am 07.08.2019.

Hillmayr, D., Reinhold, F., Ziernwald, L., & Reiss, K. (2017). *Digitale Medien im mathematisch-naturwissenschaftlichen Unterricht der Sekundarstufe. Einsatzmöglichkeiten, Umsetzung und Wirksamkeit*. Münster: Waxmann.

Kreutzer, R. T. (2018). *Praxisorientiertes Online-Marketing. Konzepte – Instrumente – Checklisten* (3. Aufl.). Wiesbaden: Springer Gabler.

Lagerfeld, K. (2014). *Selfies sind elektronische Masturbation.* https://www.gq-magazin.de/unterhaltung/stars/karl-lagerfeld-selfies-sind-elektronische-masturbation. Zugegriffen am 06.08.2019.

Leroy, S. (2009). Why is it so hard to do my work? The challenge of attention residue when switching between work tasks. *Organizational Behavior and Human Decision Processes, 109*(2), 168–181.

Levin, T., & Billerbeck, L. von. (2018). *Spotify und die Folgen. „Ein Intro ist natürlich auch ein Luxus".* https://www.deutschlandfunkkultur.de/spotify-und-die-folgen-ein-intro-ist-natuerlich-auch-ein.1008.de.html?dram:article_id=414592. Zugegriffen am 07.08.2019.

Milano, D. (2019). *No, you don't have the attention span of a Goldfish.* https://www.ceros.com/originals/no-dont-attention-span-goldfish/. Zugegriffen am 29.07.2019.

Munker, B. (2019). Kreide statt Computer. *General Anzeiger, 3*(4), 5.

Otto, D. (2019). Wir sind längst vom Handy vergiftet. *Die Welt,* 28.02.2019, S. 10.

Rheingold Salon. (2019). *Insta ungeschminkt. Neueste Studienergebnisse.* Köln: Rheingold Salon.

Schmelcher, A. (2019). Es war noch nie leichter, gemein zu Mädchen zu sein. *Frankfurter Allgemeine Sonntagszeitung,* 07.04.2019, S. 5.

Schüll, N. D. (2014). *Addiction by Design: Machine Gambling in Las Vegas.* Princeton: Princeton University Press.

Spitzer, M. (2012). *Digitale Demenz: Wie wir uns und unsere Kinder um den Verstand bringen.* München: Droemer.

Stangl, W. (2019). Stichwort Konzentration, in: Online Lexikon für Psychologie und Pädagogik. https://lexikon.stangl.eu/541/konzentration/. Zugegriffen am 02.08.2019.

Statista. (2019). *Internetnutzung in Deutschland, Statista-Dossier.* https://de-statista-com.ezproxy.hwr-berlin.de/statistik/studie/id/22540/dokument/internetnutzung-in-deutschland-statista-dossier/. Zugegriffen am 25.06.2019.

Steiner, A. (21. Juli 2019). Das Auto ist out. *Frankfurter Allgemeine Sonntagszeitung,* S. 17.

Tellonym. (2019). *Tellonym.* https://tellonym.me/. Zugegriffen am 09.08.2019.

Texas A&M University. (2016). *FOMO: It's your life you're missing out on.* www.sciencedaily.com/releases/2016/03/160330135623.htm. Zugegriffen am 09.07.2019.

TUM. (2017). *Große Metastudie zur Wirkung digitaler Medien in der Schule. Erfolgreicher Unterricht ist digital – aber nicht ausschließlich.* https://www.tum.de/nc/die-tum/aktuelles/pressemitteilungen/details/34369/. Zugegriffen am 09.08.2019.

Ward, A. F., Duke, K., Gneezy, A., & Bos, M. W. (2017). Brain drain: The mere presence of one's own smartphone reduces available cognitive capacity. *Journal of the Association for Consumer Research, 2*(2), 140–154.

# 3

# Mangelnde Kontemplationsfähigkeit

Eine Kontemplation – die intensive Vertiefung in ein Thema oder eine Tätigkeit – ist die Voraussetzung dafür, dass wir ein tiefes Verstehen erreichen. Die allgegenwärtigen Ablenkungen führen allerdings dazu, dass uns dies immer seltener gelingt. Wir sollten uns jeden Tag um den Freiraum zur Kontemplation bemühen, weil wir sonst nur oberflächlich denken, arbeiten, entscheiden und sogar leben! Es geht bei der Kontemplation um das wichtige Streben nach einer ganzheitlichen Erfassung des Ist-Zustands.

*Neulich im Louvre in Paris: Menschenmassen drängen sich durch die Gänge, um endlich den Salle des États zu erreichen. Schließlich hängt dort die berühmte Mona Lisa, gemalt von Leonardo da Vinci.*

*Allerdings nimmt sich kaum jemand die Zeit, das Gemälde in Ruhe näher anzuschauen. (Fast) alle haben nur ein Ziel: Handy raus, um ein Foto zu schießen – idealerweise noch als Selfie, um für die Nachwelt zu dokumentieren, dass man da war.*

*Man fragt sich: Ist das Selfie inzwischen schon wichtiger als die Kunst selbst? Degradieren wir Kunst, Landschaft, Gebäude und auch Menschen immer mehr zu* **Statisten unserer eigenen Inszenierung***? Und wenn ja, was sagt das über uns und unsere Gesellschaft aus?*

Die beschriebene Szene ist ein Beispiel für die **Unfähigkeit zur Kontemplation. Kontemplation** beschreibt das Ausrichten des Blickes auf etwas, eine intensive Anschauung oder Betrachtung – genau das, was am Beispiel der *Mona Lisa* Millionen von Menschen nicht mehr zu gelingen scheint – oder was ganz einfach als nicht mehr wichtig angesehen und deshalb vernachlässigt wird. Im Kern geht es bei der Kontemplation um ein **konzentriertes Betrachten**, ein **konzentriertes Nachdenken** bzw. um eine **konzentrierte Beschäftigung** mit Texten, Gemälden, Objekten, aber auch von Musik, Fotos und Filmen. Das **Ziel der Kontemplation** besteht darin, sich durch die inhaltliche Vertiefung (neue) Erkenntnisse zu erwerben. Wichtig ist hierbei das **Streben nach einer ganzheitlichen Erfassung**, wie *Goethe* (1999, S. 21 f.) es *Faust* so schön sagen lässt:

> „... dass ich erkenne, was die Welt im Innersten zusammenhält. Schau' alle Wirkenskraft und Samen, und tu' nicht mehr in Worten kramen."

Man kann in Bezug auf das menschliche Leben zwei Lebensausrichtungen unterscheiden: die kontemplative und die praktische Lebensform. Bei der **kontemplativen Lebensform** (in Latein *Vita contemplativa*) kommt dem Erkenntnisgewinn und der Betrachtung ein besonders hoher Stellenwert zu. Die **praktische Lebensform** (in Latein *Vita activa*) hingegen ist mehr auf äußere Aktivitäten, also auf tatsächliche Handlungen, ausgerichtet. Diese beiden Grundformen der Lebensausrichtung wurden schon in der Antike und auch in der Renaissance intensiv diskutiert (vgl. Matzner 1994). Heute erlangt die Unterscheidung ganz neue Relevanz, weil die Fähigkeit bzw. die Bereitschaft zur Kontemplation in hohem Maße verloren zu gehen droht.

Treiber dieser Entwicklung sind neben den Suchmaschinen vor allem auch wieder die sozialen Medien, die einen **gigantischen Zerstreuungsmechanismus** darstellen. Dieser beraubt uns zunehmend der wichtigen Fähigkeit, uns konzentriert für längere Zeit einer ganz konkreten Aufgabe zuzuwenden. Es kann auch die Fähigkeit, intensiv zu lesen, auf der Strecke bleiben. Es besteht die Gefahr, dass wir zunehmend zu regelrechten **Headline-Huntern** degenerieren, die sich mit Informationshäppchen zufriedengeben und sich um den Tiefgang einer Nachricht nicht mehr kümmern (möchten).

Im Ergebnis stellt sich ein **„fundiertes" Schlagwortwissen** ein, das kritischen Nachfragen nicht standhält. Es kommt zu einer **Pseudo-Informiertheit**, die sehr gefährlich ist, weil man sich gut informiert fühlt und dennoch falsch entscheiden kann. Gleichzeitig führt die auf Geschwindigkeit ausgerichtete **Häppchen-Kommunikation** zu einer immer schwächer ausgeprägten Fähigkeit, sich längeren – ggf. sogar schwierigen – Texten zu widmen. Aber wie möchte man sich beispielsweise Theorien oder komplexere Denkinhalte aneignen, wenn die Fähigkeit zur Konzentration und Kontemplation gelitten hat?

Statt einer **intensiven Beschäftigung mit wenigen Inhalten** dominiert heute etwas, das mit dem Begriff **Spontanerregungskultur** bezeichnet werden kann (vgl. Ebenfeld und Ziems 2018, S. 23). Immer mehr Menschen neigen dazu, ständig auf die digital verfügbaren **Erregungshäppchen** anzuspringen.

# 3 Mangelnde Kontemplationsfähigkeit

Man liest (meist oberflächlich), ist erstaunt, schockiert, gut unterhalten – und schon saust die **Erregungskurve** wieder nach unten und man ist auf der Suche nach dem nächsten Erregungshäppchen. Dieses ist meist nur ein oder zwei Klicks entfernt. Mit dieser Art von **„Digital Snacks"** kann ein Gefühl der Nichtsättigung bzw. der Oberflächlichkeit einhergehen – das allerdings durch den Konsum des nächsten Digital Snacks verdrängt werden kann; ganz so, wie wir das von Pommes frites und Chips kennen.

Hierbei stellt sich folgende spannende Frage:

> Interessiert uns beim permanenten Konsum der Erregungshäppchen die Wahrheit überhaupt noch?

Man bekommt Zweifel. Wir müssen einen US-Präsidenten ertragen, dessen Lügenregister jeden Tag signifikant wächst. Im ersten Regierungsjahr ermittelte der Fakten-Checker der *Washington Post* noch 5,9 Falschinformationen pro Tag. Im zweiten Regierungsjahr waren es schon 16,5 Falschaussagen pro Tag (vgl. Washington Post 2019). In „Great" Britain regiert ein britischer Premierminister, der diese Position trotz nachgewiesener Brexit-Lügen erreicht hat (vgl. Abb. 3.1).

**Fake oder Wahrheit** – immer mehr Menschen scheint das nicht so wichtig zu sein. Wenn Wissenschaftler auf den Klimawandel aufmerksam machen, dann heißt es in den USA: Dies ist eine Erfindung der Chinesen, um den USA zu schaden. Wenn Wissenschaftler auf die Grenzen der E-Mobilität hinweisen und eher für die Brennstoffzelle plädieren, hört niemand zu. Es passt gerade nicht ins gewollte Harmoniebild. Teilweise gilt:

> Die politische Agenda darf durch die Wahrheit nicht behindert werden.

**Abb. 3.1** Lügen-Bus der Brexit-Kampagne. (Quelle: Maddox 2016)

In diesem Zusammenhang sollten wir uns auch über die manipulative Kraft von Begriffen im Klaren sein. Wenn von bestimmten Personen der Begriff „**alternative Fakten**" verwendet wird, bleibt beim Zuhörer der Begriff „Fakten" hängen. Aber es handelt sich um Unwahrheiten und Lügen. Diese sollten wir dann auch so nennen – Lügen und Falschaussagen – nicht „alternative Fakten", denn solche gibt es nicht! Deshalb wurde der euphemistische (verhüllende bzw. beschönigende) Begriff „alternative Fakten" zum Unwort des Jahres 2017 gewählt. Folglich sollten wir auch auf Begriffe wie „**postfaktisches Zeitalter**" verzichten und stattdessen vom **Zeitalter der Lügen und Unwahrheiten** sowie vom **Zeitalter der Demagogen** (ideologische Hetzer) sprechen. Das kommt der Wahrheit viel näher.

Angesichts dieser Entwicklungen möchte man mit Pörksen (2018a), Medienwissenschaftler und Professor an der *Universität Tübingen,* Journalisten und auch vielen Politikern zurufen, auf **Instant-Interpretationen** und **vorschnelle Meinungen** zu verzichten und sich dem „**Sofortismus**" zu entziehen. Es ist viel wichtiger, sich stattdessen Zeit für die Einordnung und Prüfung von Ereignissen zu nehmen. Vielleicht wird das bald die **Nische der klassischen Medien** werden: eine Informationsquelle, die sich dem Sofortismus entgegenstellt und eine tiefergehende, bewusst entschleunigende Einordnung der (relevanten) Weltgeschehnisse liefert, ohne im Sekundentakt „Neuigkeiten" liefern zu müssen (vgl. Kanthak 2016). Für mich sind die klassischen Nachrichtensendungen auf *Deutschlandfunk* sowie im öffentlich-rechtlichen Fernsehen, die *Frankfurter Allgemeine Sonntagszeitung* wie auch *Der Spiegel* Referenzbeispiele für diese besonders wichtige Mediengattung.

Aber wer hat heute – auch im **Qualitätsjournalismus** – noch wirklich die Zeit dafür, wenn die eigene Leistung an der **Klickzahl der eigenen Beiträge** gemessen wird? Wenn jeder Tweet, jeder *Facebook*-Post möglichst schnell kommentiert werden muss, um nicht als uninteressant abgestempelt zu werden?

> Das Zeitalter der Jetzigkeit – die sogenannte Instant-Society – fordert ihren Tribut, und dies sind Wahrheit, Relevanz und Genuss!

Mit dem **Zwang zur Jetzigkeit** nehmen wir uns die Möglichkeit, in das Jetzt einzutauchen und – nach *Goethe* – aus vollem Herzen zum Augenblick sagen:
**Verweile doch! Du bist so schön!**
Statt intensiv zu genießen, sind wir schon wieder auf der Suche nach dem nächsten Kick. Am besten noch ein besserer als zuvor.

Ein wichtiger Treiber dieses Sofortismus sind übrigens Messenger-Services aller Art. Korrekt heißen diese Dienste von *Facebook, WeChat, WhatsApp* & Co. **„Instant Messenger"**. Und „instant" bedeutet nichts anderes als „augenblicklich" oder „sofort". Das heißt nicht nur, dass der Empfänger die Nachricht sofort erhält, sondern auch, dass der Sender eine möglichst schnelle Rückmeldung verlangt. Dieser Zwang zur sofortigen Reaktion schließt häufig eine vertiefende Reflexion aus und nötigt uns dazu, hechelnd immer möglichst schnell – eben „instant" – zu reagieren. Sonst kommt nach zwei Minuten die Nachfrage: „Lebst Du noch? Ich sehe doch, dass Du online bist. Warum antwortest Du mir dann nicht?"

> **Denkanstoß**
>
> Ob wir dem **Sofortismus** erliegen, ist im Kern eine **Frage der inneren Haltung**. Die Herausforderung besteht darin, die **Kommunikationshoheit** zu behalten – oder wiederzuerlangen (vgl. Otto 2019, S. 10).

Übrigens wäre das ganze „Hai"-Wirkungsnetz in Kap. 1 nicht angesprungen, wenn der Urlauber das verdächtige „Hai"-Video nicht hochgeladen hätte. Wir sollten uns also immer wieder einmal fragen, warum wir aufgrund unserer **Sucht nach Anerkennung und Aufmerksamkeit** – die wir uns selten eingestehen – (hier: bewusster Verzicht auf weitere wertende Adjektive!) Inhalte hochladen, auf die die Welt nicht wirklich gewartet hat.

Wie auch **Politiker** zum **Spielball der Online-Medien** werden können, hat *Robert Habeck* (Co-Vorsitzender der *Grünen*) anlässlich seines Ausstiegs bei *Facebook* und *Twitter* sehr offen ausgeführt: „Das Medium beeinflusst eben auch die Botschaft, Twitter verlockt – jedenfalls mich – zu aggressiverer und zugespitzter Kommunikation. ... Man bereitet sich darauf vor, in Talkshows Twitter-fähige Zitate zu produzieren, man unterbricht Leute, um ein solches Zitat zu setzen, das dann danach bei Twitter zu möglichst vielen positiven Reaktionen führt. ... Meine Sehnsucht nach direktem Austausch mit den Leuten wird in Zukunft eher noch größer sein, in Gestalt echter Gespräche und langsamerer digitaler Kommunikation" (Tagesspiegel 2019).

Es gibt noch weitere Unterschiede zwischen digitalen und gedruckten Informationen, außer dass für gedruckte Informationen besser recherchiert werden kann als für schnell ausgespuckte digitale Informationshäppchen: 130 Leseforscher aus ganz Europa haben herausgefunden, dass **Bildschirme und bedrucktes Papier als Lesemedien** nicht den gleichen Wert besitzen. Die in der sogenannten *Stavanger-Erklärung zur Zukunft des Lesens im Zeitalter der Digitalisierung* dokumentierten Erkenntnisse basieren auf einem vierjährigen

Forschungsprojekt. Hierzu wurden in einer Metastudie 54 Studien ausgewertet, die zusammen die Resultate von mehr als 170.000 Teilnehmern umfassen. Diese Metastudie hatte den **Einfluss der Digitalisierung auf die Lesepraxis** zum Gegenstand. Hier wurden die folgenden wichtigen Erkenntnisse gewonnen (vgl. o.V. 22.01.2019):

- **Papier** bleibt weiterhin das **bevorzugte Lesemedium für einzelne längere Texte**, wenn ein tieferes Verständnis der Texte erreicht werden soll und die Inhalte länger behalten werden sollen.
- Das **Lesen langer Texte** geht mit dem **Aufbau unterschiedlicher kognitiver Leistungen** einher. Zu diesen gehören neben der **Förderung der Konzentration** auch der **Aufbau eines umfassenden Wortschatzes** sowie die **Schulung der Gedächtnisleistungen**. Folglich ist das **Lesen langer Texte** als eine Leseform langfristig zu bewahren und zu fördern.
- Das **Bildschirmlesen** wird weiter zunehmen; deshalb gilt es, das **tiefe Lesen langer Texte in Bildschirmumgebungen** zu erleichtern.
- Menschen weisen individuelle Unterschiede hinsichtlich ihrer Fähigkeiten, Fertigkeiten und Veranlagungen auf und haben folglich unterschiedliche **Lernprofile**. Diese beeinflussen auch bei Kindern die Fähigkeit, aus digitalen bzw. aus gedruckten Quellen zu lernen. Digitale Medien schaffen hier interessante Möglichkeiten, die **Aufbereitung von Texten** an den individuellen Präferenzen und Bedürfnissen auszurichten. Es hat sich gezeigt, dass Verständnis und Motivation zunehmen, wenn die digitale Leseumgebung auf den jeweiligen Leser ausgerichtet wird.
- Hierbei sind auch die Nachteile digitaler Leseumgebungen zu berücksichtigen. So neigen Personen beim Lesen digitaler Texte zu einem **übersteigerten Vertrauen in die eigene Verständnisfähigkeit**, als dies beim Lesen gedruckter Texte der Fall ist. Dieser Effekt tritt vor allem dann auf, wenn die Leser unter zeitlichem Druck stehen. Dann neigen sie zum reinen Überfliegen der Inhalte, was mit einer geringeren Konzentration auf die Inhalte des Lesestoffes einhergeht.
- Das **Verständnis langer Informationstexte** ist beim Lesen auf Papier besser als beim Bildschirmlesen. Dies ist – wie bereits angesprochen – besonders dann zu beobachten, wenn die Leser unter Zeitdruck stehen. Bei narrativen – also erzählenden – Texten wurden dagegen keine Unterschiede festgestellt.
- Diese **Unterlegenheit des Bildschirms gegenüber dem Papier** hat in den vergangenen Jahren – anders als von vielen erwartet – eher noch zu- als abgenommen. Diese Feststellung konnte unabhängig vom Alter und unabhängig von Vorerfahrungen mit digitalen Umgebungen gewonnen werden.

Entsprechend formuliert die Literaturwissenschaftlerin Daniela Otto (2019, S. 10): „Ich sage meinen Studenten immer, sie müssen die Texte durchackern wie ein Beet: den Stift in die Hand nehmen, reinschreiben, markieren und so weiter. Und das ist am Handy etwas anderes. So wie es ein Unterschied ist, ob ich ein Tafelbild abschreibe oder abfotografiere. Die Nachhaltigkeit des Wissens ist eine andere."

> **Lesetipp**
>
> *Maryanne Wolf* (2019), die an der *Stavanger-Erklärung zur Zukunft des Lesens im Zeitalter der Digitalisierung* mitgearbeitet hat, legte 2019 ein spannendes Buch vor: *Schnelles Lesen, langsames Lesen: Warum wir das Bücherlesen nicht verlernen dürfen*. Sehr lesenswert!

Eine Erklärung für diese Erkenntnisse kann im Phänomen der **Embodied Cognition** liegen. Dieser Begriff beschreibt eine **Theorie der mentalen Repräsentation**. Eine mentale Repräsentation ist zu verstehen als die Vergegenwärtigung von nicht unmittelbar Vorhandenem in der menschlichen Vorstellung. Wenn wir uns beispielsweise an eine vergangene Begebenheit erinnern oder an ein früher wahrgenommenes Objekt denken (sei es ein Weihnachtsbaum, ein Osterhase, eine Zitrone oder unser(e) Liebste®), dann sehen wir vor unserem geistigen Auge oft ein (mentales) Bild dieser Begebenheit bzw. dieses Objektes. Die Theorie der Embodied Cognition geht davon aus, dass es zu für den Lernerfolg wichtigen **Wechselwirkungen** kommt zwischen

- **Kognition** (geistige Aktivität),
- **Sensorik** (Aufnahme äußerer und innerer Reize) und
- **Motorik** (Bewegungen).

Diese Prozesse spiegeln sich in der **Repräsentation von Denkprozessen** wider. Damit wird postuliert, dass Denken nicht unabhängig vom Körper möglich und somit multimodal (d. h. auf vielfältige Art und Weise) verkörperlicht – das heißt im Körper verankert – ist. Aktuelle Studien zeigen, dass körperliche Zustände einen Einfluss auf das menschliche Denken und Handeln haben, beispielsweise fühlt man sich gleich viel selbstsicherer, wenn man eine aufrechte Haltung einnimmt (vgl. Stangl 2019).

Das **Konzept der Embodied Cognition** ist auch beim Lesen von Texten relevant und je nach analoger oder digitaler Lektüre unterschiedlich. Offensichtlich liest und denkt der **Körper** mit – und stellt folglich einen **wesentlichen Teil des**

**Verstehensprozesses beim Lesen** dar. Man geht davon aus, dass sich die Haltung, die Menschen beim Lesen einnehmen, auf die Konzentration auswirkt (vgl. Stangl 2019). Zudem erfolgt die **Wahrnehmung von Text über den gesamten Körper** – er schafft gleichsam Bilder aus dem, was er liest (vgl. Fritzen 2019, S. 4). Wir alle kennen das: Während wir etwas lesen, entstehen in unserer **Fantasie** Bilder, laufen Filme ab etc. Ein kleiner Selbstversuch kann dies unschwer zeigen: Wenn Sie in der überfüllten U-Bahn in Berlin auf ihrem Smartphone einen Text lesen, dann wissen Sie aus eigener Erfahrung, dass sich die Erinnerungen an diese Inhalte schnell verflüchtigen, weil die Umsetzung des Gelesenen in Bilder und Filme sowie die Verknüpfung mit vorhandenem Wissen durch die vielen Ablenkungen um uns herum massiv beeinträchtigt wird.

In einer aktuellen Studie der Neurobiologin *Theresa Schilhab* wurde festgestellt, dass Leser beim **digitalen Lesen** weniger Erinnerungen verankern. Dies kann damit zusammenhängen, dass bei digitalen Texten weder Anfang noch Ende einfach zu erkennen sind. Selbst wenn Prozentangaben signalisieren, wie viel man schon gelesen hat, fehlt die klassische Orientierung, die beim analogen Lesen so selbstverständlich ist. Beim analogen Lesen können bei einem Buch beispielsweise rechte und linke Hand gleichsam abwiegen, wie viel schon gelesen wurde und was noch zu lesen ist. Auch das Vor- und Zurückspringen im Text fällt analog oft wesentlich leichter als in einer digitalen Umgebung (vgl. Fritzen 2019, S. 4).

Aus diesen Erkenntnissen leiten die Forscher der *Stavanger-Erklärung* die folgenden **Empfehlungen für das Lesen und Lehren** ab (vgl. o.V. 22.01.2019):

- Zunächst einmal bedarf es weiterer **empirischer Erforschung** der Bedingungen, die das Lernen und das Verstehen beim Lesen gedruckter Texte oder in digitalen Umgebungen fördern oder behindern.
- Zusätzlich sind **Methoden** zu entwickeln, damit ein **vertieftes Lesen** sowie **höherwertige** – auf tiefes Verstehen und langfristiges Behalten – ausgereichtete **Leseprozesse** auch **auf digitalen Geräten** gelingen können.
- Außerdem sind **Schüler und Studenten** zu motivieren, **gedruckte Bücher** zu lesen.
- Bei **Lehrern und Professoren** ist ein **Bewusstsein** dafür zu schaffen, dass ein forcierter Ersatz von Büchern, Papier und analogen Schreibgeräten durch digitale Technologien – zunächst vor allem im Primarbereich – nicht folgenlos bleiben wird.
- Wird ein Übergang zu digital präsentierten Inhalten nicht durch adäquate Lerntools und Lerntechnologien begleitet, kann dies zu einer **Verzögerung in der Entwicklung des kindlichen Leseverständnisses** führen.

- Ein methodisch nicht abgesicherter Übergang zu digitalen Inhalten kann auch zu einer **Verzögerung der Entwicklung des kritischen Denkens** führen – die sich ggf. auf die berufliche Bildung und an den Universitäten auswirkt – getreu dem Motto: **Was Hänschen nicht lernt, lernt Hans nimmermehr!**

Die USA wären nicht die USA, wenn dort nicht schon über mögliche Abhilfe nachgedacht würde. Die „Lösung" heißt dort: **Deep Reading**. Damit ist der Ansatz gemeint, Schülern beizubringen, wie es gelingen kann, längere Texte oder gar ein ganzes Buch zu lesen und zu verstehen.

In Europa hat man dafür bisher ganz einfach das Fach **Lesen** gehabt. Folglich besteht keine Notwendigkeit, einen neuen Begriff zu verwenden – sehr wohl aber besteht die Notwendigkeit, das Lesen konsequent zu lehren – von früher Kindheit an, in der Familie, in der Schule, in der Ausbildung und an der Hochschule.

> **Denkanstoß**
>
> Wie wir sehen, sind vor allem (gedruckte) Bücher – gerne auch solche mit einer anspruchsvolleren Sprache – von größter Bedeutung für die **Entwicklung des eigenen Wortschatzes, der Sprachfähigkeit und damit des Ausdrucksvermögens**.
> Hierzu hat *Ludwig Wittgenstein* treffend formuliert:
> **„Die Grenzen meiner Sprache bedeuten die Grenzen meiner Welt."**
> Und der Linguist *Josef Klein* (2010) ergänzt präzise:
> **„Sprache ist eine mächtige Lenkerin, die Denken, Empfinden und Werte in einer Weise vorprägt, von der man sich oft nur durch Erfahrung oder erhebliche geistige Anstrengung befreien kann."**

Vielleicht gibt es im digitalen Zeitalter bald eine neue Gretchen-Frage – quasi die **Gretchen-Frage 2.0**:
*Nun sag, wie hast du's mit dem Lesen?*

Wenn wir Veränderungen oder auch Verbesserungen – bei uns und anderen – erreichen wollten, können wir bei uns selbst beginnen. Das Stichwort heißt auch hier: **Selbstkontrolle.**

Schließlich haben wir es selbst in der Hand, wie wir lesen (analog oder digital) und wie stark wir uns jeweils ablenken lassen. Der Verzicht auf Alerts, wenn E-Mails oder neue Nachrichten aus den sozialen Medien einlaufen, kann allein schon für eine höhere Aufmerksamkeit sorgen – und damit **den unverzichtbaren Raum für echte Kontemplation und Konzentration** schaffen.

> **Denkanstoß**
>
> Nimm Dir Zeit zu arbeiten – das ist der Garant des Erfolges.
> Nimm Dir Zeit zu denken – das ist die Quelle der Macht.
> Nimm Dir Zeit zu spielen – das ist das Geheimnis der ewigen Jugend.
> Nimm Dir Zeit zu lesen – das ist die Grundlage der Weisheit.
> Nimm Dir Zeit, freundlich zu sein – das ist der Weg zum Glück.
> Nimm Dir Zeit zu träumen – das ist der Weg zu den Sternen.
> Nimm Dir Zeit zu lieben und geliebt zu werden – das ist das Privileg der Götter.
> Nimm Dir Zeit, Dich umzusehen – der Tag ist zu kurz, um selbstsüchtig zu sein.
> Nimm Dir Zeit zu lachen – das ist die Musik der Seele.
> Weisheit aus Irland

# Literatur

Ebenfeld, T., & Ziems, D. (2018). *Influencer – die neue Macht im Marketing*. Köln/Berlin: insights +strategies publishing.

Fritzen, F. (27. Januar 2019). Schaffen Sie es, diesen Artikel bis zum Ende zu lesen? *Frankfurter Allgemeine Sonntagszeitung*, S. 4.

von Goethe, J. W. (1999). *Faust. Der Tragödie erster und zweiter Teil*. Gütersloh: Bertelsmann.

Kanthak, D. (2016). *Debattenkultur: Wahrheit braucht Zeit*. http://www.general-anzeiger-bonn.de/news/kultur-und-medien/ueberregional/Debattenkultur-Wahrheit-braucht-Zeit-article3167296.html. Zugegriffen am 08.07.2019.

Klein, J. (2010). Sprache und Macht. *Aus Politik und Zeitgeschichte, 8*, 7–13.

Maddox, D. (2016). *Vote Leave Victory! Official figures reveal UK billed MORE than £350m each week by EU*. https://www.express.co.uk/news/uk/695516/UK-was-billed-by-EU-MORE-26m-WEEK-350-bus-cost. Zugegriffen am 05.08.2019.

Matzner, F. (1994). *Vita activa et Vita contemplativa. Formen und Funktionen eines antiken Denkmodells in der Staatsikonographie der italienischen Renaissance*. Berlin: Lang.

o.V. (22. Januar 2019). *Erklärung von 130 Forschern: Zur Zukunft des Lesens*. https://www.faz.net/aktuell/feuilleton/buecher/themen/stavanger-erklaerung-von-e-read-zur-zukunft-des-lesens-16000793.html?printPagedArticle=true#pageIndex_0. Zugegriffen am 23.07.2019.

Otto, D. (28. Februar 2019). Wir sind längst vom Handy vergiftet. *Die Welt*, S. 10.

Pörksen, B. (2018a). *Die große Gereiztheit: Wege aus der kollektiven Erregung*. München: Hanser.

Stangl, W. (2019). *Stichwort Embodied Cognition*. Online Lexikon für Psychologie und Pädagogik. https://lexikon.stangl.eu/14550/embodied-cognition/. Zugegriffen am 23.07.2019.

Tagesspiegel. (2019). *Habeck über Social-Media-Ausstieg „Erst mal habe ich die Brücken gesprengt"*. https://www.tagesspiegel.de/politik/habeck-ueber-social-media-ausstieg-erst-mal-habe-ich-die-bruecken-gesprengt/23843888.html. Zugegriffen am 08.07.2019.

Washington Post. (2019). *Fact Checker*. https://www.washingtonpost.com/politics/2019/01/07/about-fact-checker/?noredirect=on&utm_term=.27d809d6bbf9. Zugegriffen am 01.08.2019.

Wolf, M. (2019). *Schnelles Lesen, langsames Lesen: Warum wir das Bücherlesen nicht verlernen dürfen*. München: Penguin.

# 4

# Algorithmenbasierte Demagogie

*Der **Siegeszug der Demagogie** hat sich in den letzten Jahren signifikant verstärkt. Am 23.06.2016 fand im Vereinigten Königreich ein Referendum über den Verbleib in der Europäischen Union statt. Das am 24.06.2016 verkündete Ergebnis war für viele ein Schock – auch für mich; mit einem solchen Ergebnis hatten nur wenige gerechnet. Allerdings nahmen von den wahlberechtigten 46,5 Millionen Bürgern nur 72,2 % am Referendum teil. Dabei stimmten 51,9 % der Wähler – und damit lediglich 17,4 Millionen bzw. 37,4 % der Wahlberechtigten – für den **Brexit**. Für einen Verbleib in der Europäischen Union stimmten 48,1 % der Wähler und damit etwa 16,1 Millionen Bürger. Einer der größten Demagogen, der im Vorfeld des Referendums einen Bus mit objektiv feststellbaren Lügen einsetzte (vgl. Abb. 3.1), wurde später sogar zum Premierminister des Vereinigten Königreiches.*

*Wie konnte es dazu kommen? Im Vereinigten Königreich haben die knapp 160.000 Parteimitglieder der Konservativen Partei mit ihrer Wahl zum Parteichef gleichzeitig den neuen **Premierminister** gewählt. Das bedeutet, dass 92.153 Stimmen dazu ausgereicht haben, einen Premierminister für die 66 Millionen Einwohner des Vereinigten Königreichs zu wählen.*

*Ein zweiter „Beweis" für die Wirkung der Demagogie folgte am 09.11.2016, als das Ergebnis der **US-Präsidentenwahl** vom 08.11.2016 bekannt gegeben wurde. Hillary Clinton, die Gegnerin von Donald Trump, wurde mit verbalen Attacken niedergemacht: Während des Wahlkampfs skandierten Sprechchöre „Hillary – Lock her up" und „Crooked Hillary". Mit solchen Instrumenten wie auch durch Demagogie und Populismus wurde die Wahl des neuen US-Präsidenten beeinflusst. Im Wahlkampf erfolgte eine zusätzliche Unterstützung Donald Trumps durch die „unabhängige", „objektive" Plattform Wikileaks, die kurz vor der Wahl*

*E-Mails der Kandidatin veröffentlichte. Diskreditierendes Material des Gegenkandidaten wurde hier dagegen nicht veröffentlicht, obwohl es reichlich davon gegeben hätte.*

Was genau ist Demagogie – und weshalb ist sie für freiheitliche Demokratien so gefährlich? **Demagogie** ist ein anderes Wort für Volksaufwiegelung, Volksverführung und ideologische, vor allem aber auch politische Hetze. Ein Demagoge schürt hierzu die Emotionen seiner Zuhörer, indem er sich klassischer Klischees und Vorurteile bedient, um politisches oder wirtschaftliches Kapital daraus zu schlagen. Demagogisch sind folglich unsachliche, unrichtige, verunglimpfende öffentliche Äußerungen, die mit dem Ziel getätigt werden, Hass gegen Personen, Gruppen, Institutionen, Länder etc. hervorzurufen. Demagogie ist in ihren unterschiedlichen Ausprägungen unsachlich, manipulativ, angreifend und damit aggressiv.

Ausgerechnet die sogenannten „sozialen" Medien sorgen heute dafür, dass das „Asoziale" der Menschen massiv sichtbar wird. Hasskommentare (hierfür gibt es den speziellen Ausdruck **Hatespeech**), Mordaufrufe, Aufforderungen zum Suizid, zur Vergewaltigung etc. werden – häufig unter Echtnamen – in den „sozialen" Medien veröffentlicht. Es stellt sich das Gefühl ein, dass viele der schlechtesten, der allerdings auch schon immer vorhandenen, Charaktereigenschaften der Menschen zum Vorschein kommen.

Die Mechanismen der sozialen Medien führen zu einer **Verrohung der Sprache** und verführen zu einer **Radikalisierung des Denkens** – die in vielen Fällen auch zu einer **Radikalisierung des Tuns** (bis hin zu Mordanschlägen) geführt hat. Welche Mechanismen der sozialen Medien fördern eine solche Entwicklung? Zunächst einmal kann beim Verfassen eines Posts das **Fehlen eines Gegenübers** konstatiert werden, dessen Präsenz alleine als soziales Korrektiv schon zur Mäßigung Anlass gäbe. Gleichzeitig ist in den sozialen Medien der **Applaus von Gleichgesinnten** sicher, die das eigene Tun durch Anerkennung belohnen und damit verstärken. Durch positive Kommentare, Likes, Applaus und Weiterleitungen wird regelrecht zu neuen **Grenzüberschreitungen** angestachelt – noch härter, noch brutaler, noch unverschleierter zu sprechen (vgl. van Lijnden 2019, S. 1).

Die **Grenzen des Sagbaren** haben sich verschoben. **Populismus** tritt immer offener und aggressiver auf und erfreut sich eines immer stärkeren Zulaufs. In dem Begriff Populismus steckt zunächst das lateinische Wort *populus* für Volk. Die Art des Auftritts und der Kommunikation ist folglich auf das Volk ausgerichtet – allerdings in einer ganz spezifischen Form. Es geht nicht darum, die Wünsche des Volkes zu erkennen, um diese dann in gute und überzeugende Politik umzusetzen. Sondern Populisten wählen ihre Themen nach den **Stimmungen im Volk** aus, um diese Stimmungslagen für eigene politische Zwecke zu missbrauchen. Populismus ist hier vor allem ein spezifischer Politikstil mit dem Ziel des **Machterwerbs**.

Ich plädiere ganz bewusst für eine **Renaissance des Anstands** – generationsübergreifend. Je unflätiger, ungebildeter, ungenierter und populistischer sich bestimmte Politiker gerieren – online wie offline –, desto stärker sollten wir in unserem eigenen Umfeld auf Anstand achten: jeder in seinem eigenen Verantwortungsbereich und dem Verlust von Anstand in vielen anderen Feldern zum Trotz.

*Anstand fängt im Kleinen an: So fragt neulich beim Besuch der Bonner Ausstellung „**Goethe – Verwandlung der Welt**", die nicht nur das Museum selbst, sondern auch Goethes Gartenanlage auf dem Museumsdach umfasste, eine ältere Dame – es hätte auch ein älterer Herr sein können: „Können wir die Besichtigung nicht mit dem Museum beginnen, im Garten war ich gerade schon?" Die Dame erwartete folglich, dass sich nicht nur der Museumsführer, sondern auch die 19 anderen Teilnehmer der Führung nach ihr richten.*

> **Denkanstoß**
>
> Immer mehr Menschen stellen das eigene Ich in das Zentrum der Welt – und alle anderen sollen darum kreisen. Wir können uns leicht vorstellen, welches Chaos entsteht, wenn immer mehr Menschen zu Egozentrikern werden.

> **Lesetipp**
>
> Wer sich in diesem Feld noch zusätzliche Inspiration wünscht, sollte sich das Werk von *Axel Hacke* (2018) zu Gemüte führen: *Über den Anstand in schwierigen Zeiten und die Frage, wie wir miteinander umgehen.*

Eine besonders perfide Strategie der Populisten ist es, für die **großen Probleme der Menschheit** ganz **einfache Lösungen** zu präsentieren. Für diese Art der „Problembewältigung" konnten leider bereits in der Vergangenheit und können auch heute noch große Menschenmassen gewonnen werden. Dann kommen Populisten an die Macht, die mit ihren einfachen Lösungen natürlich scheitern – und häufig weiteren Schaden anrichten.

Populisten kämpfen auch gerne gegen „die herrschende Klasse", die „Eliten", die „Institutionen der Macht", „die in Brüssel" etc. und diskreditieren deren Leistungen, um selbst als überzeugende Problemlöser wahrgenommen zu werden. Um diese Argumentation zu stärken, setzen Populisten gerne auf eine starke **Polarisierung**, auf eine **Personalisierung des Schlechten** (beispielsweise bestimmte Politiker) und auf einen **Angriff** auf diejenigen, die – oft demokratisch legitimiert – die Macht ausüben. Für populistische Angriffe von rechts und links werden die Globalisierung, die Klimadebatte, die Migration etc. genutzt. An Themen für Populisten fehlt es leider nie!

Im Mittelpunkt populistischer Ausfälle steht häufig auch die **Kritik an Kompromissen**. Ein Kompromiss führt zur Lösung eines Konflikts, indem alle Konfliktparteien – jeweils unter Verzicht auf einen Teil der ursprünglich gestellten Forderungen – zu einer freiwilligen Übereinkunft kommen. Da im Zuge der Kompromissfindung eigene Positionen (teilweise) aufgegeben werden müssen, finden Populisten hier umfangreichen Stoff für ihre verbalen Attacken. Allerdings gehören **Kompromisse**, die auch von der Achtung gegnerischer Positionen leben, zum **Wesen einer gesunden Demokratie**.

Hier gilt es folglich, dem **Populismus** durch eine **Konzentration auf die Kerntugenden des guten Journalismus** zu begegnen (vgl. Abschn. 6.1). Nur so können Provokationsstrategien entlarvt werden – und mit ihnen auch deren Promotoren. Wenn das nicht geschieht, entsteht eine große Gefahr: „Wenn Menschen den klassischen Medien nicht mehr vertrauen, sich in ihre Milieus zurückziehen, dann verliert das große öffentliche Gespräch sein Basis, schwindet der gesellschaftliche Zusammenhalt. Die fatalen Folgen einer zersplitterten Öffentlichkeit lassen sich derzeit in den USA beobachten" (Pörksen 2018).

Im digitalen Zeitalter kommt es zusätzlich zu einer **Verschiebung der Informationsarchitektur** (vgl. Pörksen 2018). In diesem Prozess verlagern sich die Macht und die Deutungshoheit von den früheren, häufig gut ausgebildeten **analogen Meinungsführern** (Journalisten, Reportern) hin zu **digitalen Meinungsführern**, die zu solchen werden, indem sie eine (digitale) Gefolgschaft gewinnen, die über Reichweite zu Macht und Einfluss führt. Besondere Qualifikationen sind dafür meist nicht erforderlich. Häufig reicht es schon aus, die Sprache einer bestimmten Zielgruppe zu sprechen, dieser nach dem Mund zu reden oder einfach nur (oft dümmliche) Unterhaltung zu präsentieren, die ein Millionenpublikum begeistert (vgl. vertiefend zur Analyse der *YouTube*-Inhalte Kap. 1).

Pörksen (2018) konstatiert hier den **Übergang von einer Medien- zu einer Empörungsdemokratie**. Damit wird das Phänomen bezeichnet, dass sich heute alle Menschen auf den unterschiedlichen Kommunikationsplattformen zu Wort melden können – mit Text, Foto und Video. Im Zeitalter der sozialen Medien gibt es keine **Gatekeeper** mehr wie die Redaktionen in den klassischen Medien, die quasi als **Wächter über Qualität, Wahrheitsgehalt, Manipulationsabsicht und/oder Rechtskonformität von Inhalten** fungieren.

## 4 Algorithmenbasierte Demagogie

Die spannende Frage lautet: Warum läuft das **Geschäft mit der Desinformation** so gut? Die Antwort ist ganz einfach: Drei Gruppen profitieren von dieser Art der Kommunikation:

- Die **Ersteller von Falschmeldungen** zielen häufig auf die Schwächung der Demokratie bzw. auf die in Demokratien aktiven Instanzen und Personen. Das können die Parlamente, Parteien und Politiker sein, aber auch Institutionen wie die Vereinten Nationen (UN), die Europäische Union (EU, Spottname „Brüssel"), die NATO, die Weltbank oder die Europäische Zentralbank. Die Verbreiter von Falschinformationen wollen diese Institutionen schwächen, um ihre eigene Position in Politik und Wirtschaft zu verbessern. Russland ist hier ein besonders häufiger Angreifer. Es können aber auch Unternehmen, Produkte und Dienstleistungen – beispielsweise durch falsche Bewertungen – „niedergemacht" werden; etwa um Wettbewerber zu diskreditieren.
- Die zweite Gruppe von Profiteuren sind die **Kommunikationsplattformen**, auf denen die Falschinformationen präsentiert werden. Je intensiver der Meinungsstreit tobt, desto höher sind die für Online-Plattformen so wichtigen Engagement-Raten (Kommentare, Likes, Shares), die wiederum Sichtbarkeit, aber auch Verweildauer und damit die Anzeigenerlöse dieser Plattformen nach oben treiben.

  Die **digitale Erregungskultur** wird ausgenutzt. Denn: **Angry people click more!**

  Es zeigt sich auf den verschiedenen Plattformen, dass derjenige die meiste Aufmerksamkeit und damit die höchste Anerkennung durch Likes, Retweets, Shares und Comments bekommt, der am lautesten schreit, der am konsequentesten moralische Grenzen überschreitet, der verletzt, verleumdet, herabwürdigt. Wenn Sie jetzt an einen US-Präsidenten denken, liegen Sie richtig.
- Die dritte Zielgruppe, die dieses ganze Geschäft am Leben hält und überhaupt erst möglich macht, sind wir – die **Nutzer**. Mit unserer Aufmerksamkeit (Stichwort „Aufmerksamkeitsökonomie" in Kap. 1) ermöglichen wir erst solche Geschäftsmodelle – und wir sind es auch, die den **digitalen Brandstiftern** zum Erfolg verhelfen. Dies gilt insbesondere dann, wenn wir Inhalte unkritisch aufnehmen und weitergeben, weil unsere eigene Medienkompetenz zu schwach ausgeprägt ist (vertiefend zur Medienkompetenz Abschn. 6.1).

  Hier gilt ganz besonders: **Erst denken, dann liken!**

Wir als Nutzer lassen uns von diesen Informationsquellen beschallen und unterhalten, weil hier für die komplexen Fragen einer globalisierten und hochvernetzten Welt einfache und einleuchtende Antworten und Lösungen präsentiert werden.

Ein Blick in die Geschichte vieler Länder – auch und gerade Deutschlands – zeigt, dass solche Rattenfänger schon häufiger Erfolg hatten und ganze Nationen und Regionen in den Untergang geführt haben.

Deshalb sollten wir uns fragen, welches die **Methoden der digitalen Brandstifter** sind, damit wir nicht auf diese hereinfallen. Der Verfassungsschutz hat vier Schritte identifiziert, mit denen Extremisten von rechts und links die Demokratie und ihre Institutionen angreifen (vgl. Willnow 2019):

1. **Schritt:** Kommunikativ wird an den **Bruchlinien einer Gesellschaft** angesetzt, um in die politische und/oder gesellschaftliche Diskussion einzudringen. Das gelingt in Deutschland beispielsweise relativ einfach durch die Themen Flüchtlinge, Umweltschutz, die „Reichen", steigende Mieten, „Bürokratie in Brüssel" etc.
2. **Schritt:** Durch eine emotionale Kommunikation über die verschiedensten Kanäle wird versucht, **Urängste der Bürger** aufzugreifen. Hierdurch soll bei den Bürgern ein **Gefühl der Benachteiligung** hervorgerufen werden.
3. **Schritt:** Das nächste Ziel besteht in der **Delegitimierung des Staates**; das bedeutet, dass dem Staat die Berechtigung zum Handeln abgesprochen wird. Hierzu werden Informationen verbreitet, die den Staat und dessen Funktionsträger als ohnmächtig und inkompetent oder als „nicht handelnd" und „abwartend" erscheinen lassen. Hierdurch soll den Bürgern das Gefühl vermittelt werden, dass es jetzt an der Zeit sei, die Sache selbst in die Hand zu nehmen (u. a. durch Bürgerwehren, Selbstjustiz).
4. **Schritt:** Schließlich werden **systematisch Falschnachrichten** verbreitet. Hierdurch sollen die schon aufgebauten Ängste weiter geschürt und der Staat permanent als „unfähig" oder „untätig" vorgeführt werden. Kompromisse und Verhandlungen werden dann als Schwäche diskreditiert, die nicht zu tolerieren sei. Teilweise lassen sich regelrechte **organisierte Desinformationskampagnen** ausmachen, die beispielsweise die Wichtigkeit von Wahlen in Frage stellen.

Die Erkenntnisse der Sicherheitsbehörden zeigen, dass **selbstbestätigende Radikalisierungen** nicht mehr alleine durch die **Algorithmen der sozialen Medien** erfolgen, die ganz gezielt jedem einzelnen Nutzer nur noch solche

Nachrichten präsentieren, die bereits vorhandene Vorurteile bestätigen – deshalb selbstbestätigende Radikalisierungen. Dieses Phänomen wird **Echo-Kammern** (auch **Filterblasen**) genannt, da nur noch solche Informationen zum Nutzer vordringen, die zu dessen Welt- und Wertebild passen (vgl. vertiefend Pariser 2011; Kreutzer und Land 2016, S. 347–349). Gerade auf diese Form der Kommunikation, die sich auf einen Austausch innerhalb der Echo-Kammern reduziert, haben die Behörden nur einen eingeschränkten Zugriff.

Heute werden oft auch die in den sozialen Medien verbreiteten Inhalte von den **klassischen Medien** aufgegriffen und diskutiert und dadurch verstärkt. Die klassischen Medien setzen sich häufig nicht mit den Online-Inhalten auseinander, um sich dem Vorwurf zu entziehen, auf dem rechten oder linken Auge blind zu sein. Hier kommt das in Kap. 1 angesprochene **Wirkungsnetz** zum Tragen und die Medien schaukeln sich gegenseitig hoch.

Eine Verbreitung extremer und falscher Informationen erfolgt inzwischen in hohem Maße auch durch **Online-Spiele**. Die Stimmungsmache findet häufig in den damit verbundenen Foren statt. In diesen tauscht man sich nicht mehr nur über die Spiele selbst aus, sondern zum Beispiel auch über „höher- und minderwertige Rassen". Sowohl der Attentäter von München, der 2016 im Olympia-Einkaufszentrum neun Menschen tötete, als auch der von Christchurch, der 2019 in zwei Moscheen 51 Menschen tötete, waren auf solchen Spielerplattformen bekannte Größen (vgl. Willnow 2019).

Die Dramatik der Situation wird durch einen weiteren Aspekt verstärkt. Menschen, die in der Vergangenheit kaum eine Chance hatten, im analogen Leben **Gleichgesinnte zu finden** für ihre Themen, Vorlieben, Abneigungen, Überzeugungen, Befürchtungen, Krankheiten etc., können dies heute – algorithmengestützt – per Maus-Klick ganz einfach erreichen.

Die ursprünglich existierenden **Grenzen** zwischen analog und digital, zwischen gesagt und getan, zwischen Realität und Virtual Reality, zwischen einer breiten Öffentlichkeit und einer exklusiven Echo-Kammer **verschwinden** immer mehr. Dann folgen den aggressiven Worten auch aggressive Taten: immer mehr Sachbeschädigung im öffentlichen Bereich, wo Bänke, Verkehrsschilder, Häuserfassaden und anderes demoliert oder beschmiert werden. Wir sehen aber auch zunehmende Angriffe auf Menschen mit Kipa, Kopftuch und/oder dunkler Hautfarbe. Und seit 2019 sehen wir in Deutschland auch wieder politisch motivierte Morde – in einer der wehrhaftesten Demokratien der Welt!

> „Im Namen der Toleranz sollten wir uns das Recht vorbehalten, die Intoleranz nicht zu tolerieren." (Karl Popper)

Schweiger (2017) postuliert, dass soziale Netzwerke durch die beschriebenen Entwicklungen zur **Gefährdung der Demokratie** beitragen. So fördern sie durch die beschriebenen Entwicklungen die **Erstarkung rassistischer und populistischer Kräfte**. Da sich immer mehr Nutzer häufig oder sogar dauerhaft in ihrer ganz persönlichen Filterblase bewegen, kommen sie kaum noch mit anderen Meinungen in Berührung. Hierdurch können sich Nachrichten, polemische Kommentare und Verschwörungstheorien immer stärker zu einer explosiven Mischung verbinden.

Durch diese Entwicklungen ist vor allem die **politisierte Bildungsmitte** gefährdet. Hierbei handelt es sich vor allem um Menschen mit niedriger bis durchschnittlicher Bildung. Diese informieren sich meist intensiv im Internet, ohne flankierend Medien des Qualitätsjournalismus zu nutzen. Stattdessen sehen sie sich – algorithmengestützt in ihrer Filterblase verbleibend – in ihrer Unzufriedenheit mit politischen, gesellschaftlichen und wirtschaftlichen Entscheidungen bestätigt. Aufgrund fehlenden eigenen Wissens und/oder unzureichender Fähigkeit zur kritischen Analyse können sie Dichtung und Wahrheit sowie Fakten und Meinungen nicht unterscheiden und angemessen (kritisch) bewerten.

Das Gefühl, gut informiert zu sein, weil man sich ja auch tatsächlich informiert, führt zu einer **Pseudo-Informiertheit durch Desinformation**. Unter Desinformation ist hier die gezielte Verbreitung falscher oder irreführender Informationen zu verstehen. Parallel hierzu kann die Bereitschaft abnehmen, sich mit anderen Meinungen, anderen Überzeugungen und anderen Werten auseinanderzusetzen. Die konstruktive Diskussion – auch über kommunikative Gräben hinweg – wird erschwert oder entfällt ganz. Hierdurch kann die **Polarisierung der Gesellschaft** verstärkt und die **Suche nach gemeinsamen Lösungen** unmöglich gemacht werden

Heute kann und darf jeder nach Lust und Laune kommunikativ loslegen – oder meint zumindest, es zu können und zu dürfen. Die **klassischen Regeln der Kommunikation** (Verbot von Beleidigung, Verleumdung und Volksverhetzung) gelten zwar auch in den sozialen Medien, allerdings ist dies nicht allen dort Aktiven bekannt – und wurde bisher auch nicht umfassend geahndet. Doch in der EU wurde im Jahr 2018 ein **Verhaltenskodex zur Bekämpfung von Desinformation** verabschiedet (vgl. EU 2018); das stellt zumindest einen Anfang dar.

In manchen Ländern wird inzwischen verstärkt gegen illegitimes Agieren im Netz vorgegangen. Österreich plant ein **digitales Vermummungsverbot**, um gegen Hass im Netz vorzugehen. Hierfür soll die Anonymität im Netz eingeschränkt werden. Online-Nutzer können dann zwar weiter unter Pseudonym posten, die Plattformen müssen die Identität der Nutzer jedoch kennen und diese in begründeten Fällen den Strafverfolgungsbehörden mitteilen.

Allerdings wird intensiv diskutiert, ob solche Maßnahmen die erwünschten Effekte bringen. Ein ähnliches Vorgehen in Südkorea, das Nutzern eine Identifikationsnummer zuteilte, reduzierte die Anzahl der verbalen Attacken nur vorübergehend. Die Kommentare im Netz wurden lediglich so verändert, dass sie rechtlich nicht mehr zu beanstanden waren, ihre Hassbotschaften allerdings nur „verkleidet" haben. Das oberste Gericht in Südkorea beurteilte das Gesetz schließlich als zu weitgehend und gleichzeitig für nicht ausreichend wirksam und setzte es außer Kraft (vgl. Das Gupta 2019).

Um auf die Zunahme an Hatespeech und kriminellen Handlungen im Internet zu reagieren, wurde am 01.10.2017 das sogenannte ***Netzwerkdurchsetzungsgesetz*** verabschiedet. Die Zielsetzung des Gesetzes wird durch seinen offiziellen Titel deutlich: *Gesetz zur Verbesserung der Rechtsdurchsetzung in sozialen Netzwerken* (NetzDG). Im Detail werden **bußgeldbewehrte Verhaltensregeln für die Betreiber der sozialen Netzwerke** (neben *Facebook* beispielsweise auch *Twitter* und *YouTube*) aufgestellt. Im Mittelpunkt steht der Umgang mit Nutzerbeschwerden, die über Hasskriminalität und weitere strafbare Inhalte im Netz berichten. Außerdem sollen Opfer von Persönlichkeitsverletzungen, die auf Online-Plattformen begangen werden, einen Anspruch auf Auskunft über den Verursacher haben. Im Kern geht es darum, dass die Betreiber sozialer Netzwerke dazu verpflichtet werden, nach dem NetzDG rechtswidrige Inhalte nach Kenntniserhalt und Prüfung zu entfernen oder den Zugang zu ihnen zu sperren (vgl. NetzDG 2017).

Wer **Hass im Netz** oder sogar regelrechte **Hate-Storms** erfährt, kann Hilfe von der Organisation *HateAid* erhalten. Diese Organisation hat sich das Ziel gesetzt, **Austausch statt Ausgrenzung** zu erreichen. Hierzu klärt *HateAid* über die Gefahren für Demokratie und Meinungsfreiheit auf und stärkt diejenigen, die sich im Netz digitaler Gewalt ausgesetzt sehen. Menschen, die heute im Internet ihre Stimme für andere Menschen, für bestimmte Themen oder bestimmte Organisation erheben, laufen leider zunehmend Gefahr, **digitale Gewalt** zu erleben. Dies kann Politiker, Schauspieler und „Normalbürger" gleichermaßen treffen. Den im Netz angegriffenen Personen werden durch *HateAid* eine Erstberatung und ggf. auch weitere spezifische Beratungen durch geschultes Personal angeboten – telefonisch, per Chat, Mail oder auch im persönlichen Gespräch. Die Beratung ist für die Betroffenen kostenlos (vgl. HateAid 2019).

Wichtig ist, dass die für einen **offenen Meinungsaustausch** – manchmal auch unbequemen – Stimmen nicht aufgrund einer **Selbstzensur** aus Angst vor digitaler Gewalt verstummen. Um einen wichtigen Aspekt unserer Demokratie – die freie Meinungsäußerung – zu schützen, müssen (potenziellen) Tätern die Konsequenzen ihrer rechtswidrigen Taten bewusst gemacht werden. Deshalb ist es gut, dass es solche Angebote gibt, allerdings ist es auch schade und erschreckend, dass wir heute solcher Angebote bedürfen.

Algorithmen werden zwar erfolgreich bei der **Suche nach widerrechtlichen Kommentaren** eingesetzt, allerdings besteht das Risiko eines sogenannten **Overblockings**. Damit ist die Sperrung von Inhalten gemeint, die zwar Anstoß erwecken können, aber dennoch rechtmäßig sind. Schließlich erlaubt die verfassungsrechtlich garantierte Meinungsfreiheit das Ausdrücken von Abneigung, Missachtung und auch Hass, solange nicht die Tatbestände von Beleidigung, Verleumdung oder Volksverhetzung erfüllt werden (vgl. van Lijnden 2019, S. 1). Innerhalb dieses Interpretationsspielraums können die Betreiber sozialer Netzwerke dazu tendieren, vorsichtshalber mehr zu löschen als notwendig, um Bußgeldzahlungen zu vermeiden. Dann liegt der Tatbestand des Overblockings vor.

Auch bei *Facebook* scheint man langsam aufzuwachen und zu erkennen, welches **Daten- und Verführungsmonster** man herangezüchtet hat. Inzwischen hat *Facebook* nach eigenen Angaben weltweit 30.000 „Sicherheitsbeauftragte" eingestellt. Ihre Aufgabe besteht darin zu verhindern, dass Terrorismus, Rassismus, Antisemitismus und Extremismus unterstützt werden (vgl. Mayntz 2019b, S. 3). Welche herausfordernde Aufgabe dies bei 2,4 Milliarden Nutzern ist, kann man sich vorstellen.

Haben Sie sich eigentlich je gefragt, was diese „**Sicherheitsbeauftragten**" leisten müssen und wo diese räumlich zu finden sind? Denn trotz des **Siegeszugs der Künstlichen Intelligenz** scheitern die KI-Systeme nach wie vor in vielen Bereichen der Bilderkennung. So ist es der Bilderkennung bis heute nicht gelungen, bei den in Abb. 4.1 gezeigten Fotos sauber zwischen Hund und Muffin zu unterscheiden (vgl. vertiefend Kreutzer und Sirrenberg 2019, S. 36–41).

**Abb. 4.1** Hund oder Muffin? (Quelle: Yao 2017)

Vor diesem Hintergrund ist es bisher keine vorrangige Aufgabe von KI-Algorithmen (und es ist ihr bisher auch gar nicht möglich), die Inhalte in den sozialen Medien vom **digitalen Giftmüll** zu befreien. Die notwendige Aufgabe einer **digitalen Zensur** wird von zehntausenden Menschen im philippinischen Manila geleistet – dem weltweit größten **Outsourcing-Standort für Content-Moderation**, wie es euphemistisch heißt. Tag für Tag sitzen dort meist junge Menschen, oft in engen, schallgedämmten Kabinen vor Bildschirmen, und müssen in Zehn-Stunden-Schichten Fotos von vergewaltigten Kindern, Videos von IS-Hinrichtungen oder rassistische Hassbotschaften aus dem Netz entfernen. Pro Schicht sind bis zu 10.000 Fotos zu sichten und zu bewerten. Videos dürfen zwar im Schnelldurchlauf gesichtet werden – sie müssen allerdings bis zum Ende angesehen werden. Nur so kann festgestellt werden, ob beispielsweise eine Enthauptungsszene in der Wüste eine Parodie oder bitteren Ernst darstellt. Bei Videos ist dann innerhalb von zwei Sekunden die Entscheidung zu treffen, ob sie gelöscht oder ignoriert werden.

Die Kriterien, nach denen die – ebenfalls euphemistisch – als **Content-Moderatoren** bzw. als **Content-Analysten** bezeichneten Mitarbeiter (auch „Cleaner" genannt) agieren, sind eines der am besten gehüteten Geheimnisse der Silicon-Valley-Unternehmen. Bei Dreharbeiten zu dem Film *The Cleaners* wurde ermittelt, dass die Cleaner ähnliche posttraumatische Störungen erleiden können wie Soldaten an der Front. Im Gegensatz zu den Soldaten ist es den Cleanern allerdings verboten, über ihre Erfahrungen zu sprechen (vgl. Block und Riesewieck 2018). Cleaner verdingen sich auch oft als Billiglöhner für Subunternehmen, die ihre Leistungen an die Silicon-Valley-Unternehmen *Facebook*, *Google*, *Twitter* und *YouTube* verkaufen (vgl. Kaes 2019, S. 5). Das führt dazu, dass die Industrienationen außer ihrem Plastikmüll auch ihren digitalen Müll in asiatischen Entwicklungsländern abladen.

In dem sehr empfehlenswerten, allerdings auch bedrückenden Film *The*

---

**Belletristischer Lesetipp**

Über das Leben eines Content-Moderators bzw. eines Cleaners in Berlin berichtet *Johannes Groschupf* (2019) in seinem Thriller *Berlin Prepper*. Hier wird sichtbar, wie das Eliminieren von digitalem Giftmüll funktioniert – und was es mit Menschen anstellt.

---

*Cleaners* wird außerdem analysiert, wie Fake News und Hassbotschaften durch die sozialen Netzwerke verbreitet und verstärkt werden (vgl. Block und Riesewieck 2018). Es wird – basierend auf den Aussagen von hochrangigen ehemaligen Mitarbeitern der Silicon-Valley-Unternehmen – gezeigt, wie die digitalen Plattformen so ausgestaltet werden, dass jegliche Art von **Emotionen möglichst gezielt verstärkt und vervielfältigt** wird. Das ist im Kern das **Geschäftsmodell der digitalen Plattformen.**

Diese Plattformen werden vorsätzlich zu **gefährlichen digitalen Brandbeschleunigern**, die politische, wirtschaftliche und gesellschaftliche Konflikte anheizen und die demokratischen Gesellschaften gefährden. Und das Perverse daran ist, dass die Unternehmen dadurch Milliardengewinne erwirtschaften. Der ehemalige *Google*-Top-Manager *Tristan Harris* sagt dazu: „Der fatale Irrtum besteht darin zu glauben: Auf die menschliche Natur hat die Technik keinen Einfluss. Die Social-Media-Technologie ist darauf ausgelegt, größtmögliche Aufmerksamkeit zu gewinnen. Deshalb wird sie so ausgestaltet, dass sie das Schlechteste in uns hervorbringt" (Kaes 2019, S. 5).

Eine spannende Präsentation von *Tristan Harris* mit dem Titel „A Call to Minimize Distraction & Respect Users' Attention" finden Sie im Beitrag von Newton (2018). Harris hat vor dem Hintergrund seiner umfassenden (erschütternden) Erfahrungen 2018 das *Center for Humane Technology* mit folgender Vision gegründet (CHT 2019):

„CHT is an independent nonprofit organization whose mission is to reverse human downgrading by inspiring a new race to the top and realigning technology with humanity." Das Motto lautet: Time well spent!

Und warum das alles? Das **gewinnsteigernde Element** für *Facebook, Google, Twitter, YouTube* & Co. ist die systematisch aufgebaute **Sucht der Menschen nach Aufmerksamkeit und Anerkennung.** Sie ist gleichsam der Brennstoff – leider auch im realen Sinne – der die digitale Maschinerie am Laufen hält. Schließlich sind die KI-Algorithmen der digitalen Plattformen darauf ausgerichtet, kontinuierlich zum Engagement aufzufordern – the more the better. Letzten Endes reichert jede weitere Aktivität nicht nur den Datenstrom ins Silicon Valley an, sondern erhöht auch die Online-Zeit der Nutzer, die wiederum zu steigenden Werbeumsätzen führt.

Nach der Analyse dieser Entwicklungen war ich schockiert. Ja, die Menschen hatten schon immer eine dunkle Seite. Allerdings bieten erst die sozialen Netzwerke wirklich jedem mit Internetzugang eine globales Publikum, um die unterschiedlichsten Neigungen, Vorlieben und Meinungen zu teilen und mitzuteilen. Gleichzeitig sorgen die allgegenwärtigen Algorithmen dafür, dass das alte Motto „Gleich und gleich gesellt sich gern" extrem verstärkt wird. Die Algorithmen helfen folglich nicht mehr nur bei der Partnersuche, sondern sorgen auch dafür, dass Menschen mit den anti-demokratischsten, unsozialsten und perversesten Neigungen einander finden.

## 4 Algorithmenbasierte Demagogie

Welche Auswirkungen mit den verschiedenen **Social-Media-Entwicklungen auf einzelne Nutzergruppen** einhergehen, wurde durch zwei Studien der *Konrad-Adenauer-Stiftung* analysiert. In einer repräsentativen Umfrage wurden 1075 Personen zu ihrem Nutzungsverhalten im Internet generell und speziell auf *Facebook* befragt. Zusätzlich wurden 2041 Online-Interviews mit *Facebook*-Nutzern durch ein Online-Access-Panel geführt (vgl. Pokorny 2019, S. 2).

Eine Analyse von *Facebook*-Seiten offenbart, dass auf *Facebook* eine Ausdruckweise festzustellen ist, die anklagt, diffamiert und teilweise auch verletzt. Wie das auf die Nutzer wirkt, zeigt die beschriebene Online-Befragung (vgl. Abb. 4.2). Mit 67 % der Befragten fühlt sich die deutliche Mehrheit durch *Facebook* „unterhalten" und 52 % „informiert". 33 % fühlen sich beim Lesen von Inhalten und Kommentaren allerdings auch „verärgert" – 15 % sogar provoziert. In Summe überwiegen die **neutral-positiven Gefühle**; allerdings sind **negative Emotionen** auch signifikant vertreten. Und diese haben oft den größten Einfluss auf die Nutzer (vgl. Pokorny 2019, S. 7 f.).

Die große Mehrheit der Online-Befragten sagt, dass sie auf *Facebook* viele verschiedene Meinungen finden (vgl. Abb. 4.3). 43 % stimmen allerdings auch zu bzw. voll und ganz zu, dass andere sie aufregen. Dass sie hier Meinungen finden, die sonst unterdrückt werden, sagen immerhin 35 %. Noch 9 % sagen deutlich, dass sie sich hier trauen, Dinge zu sagen/teilen, die sie sonst nicht sagen würden. 22 % stimmt hier noch teils/teils zu.

Die zitierten Studien können nicht abschließend klären, ob und ggf. in welchem Umfang *Facebook* zu einer **aggressiveren Debattenkultur** führt. Es zeigt sich jedoch in den zitierten Ergebnissen, dass sich ein Teil der Befragten auf *Facebook* in höherem Maße traut, möglicherweise gesellschaftlich nicht anerkannte Meinungen zu äußern. Hierdurch fühlen sich andere wiederum verärgert und provoziert. In dieser Konfrontation liegt das **Potenzial zu einer Eskalationsspirale** (vgl. Pokorny 2019, S. 14 f.).

*Viola Neu* vom *Team Sozialforschung* der *Konrad-Adenauer-Stiftung* fasst zusammen: „Es scheint nicht so zu sein, dass man andere mit Argumenten überzeugen möchte, sondern dass man die Meinungen des Andersdenkenden nicht ertragen kann oder will" (Mayntz 2019a, S. 4; vgl. hierzu auch die Ausführungen zur *Generation Snowflake* in Kap. 5).

Mit einer solchen Entwicklung geht die Gefahr einer, dass letztendlich nur noch die eigene Meinung als einzig mögliche angesehen wird. Dies zeigte sich in vergangenen Wahlkämpfen immer wieder, wenn beispielsweise die *Facebook*-Seite einer Partei von deren Gegnern gekapert wird, so dass eine Kommunikation mit den Nutzern unmöglich wird. Wenn sich eine solche „Kultur" oder besser „**Antikultur**" breit macht, geht die **Mindestvorausset-**

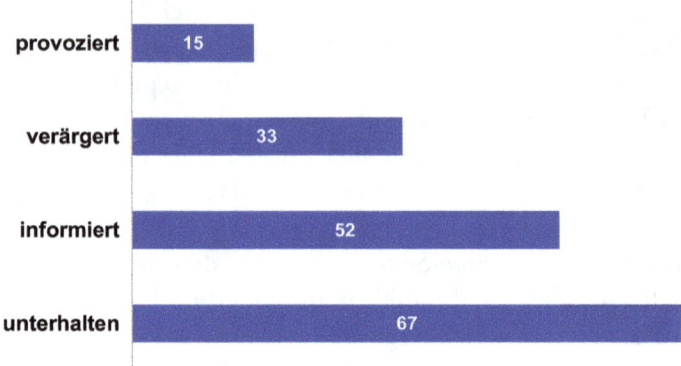

**Abb. 4.2** Empfindungen bei *Facebook*-Inhalten bzw. -Kommentaren – in %. (Quelle: Pokorny 2019, S. 8)

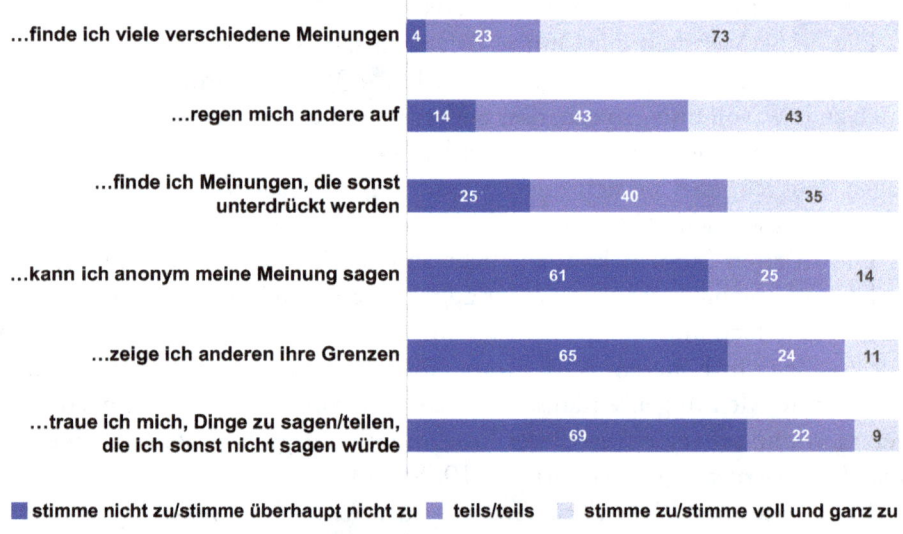

**Abb. 4.3** Einstellungen zu *Facebook* – in %. (Quelle: Pokorny 2019, S. 9)

**zung für eine lebende Demokratie** verloren: der offene, wertschätzende Austausch zwischen Menschen, die verschiedene Werte aufweisen und gemeinsam nach tragfähigen Lösungen suchen.

In welcher Weise eine Plattform wie *Facebook* das **Gefühlsleben seiner Nutzer manipulieren** kann, zeigte das Unternehmen in einer von *Facebook* selbst veröffentlichten Studie. Es wurde stolz darüber berichtet, dass man die Stimmung von 689.003 *Facebook*-Nutzern ganz gezielt verändern konnte.

## 4 Algorithmenbasierte Demagogie

Dazu wurden diesen entweder eher positive oder eher negative Nachrichten ihrer *Facebook*-Freunde zuerst anzeigt. Damit wurde bewiesen, dass *Facebook* das menschliche Empfinden nach eigenem Ermessen über die eigene Plattform beeinflussen kann (vgl. Hill 2014). Aber es blieb nicht bei diesem groß angelegten Prozess der **Gefühlsmanipulation** – es wurden noch weitere Manipulationen vorgenommen.

Die Antwort auf die Frage, warum gerade die Daten von *Facebook* für solche Manipulationen so wertvoll sind, liegt in einer Zahl: 52.000. Man geht heute davon aus, dass *Facebook* ca. **52.000 persönliche Eigenschaften** ermittelt – und damit die Persönlichkeit von Usern in ihren kleinsten Verästelungen erfassen kann. Die Grundlage hierfür sind oft Hunderte oder sogar Tausende von Datenpunkten, die *Facebook* von vielen seiner zurzeit 2,4 Milliarden Nutzer hat (vgl. Mayer-Kuckuk 2019, S. 6).

Wichtig ist hier der Hinweis, dass wir *Facebook* nicht nur dann mit Daten füttern, wenn wir unsere *Facebook*-Page gestalten, auf *Facebook*-Posts reagieren und Angebote liken. Sondern es reichte bisher schon aus, wenn Unternehmen auf ihren Seiten den *Facebook*-Button installiert haben, um weitere Datenströme über den Nutzer (inkl. IP-Adresse) an *Facebook* zu senden. Ein solches Vorgehen hat der Europäische Gerichtshof erst 2019 kritisiert; dies kann dazu führen, dass ein Nutzer in Zukunft auch beim Einsatz des Like-Buttons zuvor zustimmen muss, wie das schon heute bei Cookies der Fall ist (vgl. EuGH 2019).

Wie war es möglich, *Facebook* ganz gezielt zu einer **manipulativen Beeinflussung des Wahlverhaltens in den USA** einzusetzen? Am Tag der **Präsidentenwahl in den USA** (08.11.2016) wurde eine Gruppe von Bürgern per *Facebook* daran erinnert, ihre Stimme abzugeben. Eine andere Gruppe erhielt zusätzlich die Information, welcher ihrer Freunde bereits gewählt hatten. Der **soziale Druck** in der zweiten Gruppe hat dazu geführt, dass diese Gruppe verstärkt zur Wahl gegangen ist. Scheinbar doch ein schönes Ergebnis, wenn eine höhere Wahlbeteiligung erreicht wurde. Allerdings verliert dieses Ergebnis seine Unschuld, wenn im Vorfeld durch Algorithmen alle online verfügbaren Datenspuren ausgewertet wurden, um zu ermitteln, welche Bürger mit höchster Wahrscheinlichkeit die eigene Partei wählen – um dann nur diese mit sozialem Druck zur Wahl zu motivieren (vgl. Rahwan 2019, S. 102). So etwas nennt man Manipulation.

In den Monaten vor der Wahl erfolgte zudem eine algorithmenbasierte, umfassende **Motivation von *Trump*-Wählern**, tatsächlich zur Wahl zu gehen. Hierzu wertete das britische Unternehmen *Cambridge Analytica* – allerdings unerlaubt – viele Millionen *Facebook*-Daten aus, die es von *Facebook* selbst erhalten hatte (allerdings nicht zu diesem Zweck). Hierbei kam eine **Kombi-**

nation von **Predictive Analytics** (Analysen, die hier zukünftiges Wahlverhalten vorhersagen), **Erkenntnissen der Verhaltensforschung** sowie einem **innovativen Ad-Tech-Konzept** zum Einsatz.

Zunächst bestand das Ziel darin, basierend auf den vorliegenden umfassenden *Facebook*-Daten das **Persönlichkeitsprofil von Millionen von *Facebook*-Nutzern** zu identifizieren. Um die hierfür relevanten Daten zu erhalten, wurde eine Online-Umfrage zur Persönlichkeit durchgeführt. In diesem Zusammenhang – und gegen die Zahlung von ein paar Dollars – wurde auch die Erlaubnis der Befragten zum Zugriff auf ihre *Facebook*-Daten eingeholt einschließlich der Seiten, die den Nutzern gefallen haben. Hierdurch konnte auch der unberechtigte Zugang zu Daten von Freunden des Nutzers erlangt werden, solange diese Freunde bestimmte Sicherheitseinstellungen nicht änderten. So gelang es, dass mit rund 270.000 Umfrageteilnehmern ein Zugang zu rund 30 Millionen Personendaten erreicht wurde (vgl. Rathi 2019).

Basierend auf einem umfassenden Datensatz wurde die **Nutzerpersönlichkeit** anhand der nachfolgend beschriebenen **Merkmale** ermittelt. Diese Merkmale basieren auf dem **Big-Five-Konzept** (auch **Fünf-Faktoren-Modell**) der Persönlichkeitspsychologie (vgl. Costa und McCrae 1985). Im Englischen wird es auch als **OCEAN-Modell** bezeichnet – orientiert an den Anfangsbuchstaben der folgenden fünf Kriterien:

- **Openness** (Aufgeschlossenheit, Offenheit für Erfahrungen): Lieben Sie neue Erfahrungen?
- **Conscientiousness** (Perfektionismus, Gewissenhaftigkeit): Bevorzugen Sie Pläne und Regeln?
- **Extraversion** (Extrovertiertheit): Verbringen Sie gerne Zeit mit anderen?
- **Agreeableness** (Verträglichkeit, Rücksichtnahme, Kooperationsbereitschaft, Empathie, Altruismus, Hilfsbereitschaft): Stellen Sie die Bedürfnisse anderer vor Ihre eigenen?
- **Neuroticism** (Neurotizismus: Neigung zu Reizbarkeit, Launenhaftigkeit, Unsicherheit, Verlegenheit, Traurigkeit, emotionale Labilität, Verletzlichkeit, Melancholie sowie dauerhafte Unzufriedenheit): Tendieren Sie dazu, sich viele Sorgen zu machen?

Um die **Persönlichkeitsstruktur jedes einzelnen Nutzers** zu ermitteln, wurden deren *Facebook*-Seiten sowie deren Likes untersucht und in Abhängigkeit von den Ergebnissen erhielten diese unterschiedliche Werbung, um sie so Schritt für Schritt ins *Trump*-Lager zu ziehen. Den Nutzern wurden jeweils maßgeschneiderte Anzeigen zu einem gleichen Thema gezeigt, um sie auf unterschiedlichen Wegen schließlich von der gleichen Botschaft zu überzeugen. Hierbei wird auch von **Micro-Targeting** gesprochen, weil die Botschaften im präzisesten Fall auf Einzelpersonen ausgerichtet wurden (Stichwort Segment-of-one).

Wie die Ansprache erfolgte, zeigt Abb. 4.4. Das Ziel der beiden Anzeigen war es, die Empfänger davon zu überzeugen, sich für das **Second Amendment** zu entscheiden. Dieses räumt den Menschen in den USA das Recht ein, Waffen zu besitzen und zu tragen. Menschen, die hochgradig neokritisch und gewissenhaft sind, neigen dazu, sich große Sorgen zu machen, und sie bevorzugen Ordnung. Diese Gruppe sollte von der Botschaft auf der linken Seite in Abb. 4.4 besonders angesprochen werden. Für verschlossene, aber sehr umgängliche Menschen, die die Bedürfnisse anderer Menschen vor ihre eigenen stellen, aber gerne auf neue Erfahrungen verzichten, ist die Botschaft auf der rechten Seite in Abb. 4.4 konzipiert.

Der **Schritt zur Manipulation** ist hier eindeutig vollzogen, da – etwa im Vergleich zu einer Werbung für Eiscreme oder ein Shampoo – von den Empfängern dieser Botschaften eine **spezifische Beeinflussungsabsicht** nicht erkannt werden konnte. Es wird nach wie vor intensiv darüber diskutiert, welchen Einfluss solche Maßnahmen auf das Ergebnis der US-Präsidentenwahl tatsächlich hatten.

In den USA löschte *Facebook* im Nachgang zur US-Präsidentenwahl im Jahr 2018 ca. 580 Millionen dubiose Kundenkonten – das entsprach einem

Für Nutzer mit hoher Ausprägung bei Neurotizismus und Perfektionismus/Gewissenhaftigkeit

Für Nutzer mit niedriger Ausprägung bei Aufgeschlossenheit sowie höheren Werten bei Verträglichkeit/Rücksichtnahme

**Abb. 4.4** Manipulativ eingesetzte Botschaften im US-Wahlkampf. (Quelle: Rathi 2019)

Viertel der aktiven Nutzer. *Facebook* rechnet damit, dass nach wie vor ca. 3 bis 4 % der Nutzer nicht existieren. Dies entspricht einer Zahl von ca. 80 Millionen Nutzern. *Twitter* schaltete 2018 70 Millionen Nutzerkonten ab (vgl. Gutschker 2019, S. 6). Diese Zahlen vermitteln einen ersten Eindruck des vorhandenen **Fake-Potenzials**.

Auch in Europa und Deutschland zeigen sich in immer stärkerem Maße **irritierende Phänomene in den sozialen Medien**. Auswertungen zeigen, dass die *Facebook*-**Aktivitäten der** *AfD* vor der Europawahl 2019 in einem krassen Missverhältnis zur Größe der Partei und deren Anhängern standen (vgl. Abb. 4.5). Seit Oktober 2018 stammten 85 % der **weiterverbreiteten** *Facebook*-**Beiträge** deutscher Parteien von der *AfD* – die restlichen 15 % verteilen sich auf *SPD, Grüne, Linke, FDP* und *Union*. Gerade die **Shares** gelten als besonders harte Social-Media-Währung: Ein „Share" bedeutet im Vergleich zu einem „Like" nicht nur ein „Gefallen", sondern drückt sogar eine „inhaltliche Identifikation" aus.

Bei den zugrunde liegenden *AfD*-Botschaften wird verstärkt auf **emotionsstarke Themen** wie Flüchtlinge, Migration und Kriminalität gesetzt, um eine hohe **Aktivitätsrate** zu erzielen. Gleichzeitig wurden von der *AfD* seit Oktober 2018 pro Woche durchschnittlich 4000 Foto-Posts versandt – die anderen

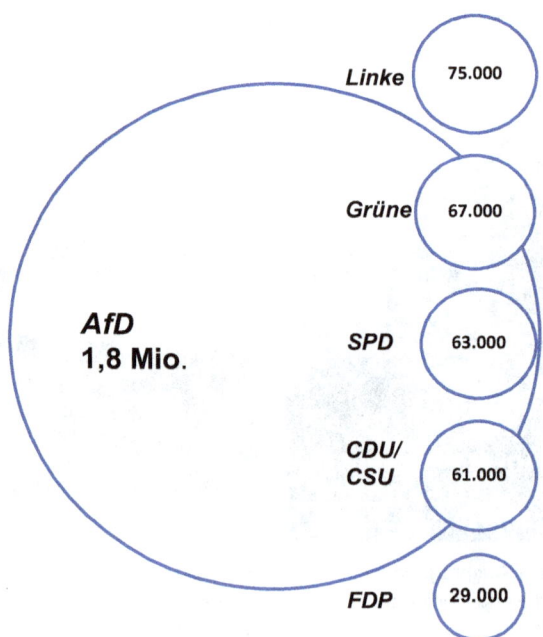

**Abb. 4.5** Echo im Netz – von Nutzern geteilte Beiträge der Parteien auf *Facebook* im März 2019. (Quelle: Nach Diehl et al. 2019, S. 18 f.)

## 4 Algorithmenbasierte Demagogie

Oppositionsparteien schafften meist nur mehrere hundert Foto-Posts pro Woche – selten einmal 1000. Diese **Intensität der *AfD*-Foto-Posts** entspricht dem Niveau eines US-Präsidentenwahlkampfs – im Endspurt. Eine solche Hyperaktivität einer einzelnen Partei hat durchaus das Potenzial, das öffentliche Meinungsbild – und damit auch Wahlergebnisse – zu beeinflussen. Allerdings legt nicht nur die Menge an Material, sondern auch die Intensität der Shares die Vermutung nahe, dass nicht nur (ausländische) Helfer die Partei mit Geld und Personal unterstützten, sondern ggf. auch Chatbots und Fake Accounts eingesetzt wurden: Wie sonst sollen hohe Pro-*AfD*-Aktivitätsraten von *Facebook*-Nutzern aus der Türkei und Ägypten erklärt werden (Diehl et al. 2019, S. 18 f.)?

Hier wird deutlich, welch große **Gefahr für unsere Demokratie** besteht. Chatbots, Fake Accounts und gekaufte Multiplikatoren können heute jeden Unsinn millionenfach in die Welt setzen und Stimmungen erzeugen, denen leider immer mehr Menschen auf den Leim gehen. Außerdem kann durch solche Maßnahmen künstlich eine Relevanz für bestimmte Themen erzeugt werden, die in der Gesamtbevölkerung gar nicht existiert.

Rahwan (2019, S. 104) fasst die hier zu beobachtenden Effekte plastisch zusammen: „Früher haben Industrieunternehmen verseuchtes Abwasser in die Flüsse geleitet, weil es in ihrem Interesse war. Im übertragenen Sinn können Internet-Unternehmen mit ihren Algorithmen heute ähnliche Schäden anrichten. Im Unterschied zu Flüssen, aus denen sich öffentliche Proben entnehmen lassen, sind die Algorithmen jedoch eine Backbox." Diese Blackbox wird durch den Einsatz von KI-Systemen noch größer werden. Deshalb kommt dem Aufgabenfeld **Explainable AI** auch in diesem Kontext eine zentrale Bedeutung zu (vgl. vertiefend dazu Kreutzer und Sirrenberg 2019, S. 12 f.).

Wir sollten uns allerdings darüber im Klaren sein, dass jede **Zunahme an Daten**, die wir – häufig freiwillig – an datensaugende Plattformen übermitteln, unser Manipulationsrisiko erhöht. Mit jedem Like, jedem Share, jedem Comment wird das Puzzle unserer Persönlichkeit leichter auslesbar (vgl. vertiefend Sumpter 2018).

---

**Denkanstoß**

Wann haben Sie das letzte Mal die **Cookies** auf Ihrem Rechner gelöscht? Haben Sie einmal überprüft, wie die **Einstellungen Ihrer Apps** auf Smartphone und Tablet aussehen? Welche Alerts erlauben Sie? Und vor allem: Welche Zugriffsrechte auf welche Daten gewähren Sie den verschiedenen Online-Anbietern?

Zur Vermeidung einer algorithmenbasierten Irreführung sollten wir auch mit den **ersten Ergebnissen von Suchprozessen** sorgfältig umgehen. Nicht alles, was uns der Algorithmus auf den ersten Plätzen der organischen Trefferliste anzeigt, muss „gut", „richtig" oder auch „aktuell" sein. Ganz falsch ist hier, sich auf das Motto „The first hit counts" zu verlassen.

Wir dürfen unseren Geist nicht ausschalten, wenn wir die Ergebnisse der Suchmaschinen erhalten. Diese Ergebnisse sollten unseren eigenen Denkprozess vielmehr anregen und – verbunden mit unserem schon vorhandenen Wissen – vorantreiben.

Wir sollten uns bewusst sein, dass die **Inhalte der organischen Trefferliste** nicht nach **Wahrheit und Korrektheit** im Allgemeinen und **Relevanz für den spezifischen Nutzer** im Besonderen angezeigt werden. Sie spiegeln hier zunächst das von *Google* gelernte Nutzerverhalten wider. Das heißt nichts anderes, als dass häufig Geklicktes weiter vorne in der Trefferliste erscheint. Nicht umsonst taucht hier *Wikipedia* häufig unter den ersten fünf organischen Treffern auf, wenn man nach Begriffen und Definitionen sucht.

Man muss es nicht gleich Demagogie nennen, aber eine starke **manipulative Kraft** liegt darin, wie *Google* seine organischen Treffergebnisse generiert. Ich gebe ein Wort in die Suchmaschine ein und *Google* – mein **Brain-on-Demand** – ergänzt schon während ich noch schreibe, was ich wohl meinen könnte. Mit der Funktion **Autocomplete** von *Google* versucht der Suchalgorithmus zu erraten, was ich suche. Diese Funktion kann gewünschte und unerwünschte Effekte auslösen (vertiefend Kreutzer 2018, S. 279–286).

In Abb. 4.6 (oben) wird man bei der Eingabe der Buchstaben „merk" an zweiter Stelle auf den Zitteranfall von *Angela Merkel* hingewiesen; allerdings nur, weil viele bereits danach gesucht haben. Hierdurch werden allerdings andere Personen, die beispielsweise „Merkbuch", „merkantilistisch" oder „Merkzettel" suchen wollten, ggf. in eine ganz andere Richtung geschickt. In der Abb. 4.6 (unten) reichen bereits die Buchstaben „pra" aus, um auf mein Buch „Praxisorientiertes Online-Marketing" hinzuweisen. Das ist für mich natürlich absolut wünschenswert.

Solche Algorithmen führen immer wieder zu einem **Mehr vom Gleichen**! In diesem Zusammenhang wird von den schon angesprochenen **Echo-Kammern** und **Filterblase**n gesprochen. Die Logik des „Mehr vom Gleichen" führt dazu, dass wir immer mehr Inhalte angezeigt bekommen, die denen gleichen, die wir bereits angeklickt haben. Wer bei *Google* & Co. immer wieder auf rechts- oder linksradikale Inhalte klickt oder solche bei *Facebook* liked, kommentiert oder weiterleitet, der wird immer mehr solche Inhalte bekommen. Und irgendwann ist die Welt ganz einfach ganz braun, ganz

# 4 Algorithmenbasierte Demagogie

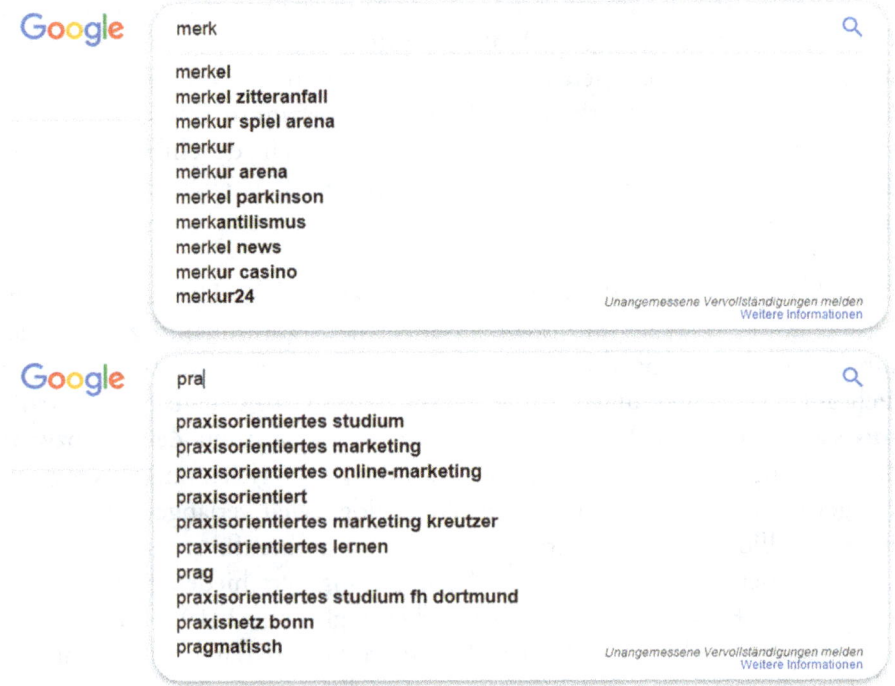

**Abb. 4.6** Beispiele der Autocomplete-Funktion von *Google*. (Quelle: Google)

schwarz, ganz grün oder ganz rot. Die Farben dazwischen werden weniger oder schließlich gar nicht mehr gezeigt, weil diese mit einer geringeren Wahrscheinlichkeit zu Engagement (Likes, Shares, Comments) führen.

Ein spannendes **Kunstprojekt** von *Salvatore Iaconesi* und *Oriana Persico* über **Constrained Cities** („constrained" bedeutet hier „eingeschränkt") hat herausgearbeitet, was passiert, wenn **Filterblasen**, die wir bisher nur im digitalen Umfeld kennen, **Auswirkungen auf den analogen Raum einer Stadt** entfalten. Hierzu wollten die Künstler herausfinden, wie unterschiedlich sich eine Stadt präsentiert, wenn verschiedene Personen geobasierte Anfragen an Internetplattformen wie *Facebook*, *Google*, *Tripadvisor* und *Yelp* stellen. Hierzu entwarfen sie 10.000 Anfragen an Restaurants, Kinos, Läden und Schwimmbäder in der italienischen Stadt Bologna. Anschließend ließen sie zwei fiktive Kandidaten A und B – jeweils mit einer unterschiedlichen Online-Historie – die Anfragen starten (vgl. Iaconesi und Persico 2017).

Die durch die Anfragen generierte Datenwolke zeigte eine **Differenz zwischen dem Ergebnisraum** von Kandidat A zu Kandidat B von 22 %.

Das bedeutet, dass beispielsweise bei einer Anfrage nach einem chinesischen Restaurant eine 22-prozentige Wahrscheinlichkeit bestand, dass den Personen A und B nicht das gleiche Restaurant empfohlen wird. Hier zeigt sich der aus dem Online-Marketing schon lange bekannte Effekt, dass selbst wenn Nutzer vom identischen Ort aus eine Recherche durchführen und bei gleicher Fragestellung die Ergebnisse von Online-Recherchen unterschiedlich ausfallen – weil sich die Nutzer durch ihre jeweilige Online-Historie unterscheiden.

Doch wir wirkt sich die **Filterblase auf das analoge Umfeld** aus – zum Beispiel auf eine Stadt? Im Ergebnis führen die Algorithmen dazu, dass sich durch digitale Datenspuren identifizierte Unterschiede zwischen Nutzern auch auf die Empfehlungen im analogen Bereich auswirken: der **Algorithmus als Ungleichmacher**. Hier kann es zu einer „smarten Zensur" bzw. zu einer „datengetriebenen Segregation" kommen, weil „gleich und gleich gesellt sich gerne" aus der digitalen Welt in die analoge Welt verlängert wird – und unterschiedliche Menschengruppen nicht zusammenführt, sondern eher trennt. In der Folge kann sich die Vermischung verschiedener Schichten – auch bei den Freizeitaktivitäten – verstärken (vgl. Lobe 2019, S. 39). In welchem Ausmaß solche Effekte das Leben in Städten langfristig verändern werden, stellt ein spannendes Forschungsprojekt dar.

Durch die Filterblasen können regelrechte **Fake-News-Welten** entstehen – in geschlossenen Milieus, in relativ homogenen Gruppen. Gerade das Kreisen um gleiche Ideen, Meinungen und Feindbilder hat eine große **identitätsstiftende Funktion**, die nicht zu unterschätzen ist. Hier wird auch vom sogenannten **digitalen Tribalismus** gesprochen (vgl. Seemann und Kreil 2017). Der Begriff „Tribe" steht für „Stamm" oder „Sippe". In diesem Sinne hat das Teilen und Liken gleichartiger Inhalte eine wichtige soziale Funktion, die eine „Sippe" immer enger zusammenrücken lässt, wie früher das gemeinsame Lagerfeuer oder das Rauchen der Friedenspfeife. Abweichende Meinungen und Positionen gefährden dagegen diesen Zusammenhalt – und werden deshalb durch Mensch und Algorithmus gleichermaßen ausgefiltert.

Wie sich diese **Sippenbildung** auswirkt, zeigt eindrucksvoll eine Analyse von Seemann und Kreil (2017). Das Ziel der Analyse bestand darin, die **Verbreitung von Fake News** zu erkennen. Gleichzeitig sollte ermittelt werden, ob **Richtigstellungen** ein geeignetes Gegenmittel bei Fake News sind. Hierzu wurden die *Twitter*-Daten von allen Accounts herangezogen, die zu einem bestimmten Thema etwas geschrieben hatten. Die Tweets mit Fake News wurden rot und die Tweets mit Richtigstellungen wurden blau markiert. Zusätzlich wurden die Accounts in Abb. 4.7 so zueinander angeordnet, dass sie

## 4 Algorithmenbasierte Demagogie

Aufschluss über die Vernetzungsdichte geben. Sobald sich zwei Accounts gegenseitig und/oder denselben Leuten folgen oder ihnen von denselben Leuten gefolgt wird, sind sie nah beieinander positioniert. Die Nähe der Punkte signalisiert folglich die Intensität der Vernetzung. Durch die Größe der Punkte wird die Anzahl der Follower ausgedrückt (vgl. Abb. 4.7).

Im Ergebnis zeigen sich statt eines großen, intensiv miteinander verwobenen Netzwerks zwei fast komplett voneinander **getrennte Netze**. Diese Trennung wird sowohl durch die Farben wie auch durch die Anordnung der Accounts zueinander sichtbar. Auf der linken Seite in Abb. 4.7 ist eine weit gestreute, **blaue Wolke** zu erkennen, die nach links außen zerläuft. Die relativ dicht beieinander stehenden großen blauen Punkte beinhalten u. a. Massenmedien wie *Spiegel Online*, *Zeit Online* und *Tagesschau*. Diese blaue Wolke umfasst alle Accounts, die eine **Richtigstellung** veröffentlicht oder retweetet haben.

Dagegen sehen wir auf der rechten Seite in Abb. 4.7 eine viel stärker konzentrierte, allerdings auch deutlich kleinere **rote Wolke**. Hier liegen die einzelnen Accounts viel enger zusammen; dies sind die **Fake-News-Verbreiter**. Es zeigt sich, dass diese nicht nur sehr viel intensiver vernetzt, sondern von der „Wahrheits-Wolke" vernetzungstechnisch fast komplett abgeschnitten sind. Damit wird der **digitale Tribalismus** sichtbar: Es findet praktisch keinerlei Austausch zwischen Personen mit unterschiedlichen Meinungen statt – Wahrheit und Lüge bestehen in deutlich getrennten Welten nebeneinander. So wird auch leichter verständlich, dass jede Gruppe dazu tendiert, bei der „eigenen" Wahrheit zu bleiben. In Summe wurden folgende

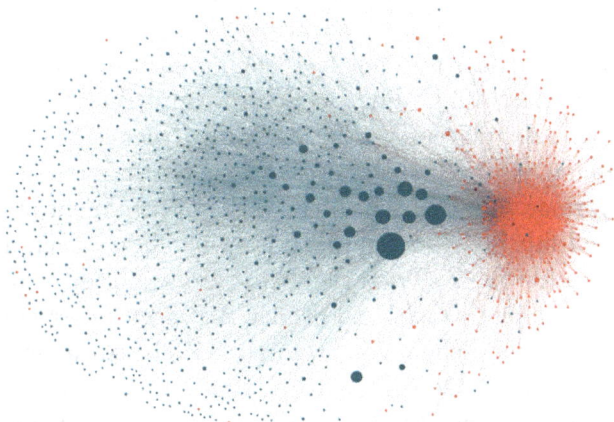

**Abb. 4.7** Verbreitung von Fake News und Richtigstellungen bei *Twitter*. (Quelle: Seemann und Kreil 2017)

Erkenntnisse zum **digitalen Tribalismus** herausgearbeitet (vgl. Seemann und Kreil 2017):

- Die Gruppen der Personen, die zu einer Richtigstellung von falschen Nachrichten beitragen („**Richtigsteller**"), sind nicht nur größer, sondern auch viel breiter gestreut. Diese Gruppe schließt auch die Massenmedien ein.
- Die **Fake-News-Gruppen** sind dagegen sehr viel enger vernetzt und kleiner. Ihr Wirkungsbereich ist sehr viel konzentrierter.
- Die **Echo-Kammer** der Richtigsteller-Gruppe ist gegenüber der Fake-News-Gruppe wesentlich undurchlässiger. Das bedeutet, dass bei den Richtigstellern ein gewisser **Meinungspluralismus** Bestand haben kann – sprich: Abweichende Meinungen werden toleriert. Dagegen wirken Fake-News-Gruppen thematisch deutlich fokussierter als die der Richtigsteller.

Angesichts dieser Ergebnisse braucht man sich auch nicht mehr darüber zu wundern, dass über die in den sozialen Netzwerken zu findenden Nachrichten in den klassischen Nachrichten nicht berichtet wird – was zu den fürchterlichen Begriffen **Fake Media** und **Lügenpresse** führt. Weil die Nutzer in den sozialen Medien ggf. nur einseitig „beschallt" werden und dort geteilte Inhalte oft selbst Fakes darstellen, ist es nicht verwunderlich, dass über diese in den Qualitätsmedien nicht berichtet wird – schließlich sind die Meldungen oft frei erfunden. Allerdings verstärken sich so die negativen und manipulativen Entwicklungen gegenseitig – und die **Mitglieder der digitalen Tribes** fühlen sich in ihrem Unverstandensein bestätigt.

Das Risiko, von Fake News in die Irre geführt zu werden, ist deshalb so groß, weil manche Länder und teilweise auch politische Parteien sogenannte Trollfabriken einsetzen. Im Online-Bereich wird eine Person als **Troll** bezeichnet, die durch ihre Beiträge andere Diskussionspartner emotional provozieren und/oder einseitig informieren bzw. manipulieren möchte. An einem substanziellen Informationsaustausch ist ein Troll dagegen nicht interessiert. Mit dem Begriff **Trollfabriken** werden Organisationen bezeichnet, die alleine mit dem Ziel gegründet wurden, eine möglichst große Anzahl von emotionalen und/oder manipulativen Nachrichten oder Beiträgen unter falschen Identitäten online zu veröffentlichen. Die dominante **Zielsetzung der Kampagnen von Trollfabriken** sind **Desinformation und Propaganda**, um hierdurch Ärger zu verursachen sowie politische Ansichten und Wahlergebnisse zu beeinflussen. Es wird davon ausgegangen, dass in der sogenannten *Internet*

*Research Agency* in Sankt Petersburg ca. 1000 Personen im Auftrag des Kremls in einer solchen Trollfabrik arbeiten – 24/7. Hierbei nehmen die Angreifer häufig Scheinidentitäten an und geben sich beispielsweise als US-Amerikaner aus (vgl. Gutschker 2019, S. 6).

Kampagnen, die primär in Russland generiert wurden, zielten zum Beispiel auf die Brexit-Kampagne, auf eine einseitige Unterstützung im US-Wahlkampf 2016 sowie auf die Europawahl und die Stellung der NATO im Jahr 2019 (vgl. Köpke und Sternberg 2019). Außerdem wurde inzwischen nachgewiesen, dass im Zuge der Brexit-Kampagne Menschen mit starken Sicherheitsbedenken versprochen wurde, dass durch den Brexit der „Schutz vor Einwanderern" verstärkt würde. Dagegen wurde abenteuerlustigen Menschen der Brexit als „aufregender Neuanfang" verkauft (vgl. Mayer-Kuckuk 2019, S. 6).

Hierbei handelt es sich um eine **hybride Kriegsführung**, die von Russland schon länger verfolgt wird. Diese Strategie wurde vom russischen Generalstabschef *Walerij Gerassimow* bereits 2013 wie folgt definiert: „Politische Ziele seien nicht mehr allein mit konventioneller Feuerkraft zu erreichen, sondern durch den breitgestreuten Einsatz von Desinformationen, von politischen, ökonomischen, humanitären und anderen nichtmilitärischen Maßnahmen, die in Verbindung mit dem Protestpotenzial der Bevölkerung zum Einsatz kommen" (Gutschker 2019, S. 6).

Angesichts der damit verbundenen Bedrohungen hat der *Europäische Auswärtige Dienst* im Jahr 2015 eine Arbeitsgruppe zur **Beobachtung der von Russland gesteuerten Medien und Internetplattformen** installiert. So können die von Russland verbreiteten **Desinformationen** dokumentiert und analysiert werden. Die hier gewonnenen Ergebnisse werden täglich auf der Internetseite *euvsdisinfo.eu* veröffentlicht (vgl. EUvsDisinfo 2019). Doch wer kennt schon diese Internetseite?

Das alles geht mit einem großen Risiko einher, wie Ebenfeld und Ziems (2018, S. 22 f.) konstatieren: „Die Gefahr besteht, dass die Nutzer der sozialen Netzwerke sich in einer Blase bewegen, deren Größe und Relevanz für das eigenen Leben sie deutlich überschätzen." Gleichzeitig kann es sich jeder in seinem ganz **privat konfigurierten Medienimperium** gemütlich machen – konfiguriert nach den eigenen persönlichen Präferenzen. Damit geht ein weiteres Risiko einher: Dem **Egozentrismus** wird Vorschub geleistet, während eine überindividuelle Perspektive auf das größere Ganze, auf gesellschaftliche, politische, wirtschaftliche und ökologische Themen an Bedeutung verliert. Jeder kann sich in seiner **subjektiv präferierten Welt** einrichten – sei es beim stundenlangen Online-Gaming oder beim Medienkonsum ganzer Serien, woraus der Begriff

**Binge-Watching** entstanden ist. „Binge drinking" steht für Komasaufen, so dass Binge-Watching mit Koma-Glotzen übersetzt werden kann.

> **Denkanstoß**
>
> Wir sollten in der Lage sein, solche **digitalen Rattenfänger** zu erkennen. Das geht am besten, wenn wir uns – basierend auf verschiedenen Quellen – eine eigene Meinung gebildet haben und diese auch faktenbasiert ist.

In diesem Zusammenhang sollte uns eine Aussage des ehemaligen *Facebook*-Managers *Antonio García Martínez* zu denken geben: „Früher hatte jeder das Recht auf eine eigene Meinung. Heute beansprucht jeder für sich das Recht auf eine eigene Realität. Eine Demokratie setzt aber voraus, dass es eine Verständigung auf gemeinsame Grundwahrheiten gibt. Ohne diese Verständigung kann eine Demokratie nicht funktionieren." Dazu ergänzt die ehemalige *Facebook*-Vizepräsidentin *Chamath Palihapitiya:* „Die von uns entwickelten, Dopamin erzeugenden Feedbackschleifen zerstören funktionierende Gesellschaften: kein zivilisierter Diskurs mehr, keine Kooperation, stattdessen Falschinformation. Social Media wird in einem Maße missbraucht, wie ich dies nie für möglich gehalten hätte" (Kaes 2019, S. 5).

In diesem Zusammenhang sollten wir uns mit dem spannenden **Dunning-Kruger-Effekt** beschäftigen (vgl. Kruger und Dunning 1999). Mit diesem Begriff wird bezeichnet, dass relativ inkompetente Menschen ihr eigenes Wissen und Können überschätzen, während sie gleichzeitig die Kompetenz anderer unterschätzen. In mehreren Studien stellen die Autoren fest, dass beim Erfassen von Texten, aber auch beim Schachspielen und beim Autofahren Unwissenheit oft zu mehr Selbstvertrauen führt als Wissen. In Summe kann der Dunning-Kruger-Effekt wie folgt beschrieben werden:

- Weniger kompetente Personen neigen dazu, ihre **eigenen Fähigkeiten zu überschätzen.**
- Weniger kompetente Personen können **überlegene Fähigkeiten bei anderen nicht erkennen.**
- Weniger kompetente Personen vermögen das **Ausmaß ihrer eigenen Inkompetenz nicht zu erkennen.**
- Weniger kompetente Personen können **durch Bildung oder Übung nicht nur ihre eigene Kompetenz steigern**, sondern auch lernen, sich und **andere besser einzuschätzen.**

Hier zeigt sich auch, dass schwache Leistungen mit größerer **Selbstüberschätzung** einhergehen als stärkere Leistungen. Auf einen einfachen Nenner gebracht könnte man formulieren: Wer dumm ist, kann nicht erkennen, dass er dumm ist. Wer intelligent ist, weiß, dass er nicht alles wissen und mit seinem Teilwissen auch falsch liegen kann. Außerdem gilt: Die Fähigkeiten und das Wissen, das man benötigt, um eine gute Lösung zu finden, entsprechen auch den Fähigkeiten und dem Wissen, das man braucht, um zu erkennen, dass es eine gute Lösung ist (nach Dunning 2010).

Dieses Risiko besteht gerade auch bei den in Kap. 3 beschriebenen Nutzern, die zu regelrechten **Headline-Huntern** degenerieren und sich um den Tiefgang einer Nachricht nicht mehr kümmern (möchten). Allerdings gilt hier nicht mehr, dass gegen Dummheit kein Kraut gewachsen ist. Wir können dagegen feststellen – auch in Übereinstimmung mit den Erkenntnissen des Dunning-Kruger-Effekts:

> „Das Gegenmittel gegen Dummheit – und damit auch geistige Verführbarkeit – ist Bildung!"

Deshalb ist in diesem Kontext vor allem **der Aufbau eigener Kompetenz, eigenen Wissens, eigener Werte** wichtig. Schließlich wurde festgestellt: „Das vorhandene Wissen spielt eine Schlüsselrolle für das Lernen" (Kroeber-Riel und Gröppel-Klein 2013, S. 432).

Deshalb ist es auch im digitalen Zeitalter, in dem jede Information nur einen Mausklick und eine kleine Recherche entfernt ist, wichtig, über eigenes Wissen zu verfügen. Nur dann können neue Erkenntnisse mit vorhandenem Wissen verknüpft, abgeglichen, bewertet und kreativ weiterentwickelt werden.

Ich sage es noch einmal ganz deutlich: Ein eigener – im persönlichen Bio-Computer abgelegter – **Wissensschatz** ist auch heute noch unverzichtbar. Wie sonst sollte es gelingen, sich in dieser schnelllebigen Zeit zu orientieren und zu einem planvollen und gleichzeitig erfüllenden Leben zu kommen? Gegen eine algorithmenbasierte Demagogie hilft nur ein eigenes – möglichst differenziertes und auch mit gegensätzlichen Meinungen und Werten vertrautes – eigenes Wissen!

Allerdings werden unsere Bildung und unser Wissenserwerb im Online-Zeitalter immer wieder aufs Neue herausgefordert. Ein Grund hierfür liegt beispielsweise darin, dass heute nicht nur Texte, sondern auch Fotos und sogar Videos in perfekter Qualität gefälscht werden können. Mit der *Fake-App* kann man *Barack Obama* jedes Wort in den Mund legen, das man möchte (vgl. Kreutzer und Sirrenberg 2019, S. 253 f.). Diese erschreckende Entwicklung nennt man **Deep Fake**. Gerade in den sozialen Medien kann sie ihre unheilige Wirkung voll entfalten, weil kritische Instanzen als Gatekeeper zur

„Wahrheitskontrolle" ausfallen. *Facebook* ist daran bisher grandios gescheitert – und wird weiter daran scheitern, weil das Geschäftsmodell von der **Emotionalisierung der Nutzer** lebt. Wie schon gezeigt wurde, sind gerade polarisierende Beiträge dazu perfekt geeignet – zumindest perfekt aus Sicht von *Facebook*. Wenn *Facebook* nur noch „nette" Posts aufweisen würde, wäre die Attraktivität für die Nutzer – und für *Facebook* selbst – schnell dahin.

> **Denkanstoß**
>
> Ich bin mir nicht ganz sicher, ob *Theodor Fontane* bei seinen Statements bereits das digitale Zeitalter konkret im Blick hatte – dennoch treffen die Ausführungen heute mehr als je zu:
> „Gegen eine Dummheit, die gerade in Mode ist, kommt keine Klugheit auf."
> Aber er sagte auch:
> „Wer aufhört, Fehler zu machen, lernt nichts mehr dazu."
> Allerdings ist es hier wichtig, dass wir Fehler auch als Fehler erkennen – denn sonst lernen wir nichts dazu und können unser Verhalten nicht ändern.

## Literatur

Block, H., & Riesewieck, M. (2018). *The cleaners*. http://www.thecleaners-film.de/. Zugegriffen am 02.08.2019.

CHT. (2019). *About us*. https://humanetech.com/about-us/. Zugegriffen am 07.08.2019.

Costa, P. T., & McCrae, R. R. (1985). *The NEO personality inventory: Manual, form S and form R*. Odessa: Psychological Assessment Resources.

Das Gupta, O. (2019). *Maßnahme gegen Hass-Kommentare: Österreich bekommt „digitales Vermummungsverbot"*. https://www.sueddeutsche.de/digital/oesterreich-massnahme-gegen-hass-kommentare-im-netz-1.4400029. Zugegriffen am 31.07.2019.

Diehl, J., Lehberger, R., Müller, A.-K., & Seibt, P. (27. April 2019). Die rechte Welle surfen. *Der Spiegel*, S. 18–19.

Dunning, D. (2010). *The anosognosic's dilemma: Something's wrong but you'll never know what it is (Part 1)*. Interview mit Morris, E. https://opinionator.blogs.nytimes.com/2010/06/20/the-anosognosics-dilemma-1/. Zugegriffen am 01.08.2019.

Ebenfeld, T., & Ziems, D. (2018). *Influencer – die neue Macht im Marketing*. Köln/Berlin: insights +strategies publishing.

EU. (2018). *EU-Verhaltenskodex zur Bekämpfung von Desinformation*, Brüssel. http://europa.eu/rapid/press-release_STATEMENT-19-2174_de.pdf. Zugegriffen am 29.08.2019.

EuGH. (2019). *Pressemitteilung Nr. 99/19, Urteil in der Rechtssache C-40/17, Fashion ID GmbH & Co. KG/Verbraucherzentrale NRW eV, Luxemburg, 29. Juli 2019*. http://docs.dpaq.de/15155-cp190099de.pdf. Zugegriffen am 29.08.2019.

EUvsDisinfo. (2019). *News and analysis.* https://euvsdisinfo.eu/. Zugegriffen am 13.08.2019.
Groschupf, J. (2019). *Berlin Prepper.* Berlin: Suhrkamp.
Gutschker, T. (27. Januar 2019). Angriff auf die Europawahl? *Frankfurter Allgemeine Sonntagszeitung,* S. 6.
Hacke, A. (2018). *Über den Anstand in schwierigen Zeiten und die Frage, wie wir miteinander umgehen* (5. Aufl.). München: Goldmann.
HateAid. (2019). *Über uns: Ziele.* https://hateaid.org/ziele-hateaid/. Zugegriffen am 09.08.2019.
Hill, K. (2014). *Facebook manipulated 689,003 users' emotions for science.* https://www.forbes.com/sites/kashmirhill/2014/06/28/facebook-manipulated-689003-users-emotions-for-science/#2017b0f4197c. Zugegriffen am 08.07.2019.
Iaconesi, S., & Persico, O. (2017). *Constrained cities: Filter bubbles in the physical space of the city.* http://www.artisopensource.net/2017/06/20/constrained-cities-filter-bubbles-in-the-physical-space-of-the-city/. Zugegriffen am 13.08.2019.
Kaes, W. (6./7. April 2019). Digitale Drecksarbeit. *General Anzeiger,* S. 5.
Köpke, J., & Sternberg, J. (2019). *Wegen russischer Trolle: EU-Justizkommissarin Vera Jourová warnt vor Manipulation der Europawahl.* https://www.haz.de/Nachrichten/Politik/Deutschland-Welt/Europawahl-EU-Justizkommissarin-Vera-Jourova-warnt-vor-Wahlmanipulation. Zugegriffen am 29.07.2019.
Kreutzer, R. T. (2018). *Praxisorientiertes Online-Marketing. Konzepte – Instrumente – Checklisten* (3. Aufl.). Wiesbaden: Springer Gabler.
Kreutzer, R. T., & Land, K.-H. (2016). *Digitaler Darwinismus. Der stille Angriff auf Ihr Geschäftsmodell und Ihre Marke* (2. Aufl.). Wiesbaden: Springer Gabler.
Kreutzer, R. T., & Sirrenberg, M. (2019). *Künstliche Intelligenz verstehen. Grundlagen – Use-Cases – unternehmenseigene KI-Journey.* Wiesbaden: Springer Gabler.
Kroeber-Riel, W., & Gröppel-Klein, A. (2013). *Konsumentenverhalten* (10. Aufl.). München: Vahlen.
Kruger, J., & Dunning, D. (1999). Unskilled and unaware of it: How difficulties in recognizing one's own incompetence lead to inflated self-assessments. *Journal of Personality and Social Psychologie, 77*(6), 1121–1134.
Lobe, A. (3. Februar 2019). Gebaute Filterblasen.: *Frankfurter Allgemeine Sonntagszeitung,* S. 39.
Mayer-Kuckuk, F. (30. Juli 2019). Webseiten müssen wegen Like-Buttons fragen. *General Anzeiger,* S. 6.
Mayntz, G. (18. Juni 2019a). Online-Netzwerke: Wirkung überschätzt. *General Anzeiger,* S. 4.
Mayntz, G. (14. Mai 2019b). Die Grenzen des Sagbaren verschieben sich. *General Anzeiger,* S. 3.
NetzDG. (2017). *Gesetz zur Verbesserung der Rechtsdurchsetzung in sozialen Netzwerken (Netzwerkdurchsetzungsgesetz).* https://www.gesetze-im-internet.de/netzdg/BJNR335210017.html. Zugegriffen am 23.07.2019.

Newton, C. (2018). *Google's new focus on well-being started five years ago with this presentation*. https://www.theverge.com/2018/5/10/17333574/google-android-p-update-tristan-harris-design-ethics. Zugegriffen am 02.08.2019.

Pariser, E. (2011). *Filter bubble: How the new personalized web is changing what we read and how we think*. New York: Penguin Books.

Pokorny, S. (2019). *Der Einfluss der Facebook-Nutzung auf die Sprach- und Streitkultur*. www.kas.de. Zugegriffen am 18.06.2019.

Pörksen, B. (2018). *Medienwissenschaftler Bernhard Pörksen: „Die Grenzen des Sagbaren verschieben sich"*. https://www.suedkurier.de/ueberregional/kultur/Medienwissenschaftler-Bernhard-Poerksen-Die-Grenzen-des-Sagbaren-verschieben-sich;art10399,9647236. Zugegriffen am 01.08.2019.

Rahwan, I. (15. Juni 2019). Unwissen macht uns manipulierbar. *Der Spiegel*, S. 102–104.

Rathi, R. (2019). *Effect of Cambridge Analytica's Facebook ads on the 2016 US Presidential Election*. https://towardsdatascience.com/effect-of-cambridge-analyticas-facebook-ads-on-the-2016-us-presidential-election-dacb5462155d. Zugegriffen am 08.07.2019.

Schweiger, W. (2017). *Der (des)informierte Bürger im Netz. Wie soziale Medien die Meinungsbildung verändern*. Wiesbaden: Springer.

Seemann, M., & Kreil, M. (2017). *Digitaler Tribalismus und Fake News*. http://www.ctrl-verlust.net/digitaler-tribalismus-und-fake-news/. Zugegriffen am 01.08.2019.

Sumpter, D. (2018). *Outnumbered: From Facebook and Google to fake news and filterbubbles – The algorithms that control our lives*. London: Bloomsbury Sigma.

Van Lijnden, C. (3. Juli 2019). Die Filterblase zum Platzen bringen. *Frankfurter Allgemeine Zeitung*, S. 1.

Willnow, S. (2019). *Verfassungsschutz-Symposium: Die Verschiebung des Sagbaren*. https://twnews.de/de-news/verfassungsschutz-symposium-die-verschiebung-des-sagbaren. Zugegriffen am 01.08.2019.

Yao, M. (2017). *Chihuahua or muffin? My search for the best n API*. https://medium.freecodecamp.org/chihuahua-or-muffin-my-search-for-the-best-computer-vision-api-cbda4d6b425d. Zugegriffen am 03.07.2018.

# 5

# Einfluss von Smartphone, Social Media & Co. auf die physische und psychische Gesundheit

*Neulich am Flughafen in Berlin-Tegel: Ich steige in den Bus Richtung Jakob-Kaiser-Platz. Nach mir steigt eine junge Dame ein, die gleich ihr Smartphone herausholt. Wie bald der ganze Bus weiß, heißt die Dame „Karen". Karen ruft zunächst Julian an und fragt, ob er heute Abend Zeit für sie hätte. Hat er aber nicht. Und der ganze Bus hört mit. Als Nächstes wird Alex angerufen – aber leider hat auch Alex keine Zeit für Karen. Das weiß jetzt auch der ganz Bus. Bei Malte hat Karen schließlich mehr Glück – Malte hat Zeit für Karen. Der gesamte Bus „wiehert" inzwischen – und freut sich mit Karen, dass sie für den Abend doch noch einen Lover gefunden hat.*

*Eine andere Geschichte habe ich vor Kurzem in der Innenstadt von Kopenhagen erlebt. Dort war ich mit meiner dänischen Brieffreundin Anne unterwegs, mit der ich seit meinem 14. Lebensjahr freundschaftlich verbunden bin. Auf einer Freitreppe saß eine junge Frau und telefonierte mit sehr lauter Stimme. Auf meine Frage, was denn das Thema dieses engagierten Dialogs sei, erfuhr ich Folgendes: Die junge Frau informierte gerade ihren Freund, der sich vor Kurzem von ihr getrennt hatte, dass sie von ihm schwanger sei. Und die ganze Welt hörte mit.*

Mit Sicherheit haben auch Sie schon einmal erlebt, dass Menschen am Handy andere – gewollt oder unbewusst oder schlicht ignorant – an ihrem Schicksal teilhaben lassen. Am besten geht das übrigens, wenn hierzu *Facetime* genutzt wird. Dann wird das Telefon auf Lautsprecher gestellt und vor das Gesicht gehalten. Mit solchen Gesprächen wird so gerne einmal der gesamten Wartebereich am Flughafen oder in der Lounge der *Deutschen Bahn* beschallt.

Bei Telefonaten im Flugzeug oder im Zug werden am Handy gerne auch einmal **Unternehmensinterna** ausgeplaudert. Es wird munter über Kollegen,

Vorgesetzte und Kunden gelästert – häufig sogar mit eindeutigen und damit zuordenbaren Namen. Gerne lauschen wir auch dem Vorgesetzten, der seiner Sekretärin einen Brief diktiert – und können gute Rückschlüsse auf die Kultur in diesem konkreten Unternehmen ziehen.

Solche Vorgehensweisen – die immer „normaler" zu werden scheinen – weisen nicht nur ein hohes **Belästigungsniveau** auf und stören damit das Wohlbefinden anderer. Sie können auch konkrete **Rechtsverstöße** zum Inhalt haben. Schließlich sind hier zum einen Fragen des **Datenschutzes** tangiert, weil ggf. Informationen in die Öffentlichkeit gelangen, zu deren Schutz man sich vertraglich verpflichtet hat. Zum anderen kann sogar der Tatbestand von § 203 (1) StGB erfüllt sein – die **Verletzung von Privatgeheimnissen**. Denn wer unbefugt ein fremdes Geheimnis offenbart, das ihm anvertraut oder in anderer Form bekannt gegeben wurde, kann mit Freiheitsstrafe bis zu einem Jahr oder mit Geldstrafe belegt werden.

> **Denkanstoß**
>
> Das laute Telefonieren in der Öffentlichkeit stellt eine akustische Umweltverschmutzung dar. Aber wir können jeden Tag darüber entscheiden, ob wir zu dieser Art von Umweltverschmutzung beitragen möchten oder nicht.

In tiefenpsychologischen Untersuchungen wurde herausgearbeitet, dass die digitale Vielfalt in vielen Bereichen mit einer **Überforderung durch Entgrenzung** einhergeht (vgl. Ebenfeld und Ziems 2018, S. 21). In vielen Lebensbereichen fühlen sich die Mediennutzer einer **Überfülle des Angebots** ausgeliefert. Viele Online-Formate sind sogar so gestaltet, dass sie kein Ende kennen: Denken Sie hier an die Newsfeeds von *Instagram*, *Facebook* und *LinkedIn* – hier können Sie das Scrollen endlos fortsetzen und werden immerzu auf weitere Inhalte stoßen. Aber auch bei *Maxdome*, *Netflix*, *Spotify* & Co. gibt es eine überwältigende Angebotsfülle, die ausreicht, uns jahrelang nonstop mit Filmen und Musik zu unterhalten.

Welche Dimensionen hat diese **Entgrenzung auf der Angebotsseite** heute bereits angenommen? Wer bei *Google* nach „Druckerkartuschen *Brother*" sucht, erhält 2,7 Millionen Treffer. Wer nach „spannenden Krimiserien" sucht, dem werden 211.000 Suchergebnisse angeboten. Wer eher politisch interessiert ist und „Vor- und Nachteile Brexit" in die Suchmaske eingibt, erhält 270.000 Ergebnisse. Wer am Auf und Ab der *Deutschen Bank* interessiert ist und „*Deutsche Bank*" als Suchbegriff nutzt, erhält gleich 455 Millionen Treffer. Das wird allerdings noch getoppt durch den Begriff „Sex Fotos", der zu 617 Millionen Treffern führt; beim englischen Suchbegriff „Sex Pictures" sind es sogar 5,75 Milliarden Resultate.

Zusätzlich haben wir beispielsweise als *Apple-Music-*, *Amazon-Music-* oder als *Spotify*-Abonnent Zugriff auf über 50 Millionen Songs. *Maxdome* bietet uns einen 24/7-Zugang zu 50.000 Filmen, Serienfolgen, Dokumentationen und Kindersendungen an. Gleichzeitig könnten wir uns 24/7 über alle möglichen und unmöglichen politischen, wirtschaftlichen, gesellschaftlichen und kulturellen Begebenheiten informieren. Allerdings stehen diese Inhalte im direkten Wettbewerb zu den neuesten Memes und GIFs und natürlich auch zu den vielen gerade hochgeladenen Katzenvideos, die um unsere Aufmerksamkeit kämpfen.

Bei vielen analogen Medien wurde uns bisher der Wechsel von einem Kanal zum anderen erschwert, denn es waren damit sogenannte **Wechselkosten** verbunden. Wer in der analogen Welt eine andere Musik hören wollte, musste beispielsweise andere CDs kaufen. Wer etwas anderes lesen wollte, musste neue Bücher, Zeitungen und Zeitschriften kaufen. Bei Online-Medien gibt es häufig keine Wechselkosten, wenn wir sowohl beim Internetzugang als auch beim Zugriff auf *Spotify* & Co. eine Flatrate abgeschlossen haben: ein **Pauschaltarif für den Zugriff auf alles**!

Wir sehen uns als Nutzer mit einer Vielzahl der schon in Kap. 1 beschriebenen Trade-offs konfrontiert, die von uns permanent neue **Kosten-Nutzen-Abwägungen** der unterschiedlichsten Handlungsalternativen verlangen. Schließlich müssen wir – in Ergänzung zur Nutzung von Smartphone, Social Media & Co. – ab und zu auch einmal essen (funktioniert allerdings auch parallel zur Online-Nutzung), schlafen (schon schwieriger) sowie lernen und arbeiten (hier oft auch parallel zur Online-Nutzung).

Die **Abwehr dieser „never ending" 24/7-Angebote** verlangt von den Nutzern viel Kraft und kann deshalb als belastend empfunden werden. Gleichzeitig kann die **Instant-Erfüllung aller möglichen und unmöglichen (digitalen) Wünsche** zu einem **Gefühl der Übersättigung** führen – schließlich ist (fast) alles 24/7 möglich (vgl. Ebenfeld und Ziems 2018, S. 21, 23).

> **Denkanstoß**
>
> Der intensive oder extensive Konsum analoger und digitaler Informationen stellt einen gigantischen **Energiefresser** sowie einen großen **Zeitfresser** dar.
>
> Wir sollten uns darum bemühen, unsere Zeit für das einzusetzen, was **für uns** wichtig ist – und uns hier vielleicht etwas weniger verführen lassen.

Die große Angebotsvielfalt geht mit einer **Vielfalt an möglichen Orientierungsankern** einher:

- An welchen **Institutionen** können wir uns orientieren?
- Welchen **Meinungsführern** können wir glauben, wenn es (wenige) Wissenschaftler gibt, die den Klimawandel abstreiten, während er von anderen Wissenschaftlern als bereits eingetreten angesehen wird?
- Welche **Apfelsaftsorte** sollten wir kaufen, wenn es zu jeder ellenlange Vor- und Nachteilsbeschreibungen gibt?
- Welches **Fleisch** wird unseren spezifischen Anforderungen an Tierwohl noch gerecht?
- Welche **Musik** sollten wir hören, wenn die Musik der ganzen Welt auf Knopfdruck zur Verfügung steht?
- Welche **Bilder** sollten wir anschauen, wenn sekündlich Hunderttausende neu hochgeladen werden?
- Welche **Filme** sollen wir schauen, wenn Tausende abrufbereit vorliegen und jede Minute Hunderte von Video-Stunden neu hochgeladen werden?
- Welchen **Tutorials** sollten wir vertrauen, um unser Wissen über Ernährung, Marketing, KI, Geldanlage, Unternehmenssteuern und Controlling zu erweitern?
- Und ja, wir könnten uns auch fragen, welche **Bücher**, **Zeitungen** und **Zeitschriften** es sich zu lesen lohnen – on- wie offline.

Zusätzlich möchten uns Menschen durch die abstrusesten **Verschwörungstheorien** den Geist vernebeln. Allein zum Thema „Chemtrail" liefert *Google* 1,4 Millionen Treffer. Wer nach „Unidentified Flying Object" (UFO) sucht, wird mit mehr als 10 Millionen Fundstellen beglückt – viele davon beziehen sich auf vermeintliche Beobachtungen solcher Objekte.

Zusätzlich fordert uns das digitale Zeitalter durch die **Entgrenzung von Freizeit und Arbeitszeit** heraus: Durch die permanente Zugriffsmöglichkeit auf die sozialen Medien und die Vernetzung per E-Mail, *WhatsApp* & Co. können wir auch während der Arbeitszeit immer wieder einmal den Freizeitmodus wählen und privaten Interessen nachgehen. Gleichzeitig sprudeln die Online-Kanäle auch dann munter weiter, wenn wir – eigentlich – im Feierabend sind oder ein Wochenende (arbeitsfrei) genießen können. Hier dringt der Arbeitsmodus immer wieder und bei vielen immer stärker in die Freizeit ein.

Ich bin ein regelmäßiger Saunanutzer. In der **Sauna** kann ich nicht nur wunderbar entspannen, sondern in der Wärme und Stille der Saunakabine bin ich auch in höchstem Maße kreativ. Viele tolle Ideen für Vorlesungen,

Vorträge, Präsentationen und Publikationen sind dort entstanden. Jetzt stelle ich fest, dass in immer mehr Saunakabinen Musik eingespielt wird – und zwar nicht nur Entspannungsmusik (was für mich persönlich schon schlimm genug ist), sondern auch Musiktitel mit Text. Wenn die frühere **Oase der Ruhe** jetzt auch noch beschallt wird, kann ich mich nur noch schwer oder gar nicht mehr entspannen.

Liegt dieser Trend zur „Ruhestörung in der Sauna" daran, dass sich viele Menschen immer weniger in der Lage fühlen, sich selbst bzw. die Ruhe „auszuhalten" und ihren eigenen Gedanken nachzugehen – weil dann innere Dialoge beginnen? Gerade auf diese gilt es doch zu hören – aber manche scheinen davor auch regelrecht Angst zu haben. Deshalb wird schnell die nächste Ablenkung gesucht – und sei es Musik oder Gespräche in der Sauna. Hierbei wird jede Möglichkeit, etwas zu sagen, gerne genutzt. Sagt der Saunameister auch nur kurz etwas – sofort greifen viele Sauna-Gäste die Möglichkeit auf und geben etwas zum Besten!

> **Denkanstoß**
>
> Wir könnten – zumindest hin und wieder – in einen **internen Dialog** mit uns selbst treten, auf unsere innere Stimme hören und unsere eigene Befindlichkeit erspüren – ganz ohne Apps, Fitness-Tracker und Zeitstress.
> Allerdings setzt dies eine bewusste Entscheidung und damit den notwendigen Willen hierzu voraus.

In einem zunehmend komplexer werdenden Umfeld streben viele Menschen eine **perfektionierte Alltagsgestaltung** an, an deren Erreichung man – aufgrund der Vielzahl der Optionen – fast zwangsläufig scheitern muss. Beim Streben nach einer möglichst effizienten Alltagsgestaltung „helfen" uns allerdings unzählige **To-do-Apps**, die auf kreative Pausen, notwendige Yoga-Übungen, Schlafenszeiten sowie auf Trink- und Ess-Notwendigkeiten hinweisen. Gleichzeitig können wir uns durch eine Vielzahl von **Check-Apps** „unterstützen" lassen. Diese überwachen, ob wir ausreichend viel gelaufen sind, ob unsere „Schlaf-Performance" überzeugt und ob unser Herz keine Anzeichen von Arrhythmika – also von Herzrhythmusstörungen – aufweist.

Gleichzeitig werden wir „dank" unzähliger installierter **Alerts** permanent darauf hingewiesen, dass unser *LinkedIn*-Beitrag kommentiert wurde, eine neue *Facebook*-Freundschaftsanfrage vorliegt oder im World Wide Web jemand zum Namen „*Kreutzer*" etwas kommuniziert hat (über *Google Alert* angefordert). Und natürlich leuchtet unser Handy-Bildschirm bei jeder neuen Nachricht auf – aus welchem Kanal auch immer „geschossen" wird. Dies alles soll uns bei der **Selbstoptimierung** helfen, führt uns aufgrund menschlicher Schwächen aber eher unsere Unzulänglichkeiten vor Augen – uns und allen anderen, mit denen wir unser Leben auf einer Vielzahl von Plattformen teilen (vgl. Ebenfeld und Ziems 2018, S. 21).

Teilweise ist hier schon eine **Gegenbewegung** auszumachen: „Der psychologische Ausweg ist der eines Sich-Festfahrens und Kreiselns in einem medialen Tunnel mit den gleichen Contents und Angeboten" (Ebenfeld und Ziems 2018, S. 29). Das bedeutet, dass die Nutzer auf das unendliche Angebot durch eine Reduktion auf wenige Kanäle reagieren, um informatorisch nicht „abzusaufen". Auf die Vielfalt wird folglich teilweise bereits mit **Selbstbeschränkung** reagiert. Allerdings können sich mit einer Beschränkung auf wenige Kanäle gleichzeitig die negativen Effekte verstärken, die in diesem Werk mit den Begriffen der **Echo-Kammern** in Kap. 4 bereits diskutiert wurden.

Die spannende Frage lautet jetzt: In welchem Ausmaß sind sich die Menschen der **Gefahren** bewusst, die mit einem sehr **intensiven Gebrauch von Smartphone, Social Media & Co.** einhergehen? In einer Studie der American Psychological Association (2017, S. 4, 7) wurden 3511 Probanden in den USA befragt, in welchem Ausmaß sie der folgenden Aussage zustimmen: „Ich mache mir Sorgen um die negativen Effekte der sozialen Medien auf meine physische und meine mentale Gesundheit." Das Ergebnis dieser Befragung zeigt Abb. 5.1.

Es zeigt sich ein interessantes Ergebnis. Obgleich sich die Millennials (hier in der Altersspanne von 18 bis 37 Jahren) beim Umgang mit den sozialen Medien sehr wohl fühlen, macht sich fast die Hälfte dieser Zielgruppe darüber Gedanken, welche **Auswirkungen die Social-Media-Nutzung auf die physische und mentale Gesundheit** hat. Dies kommt nicht von ungefähr: Schließlich berichten die Millennials auch über den höchsten mit den sozialen Medien einhergehenden Stresslevel. Mit der Abnahme der Social-Media-Nutzung in den

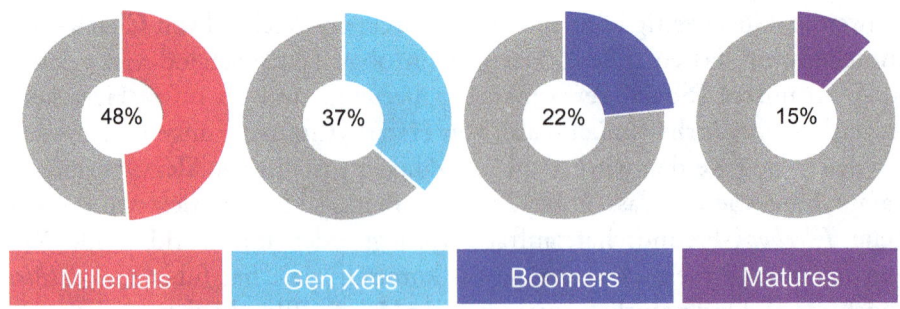

**Abb. 5.1** Gesundheitliche Effekte der Social-Media-Nutzung. (Quelle: Nach American Psychological Association 2017, S. 4)

anderen Generationen nimmt nicht nur der Stresslevel ab, sondern auch die Befürchtung, durch die Beschäftigung mit den sozialen Medien gesundheitliche Beeinträchtigungen zu erleiden. Bei den Generationen X (Alter von 38 bis 51 Jahre), Baby Boomers (52 bis 70 Jahre) und Matures (71 Jahre und älter) fallen nicht nur die Nutzungsintensitäten, sondern auch die befürchteten negativen Auswirkungen auf die Gesundheit deutlich niedriger aus (vgl. Abb. 5.1).

Tatsächlich sollte sich jeder intensive Nutzer von mobilen Devices um seine **körperliche Gesundheit** Gedanken machen. In Abb. 5.2 ist auf ironische Weise dargestellt, welche Auswirkungen eine zu intensive Nutzung mit sich bringt. Die abnormale Körperhaltung beim dauernden Fokussieren eines Smartphones führt zum sogenannten **Smartphone-Hunchback** (Smartphone-Buckel) bzw. zum **Text-Neck** (**Handy-Nacken**).

Eine intensive Nutzung des Smartphones hat tatsächlich einen anhaltenden **Effekt auf die Körperhaltung**. Der Grund dafür ist die hohe **Gewichtsbelastung**, die mit einem nach vorne gebeugten Kopf einhergeht (vgl. Abb. 5.3). Wenn Sie sich fragen, warum das Zeitunglesen der Vergangenheit trotz einer ähnlichen Kopfhaltung nicht zu ähnlichen Effekten geführt hat: Das liegt an der Intensität der Smartphone-Nutzung. Viele Menschen verzichten ja selbst beim Treppensteigen oder beim Laufen auf dem Bürgersteig nicht darauf, die neuesten Erkenntnisse zeitnah zu gewinnen (Stichwort

**Abb. 5.2** Verändertes Laufverhalten führt zum Smartphone-Buckel. (Quelle: Everyday Ambassador 2019)

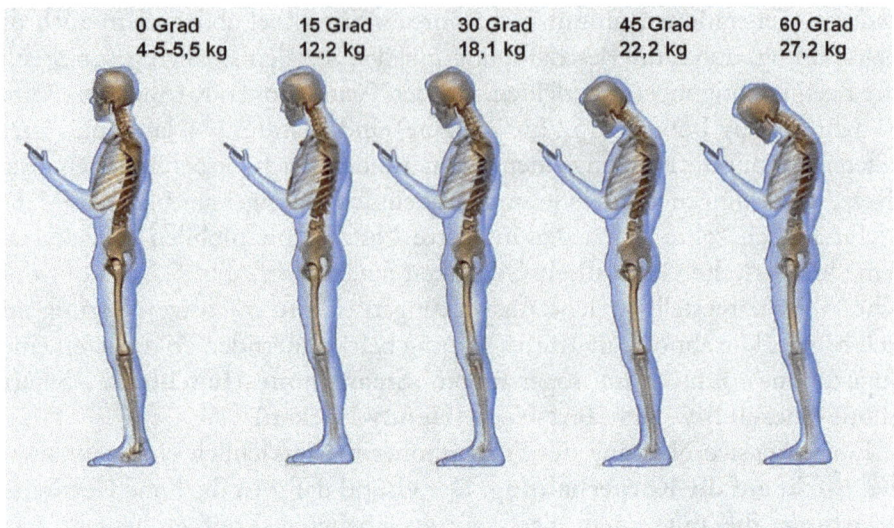

**Abb. 5.3** Smartphone-Hunchback – Smartphone-Buckel. (Quelle: Everyday Ambassador 2019)

FOMO-Effekt in Kap. 2). Auf Treppen bzw. auf Bürgersteigen habe ich zumindest noch niemanden zeitunglesend und gleichzeitig laufend angetroffen (vgl. weiterführend Telegraph 2015).

*In Bonn gehen zwei junge Männer bei Rot über eine stark befahrene Straße. Hinter ihnen läuft eine junge Frau – den Blick starr auf das Handy gerichtet. Als ich hupe, schaut sie kurz auf und erschrickt, weil sie erst jetzt registriert, dass die Fußgängerampel rot ist.*

*Bei einem weniger aufmerksamen Fahrer …*

In Köln, Augsburg und Karlsruhe wurden 2016 in den Bürgersteig eingelassene **Bodenampeln** als zusätzliches Warn-Element getestet (vgl. Abb. 5.4). Hierdurch sollten nicht nur Rotläufer gestoppt, sondern auch Smartphone-Nutzer auf Gefahren aufmerksam gemacht werden. Eine **nachhaltige Auswirkung auf das Verhalten** konnte allerdings nicht festgestellt werden. Aufgrund der Reizüberflutung wäre für die Smartphone-Nutzer eine direkte Rückmeldung auf das Gerät sinnvoll – etwa eine Textnachricht, die zum Stehenbleiben auffordert (vgl. Przybilla 2018).

Vielleicht sollten wir deshalb besser von China lernen, wo es für dieses Problem eine andere Lösung gibt?! Dort werden für die Zielgruppe der sogenannten **Smartphone-Zombies** (Smombies) teilweise spezielle **Gehspuren auf Bürgersteigen** eingerichtet, um eine möglichst ungefährdete Nutzung zu ermöglichen und Zusammenstöße mit anderen Verkehrsteilnehmern zu

## 5 Einfluss von Smartphone, Social Media & Co. auf die physische …

**Abb. 5.4** Bodenampeln als Warnsignal für Rotgänger und Smartphone-Nutzer. (Quelle: Przybilla 2018)

vermeiden. So können beispielsweise in Xian Fußgänger zwischen einer normalen Gehspur und einer Gehspur wählen, die für Intensivnutzer von mobilen Geräten reserviert ist (vgl. Abb. 5.5; vgl. auch Ankenbrand 2019, S. 22).

> **Denkanstoß**
>
> Wie erfolgreich solche Konzepte sind, wird sich zeigen. Meine Empfehlung wäre eher, die Menschen aus ihrer Abhängigkeit zu befreien und sie wieder dazu zu befähigen, zumindest beim Laufen auf die Smartphone-Nutzung zu verzichten.
> Es könnte ja durchaus auch interessanter sein, die Aufmerksamkeit auf das zu lenken, was gerade in der analogen Welt passiert – und nicht im Cyberspace.

Die ständige Smartphone-Nutzung hat nicht nur Auswirkungen auf die Körperhaltung, sondern auch auf die Bewegungsintensität. Mediziner raten dazu, den vielfach festzustellenden **Bewegungsmangel** zu überwinden. Schulkinder sitzen heute häufig 8,5 Stunden pro Tag – beim Frühstück, bei der Fahrt in die Schule, im Unterricht, in der Pause (bei der Handynutzung), bei den Hausaufgaben sowie beim nachmittäglichen oder abendlichen Serien-Schauen am Laptop. Allerdings ist der Mensch für so lange Sitzphasen nicht geschaffen. Eine einseitige Haltung sowie der Bewegungsmangel führen zu Beschwerden – schon bei Kindern! In der Folge leiden Kinder nicht nur an **Übergewicht**, sondern auch beispielsweise an Osteoporose. **Osteoporose** (umgangssprachlich auch Knochenschwund) war bisher eine häufige Alterserkrankung des Knochens, die ihn dünner und poröser und somit anfällig für Brüche macht.

**Abb. 5.5** Spezielle Gehspuren auf Bürgersteigen für Smartphone-Nutzer in China. (Quelle: Tian 2018)

„Da wächst eine Generation heran, die hat schon mit 40 Jahren die Probleme, die heute Sechzig- oder Siebzigjährige haben" (Rauch 2019, S. 15).

> **Denkanstoß**
>
> Die Therapie gegen solche Entwicklungen wäre so einfach: Mehr Bewegung – idealerweise an der frischen Luft. Und zwar für Jung und Alt!

Die *Global Mobile Consumer Survey* von Deloitte (2019, S. 40) liefert spannende Informationen zur **Intensität der Smartphone-Nutzung in Deutschland**. 9 % der 2000 Befragten sagen, dass sie ihr Smartphone definitiv zu viel nutzen (vgl. Abb. 5.6). Weitere 24 % stellen fest, dass sie das Smartphone wahrscheinlich zu viel nutzen. Weitere 36 % setzen ihr Smartphone viel, aber nach eigener Einschätzung wohl nicht zu viel ein. Der Prozentsatz aller drei Antwortkategorien hat von 2017 auf 2018 zugenommen – in der Kategorie „nutze definitiv zu viel" sogar um 50 %.

Es wird sichtbar: Die **Share of Time der Smartphone-Nutzung** bewegt sich bereits in kritischen Bereichen. Dies wird vor allem sichtbar, wenn man sich die Werte für die Altersgruppe von 18 bis 24 Jahren speziell anschaut. Hier sagen sogar 67 %, dass sie ihr Smartphone zu viel nutzen (vgl. Deloitte 2019, S. 40).

Die **Auswirkungen einer solch intensiven Smartphone-Nutzung** zeigt Abb. 5.7 – jeweils wahrgenommen durch die Nutzer selbst. 21 % fühlen sich

## 5 Einfluss von Smartphone, Social Media & Co. auf die physische …

durch das Smartphone bei anderen Aufgaben abgelenkt. 14 % fühlen einen regelrechten Zwang, dauernd auf das Smartphone zu schauen.

In der Altersgruppe von 18 bis 24 Jahren liegen diese Werte teilweise signifikant höher (vgl. Deloitte 2019, S. 41): Hier fühlen sich 43 % durch das Smartphone von anderen Aufgaben abgelenkt. 32 % haben das Gefühl, dauernd auf ihr Smartphone schauen zu müssen. Das ist fast jeder Dritte dieser Altersgruppe!

Hier sieht man die verheerenden Auswirkungen, die **Addiction by Design** gerade auf junge Menschen hat (vgl. Kap. 2). Ein Umdenken ist bei der Intensität der Nutzung momentan noch nicht zu erwarten.

Die korrespondierende Studie von *Deloitte* aus dem Jahr 2017 zeigt, dass fast 40 % der in Deutschland befragten Smartphone-Nutzer in der **ersten**

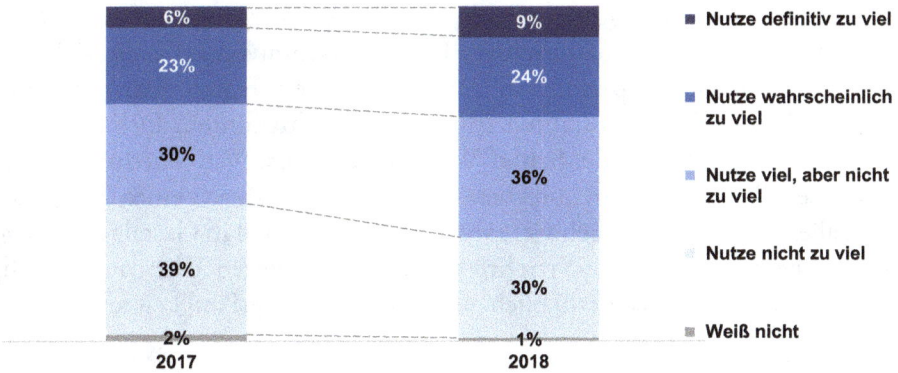

**Abb. 5.6** Einschätzung der eigenen Smartphone-Nutzung in Deutschland – in %. (Quelle: Deloitte 2019, S. 40)

**Abb. 5.7** Wahrgenommene Folgen des eigenen Smartphone-Konsums in Deutschland – in %. (Quelle: Deloitte 2019, S. 41)

**Viertelstunde nach dem Aufwachen** einen Blick aufs Display werfen. Ähnlich verhält es sich vor der Nachtruhe. Hier wird schnell noch ein Spiel gespielt, eine letzter News-Update vorgenommen oder geprüft, wie viele Likes etc. der letzte Post inzwischen erzielt hat. Der Fear-of-missing-out-Effekt fordert auch hier seine Opfer (vgl. Kap. 2). 37 % der Befragten nutzen ihr Smartphone noch **15 Minuten vor dem Schlafengehen** (vgl. Abb. 5.8).

Eine Vielzahl von wissenschaftlichen Studien zeigt, dass sich eine **Smartphone-Nutzung vor dem Zubettgehen** negativ auf unseren Schlaf auswirkt.

Wie lassen sich die Konsequenzen – konkret **Schlafstörungen bei Late-Night-Smartphone-Nutzern** – erklären? Was sind die Ursachen hierfür? **Licht** generell hat auf den Menschen zunächst einmal den Effekt, dass die biologische Uhr des Körpers – der sogenannte **zirkadiane Rhythmus** – aus dem Takt kommt. Der zirkadiane Rhythmus beschreibt die Fähigkeit eines Organismus, die Gesamtheit der physiologischen Vorgänge auf eine Dauer von jeweils 24 Stunden auszurichten. Dieser Rhythmus dient dazu, sich zeitlich zu orientieren und periodische Tätigkeiten (wie Schlafen, Essen, Arbeiten etc.) in einem relativ konstanten Rhythmus durchzuführen. Der wichtigste zirkadiane Rhythmus ist der **Schlaf-Wach-Rhythmus**. Was es bedeutet, wenn wir diesen Rhythmus durchbrechen – beispielsweise durch einen Flug nach Australien – haben sicherlich viele von uns schon einmal in Gestalt des Jetlags erlebt. Die notwendige **Re-Synchronisation der inneren Uhr** dauert häufig viele Tage und wirkt sich erheblich auf unsere Leistungsfähigkeit aus.

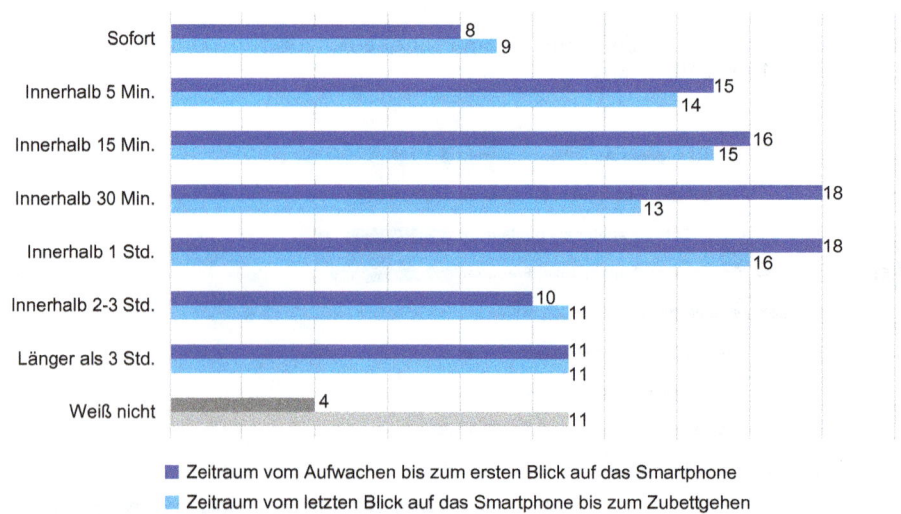

**Abb. 5.8** Zeitpunkt des ersten und letzten Blicks auf das Smartphone – in % (ohne Ein-/Ausschalten der Weckfunktion des Telefons). (Quelle: Brandt 2017)

Studien deuten darauf hin, dass es einen **Zusammenhang zwischen der Exposition gegenüber Licht in der Nacht** (etwa bei Nachtschichten, Nachtschwärmern, aber auch Late-Night-Smartphone-Nutzern) **und verschiedenen Krankheiten** gibt (zum Beispiel einigen Arten von Krebs, Diabetes, Herzerkrankungen und Fettleibigkeit). Bereits gesichert ist dagegen die Erkenntnis, dass die Exposition gegenüber Licht die **Ausschüttung von Melatonin** unterdrückt. Dieses Hormon beeinflusst den zirkadianen Rhythmus. Die Ursache für **Einschlaf- bzw. für Schlafprobleme** ist also unter anderem das **blaue Licht** vor allem von LED-Bildschirmen. Diese erzeugen mehr blaues Licht als konventionelle Lichtquellen – und auch viele mobile Devices verwenden blaues Licht. Dieses ist für uns am Tage hilfreich, weil es die Aufmerksamkeit fördert, Reaktionszeiten reduziert und die Stimmung verbessert. Nachts drehen sich diese Vorteile allerdings in Nachteile um. Deshalb sollten Sie zwei bis drei Stunden vor dem Schlafengehen darauf verzichten, auf helle Bildschirme zu schauen (vgl. Harvard Health Letter 2018).

Welche **Auswirkungen eine intensive Beschäftigung mit den sozialen Medien** haben kann, wurde in einer Studie mit 1788 US-Amerikanern im Alter von 19 bis 32 Jahren untersucht. Deren Ergebnisse können wie folgt zusammengefasst werden (vgl. Levenson et al. 2016):

- Im Durchschnitt nutzten die Teilnehmer der Studie die sozialen Medien (wie *Facebook*, *Instagram*, *LinkedIn*, *Pinterest*, *Snapchat*, *Tumblr*, *Twitter*, *Vine* und *YouTube*) insgesamt 61 Minuten pro Tag.
- Pro Woche besuchten sie 30 Mal verschiedene Social-Media-Plattformen.
- Fast 30 % der Teilnehmer berichten über starke Schlafstörungen.
- Die Teilnehmer mit der intensivsten wöchentlichen Social-Media-Nutzung wiesen eine dreimal höhere Wahrscheinlichkeit von Schlafstörungen auf – im Vergleich zu denen, die soziale Medien am wenigsten nutzten.
- Teilnehmer, die den ganzen Tag über die meiste Zeit auf den Social-Media-Kanälen verbrachten, zeigten das doppelte Risiko von Schlafstörungen – verglichen mit Gleichaltrigen, die dort weniger Zeit verbrachten.

In Summe kann konstatiert werden: Junge Erwachsene, die tagsüber viel Zeit mit den sozialen Medien verbringen oder sich mit diesen während der Woche intensiv beschäftigen, leiden eher unter Schlafstörungen als ihre Altersgenossen, die sich weniger mit den sozialen Medien beschäftigen.

Hierbei wurde eine interessante Erkenntnis gewonnen: Die **Häufigkeit der Social-Media-Nutzung** scheint ein besserer Indikator für Schlafstörungen zu sein als die **Gesamtzeit der Social-Media-Nutzung**. Wenn sich dieses Phänomen bestätigt, können Maßnahmen, die einem zwanghaften Überprüfungsverhalten und damit dem Fear-of-missing-out-Effekt entgegenwirken, am wirksamsten sein (vgl. Levenson et al. 2016, S. 40).

Um auch hier **monokausalen Erklärungsansätzen** entgegenzuwirken, die bestimmte Entwicklungen allein auf eine Ursache zurückführen, sollten weitere Studien überprüfen, ob entweder die Nutzung der sozialen Medien zu Schlafstörungen beiträgt oder ob die bereits vorhandenen Schlafstörungen die Nutzung der sozialen Medien fördern. Vielleicht verstärken sich die beiden Effekte sogar gegenseitig. Denn zum einen kann ein Engagement in den sozialen Medien den Schlaf stören, weil man sich noch bis spät in die Nacht mit dort präsentierten Inhalten beschäftigt und dies ggf. zu emotionalen, kognitiven oder physiologischen Aufladungen führt. Diese können beispielsweise durch aggressive (politische) Statements bei *Facebook* oder *Twitter* bzw. durch gewaltintensive Videos auf *YouTube* ausgelöst werden. Auch das schon angesprochene Licht der mobilen Geräte kann den Schlafprozess beeinträchtigen. Zum anderen können bereits vorhandene Schlafstörungen dazu führen, dass diese „schlaflose" Zeit für eine Beschäftigung mit den sozialen Medien genutzt wird. Da viele Formen der sozialen Medien zur Interaktion einladen, können die damit verbundenen stimulierenden Effekte wiederum den Schlaf beeinträchtigen (vgl. Levenson et al. 2016, S. 40 f.).

Eine Studie von Woods und Scott (2016) liefert zusätzlich spannende Ergebnisse. Hier wurde umfassend untersucht, in welchem Ausmaß sich die **Social-Media-Nutzung** auf Schlafqualität, Selbstwertgefühl, Angst und Depression bei 467 schottischen Jugendlichen auswirkt. Hierzu wurden der gesamte Social-Media-Konsum, der nächtliche Social-Media-Konsum sowie das emotionale Engagement in den sozialen Medien analysiert. Dabei wurden folgende Erkenntnisse erzielt:

- Jugendliche, die die sozialen Medien mehr nutzten – insgesamt und auch nachts –, sowie diejenigen, die ein hohes emotionales Social-Media-Engagement zeigen, wiesen eine **schlechtere Schlafqualität**, ein **geringeres Selbstwertgefühl** und ein **höheres Maß an Angst und Depression** auf.
- Eine nächtliche Social-Media-Nutzung geht mit einer **schlechteren Schlafqualität** sowie mit einer **Zunahme von Angstzuständen, Depressionen** und einem **niedrigeren Selbstwertgefühl** einher.

McCrae et al. (2017) analysierten die empirische Forschung über den **Zusammenhang zwischen der Social-Media-Nutzung und depressiven Symptomen bei Kindern und Jugendlichen**. Aus elf geeigneten Studien mit einer Gesamtstichprobe von 12.646 Personen wurden im Zuge einer Meta-Studie relevante Ergebnisse extrahiert. Die Analyse ergab einen geringen, aber statistisch signifikanten Zusammenhang zwischen der Social-Media-Nutzung und depressiven Symptomen bei jungen Menschen. Allerdings variierten die Studien in Bezug auf Methoden, Stichprobenumfang und Ergebnisse stark, so dass die klinische Bedeutung dieser Ergebnisse nicht eindeutig war. Zusätzlich war auch hier die **Kausalität** nicht eindeutig: Führt eine intensive Social-Media-Nutzung zu depressiven Symptomen oder führen depressive Symptome zu einer intensiveren Social-Media-Nutzung? Folglich ist hier weitere Forschung zu diesem spannenden Themengebiet notwendig.

Eine interessante Studie von Hou et al. (2019) untersuchte speziell die **Beziehungen zwischen einer Social-Media-Sucht** einerseits und der **psychischen Gesundheit** sowie den **akademischen Leistungen von Studenten** andererseits. Hierbei wurde auch die Rolle des Selbstwertgefühls als Einflussfaktor auf die Beziehungen überprüft. In einer ersten Studie wurde mit einer Stichprobe von Studenten (N = 232) ermittelt, dass die Social-Media-Sucht nicht nur negativ mit der psychischen Gesundheit, sondern auch mit den akademischen Leistungen der Studenten verbunden war. In welchem Ausmaß diese Effekte eintraten, war von der Stärke der Selbstachtung abhängig.

In einer zweiten Studie wurde ein zweistufiges Social-Media-**Selbsthilfeprogramm** entwickelt und auf der Basis einer Stichprobe von Studenten mit einer Social-Media-Sucht (N = 38) getestet. Hierzu wurden die Studenten in der ersten Stufe aufgefordert, ihr eigenes Social-Media-Nutzungsverhalten zu reflektieren. Dazu dienten die folgenden Fragen:

- Wie viel Zeit verbringen Sie mit den sozialen Medien pro Tag und pro Woche?
- Welche anderen sinnvollen Dinge könnten Sie in dieser Zeit tun?
- Worin besteht der Gewinn, wenn man die sozialen Medien nicht nutzt?
- Warum nutzen Sie die sozialen Medien – und gibt es alternative Möglichkeiten, um die gleichen Ziele zu erreichen?
- Welche negativen Auswirkungen der Social-Media-Nutzung haben Sie erlebt?

Die Teilnehmer der Studie mussten ihre Antworten aufschreiben. Im Anschluss wurden sie aufgefordert, auf eine Karte fünf Vorteile zu schreiben, die mit der Reduzierung der Social-Media-Nutzung verbunden sind. Zusätzlich waren auf diese Karte fünf Nachteile einer exzessiven Social-Media-Nutzung zu notieren. Diese Karte mussten die Teilnehmer fotografieren und als Lock-Screen auf ihrem Handy hinterlegen. Zusätzlich sollten sie die Karte als Gedächtnisstütze auf ihrem Schreibtisch platzieren.

In der zweiten Stufe wurden die Studenten dazu angehalten, ihre mit der Social-Media-Nutzung verbundenen Gedanken, Emotionen und Verhaltensweisen zu notieren. Dies sollte jeweils kurz vor dem Zubettgehen passieren. Dazu gehörte auch die Frage, wie, wie häufig und wie lange sie die sozialen Medien genutzt hatten und welche Strategien sie gerne einsetzen würden, um die Social-Media-Nutzung zu verringern. Außerdem sollten sie sich Gedanken über die Beschäftigung mit den sozialen Medien am nächsten Tag machen. Durch Reminder und ein Self-Reporting wurde regelmäßig dafür gesorgt, dass diese Reflexion auch stattfand.

Durch die **Maßnahmen dieses Selbsthilfeprogramms** konnte die Abhängigkeit der Studenten von sozialen Medien reduziert und gleichzeitig konnten ihre psychische Gesundheit sowie ihre akademische Leistungsfähigkeit verbessert werden (vgl. Hou et al. 2019).

> **Denkanstoß**
> Eines kann man allerdings festhalten: Menschen, deren Persönlichkeit – gerade in jungen Jahren – noch nicht gefestigt ist, können unter einer **hypernervösen Dauerbeobachtung** und einer oft **gnadenlosen Dauerkommentierung** besonders leiden.

Mit der intensiven Nutzung von Smartphone, Social Media & Co. können neben dem Smartphone-Hunchbank noch weitere körperliche Symptome einhergehen. Hierzu zählt vor allem der sogenannte **Handy-Daumen**. In englischen Sprachraum wurden für diese orthopädische Zivilisationskrankheit die Begriffe **WhatsAppitis** bzw. **WhatsApp-Disease** geprägt. Die damit einhergehenden Schmerzen resultieren aus dem einhändigen Bedienen des Smartphones mit den Daumen, die hierdurch überbeansprucht werden. Das Risiko, am Handy-Daumen zu erkranken, verstärkt sich mit zunehmender Größe der Displays und der zeitlichen Intensität der Nutzung. Die Erklärung ist ganz einfach: Für die mit der Smartphone-Nutzung einhergehenden intensiven Dehn- und Abspreiz-Bewegungen des Daumens ist die menschliche Hand nicht ausgelegt.

Professor Dr. *Stefan Langer*, Handchirurg am *Universitätsklinikum Leipzig*, führt aus: „Der typische Patient ist heute 15 bis 25 Jahre, eigentlich kerngesund und total vernetzt. Früher war der typische Patient eine 65-jährige Frau, die ihr ganzes Leben gearbeitet hat. Sie litt unter Verschleißerkrankungen, zu denen auch eine klassische Sehnenscheidenentzündung im Daumenbereich gehörte" (Pharmazeutische Zeitung 2018). Der Wandel des typischen Patienten hat allerdings auch Auswirkungen auf die möglichen Therapien. Einem

## 5 Einfluss von Smartphone, Social Media & Co. auf die physische ...

betroffenen Smartphone-Nutzer Corticoid zu spritzen oder gar eine Operation einzuleiten, wäre sicherlich nicht angezeigt. Durch eine Ultraschallaufnahme kann häufig bereits die geschwollene Sehne erkannt werden und – eigentlich – ist die notwendige Therapie ganz einfach:

**Gönnen Sie Ihrem Daumen eine Handy-Pause – wahrscheinlich lassen die Schmerzen schon nach wenigen Tagen nach.**

Unterstützend können **manuelle Therapien** eingesetzt werden. Durch Ergo- und Physiotherapie können die involvierten Faszien und Muskeln sowie das Bindegewebe aktiviert werden. Eine gute Prophylaxe gegen den Handy-Daumen – außer dem Maßhalten bei der Handy-Nutzung – ist auch der Einsatz beider Daumen. Schließlich muss jeder Daumen dann weniger stark gespreizt werden (vgl. Pharmazeutische Zeitung 2018).

Ein – nicht ganz ernst gemeintes – **Mittel gegen WhatsAppitis** zeigt Abb. 5.9.

Der extensive Gebrauch mobiler Devices geht noch mit einem weiteren Risiko einher: der **Kurzsichtigkeit.** Hierbei handelt es sich um eine Krankheit, die weltweit immer mehr um sich greift. In Städten wie Hongkong, Peking, Shanghai oder Seoul findet sich bei den jungen Erwachsenen praktisch keine gesunden Augen mehr: Häufig sind dort bereits über 95 % der Bevölkerung von Kurzsichtigkeit betroffen. Aber auch in Europa und den USA leiden schon 50 % der jungen Generationen an Myopie bzw. Kurzsichtigkeit – und diese Krankheit geht mit enormen **Kosten für das Gesundheitswesen** einher (vgl. Bahnsen 2018).

Hierbei sollten sich alle intensiven Handy-Nutzer darüber im Klaren sein, dass **Kurzsichtigkeit** nicht nur eine **ärgerliche Unbequemlichkeit** ist, die zum

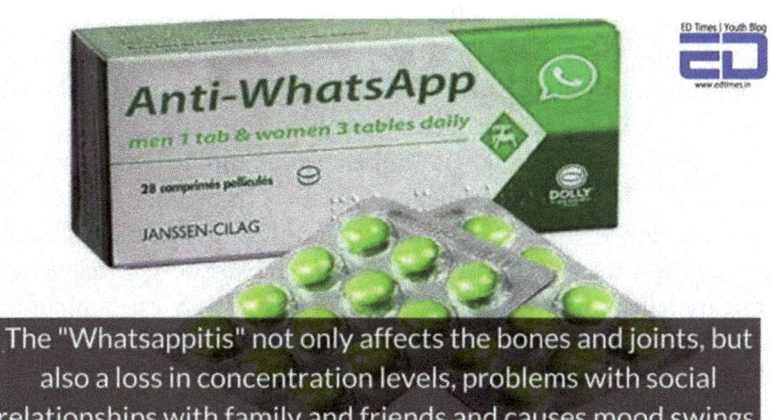

**Abb. 5.9** *Anti-WhatsApp.* (Quelle: Jairath 2018)

Tragen von Brillen oder zur Nutzung von Kontaktlinsen zwingt. Sondern Kurzsichtigkeit stellt eine **ernsthafte Gefahr für das Sehvermögen** dar und kann bis zur Erblindung führen, denn eine starke Kurzsichtigkeit bei jungen Menschen kann eine Netzhautablösung begünstigen, die wiederum zu Blindheit führen kann (vgl. KGS o. J.). Weitere dramatische Folgeleiden von starker Kurzsichtigkeit sind beispielsweise grüner und grauer Star (vgl. Wachtlin 2018).

Doch worauf ist die Kurzsichtigkeit zurückzuführen? Die als **Kurzsichtigkeit** bezeichnete **Fehlsichtigkeit in die Ferne** wird durch einen überlangen Augapfel verursacht. Dieser führt dazu, dass die lichtbrechenden Strukturen aus Hornhaut und Linse die Lichtstrahlen schon vor der Netzhaut fokussieren (vgl. Abb. 5.10). Dies lässt sich durch Brille, Kontaktlinsen oder eine Laser-Operation der Hornhaut ausgleichen bzw. beheben. Allerdings wird hierdurch nicht das Risiko von Folgeerkrankungen beseitigt; schließlich bleibt die Übergröße des Augapfels erhalten (vgl. Bahnsen 2018).

Die Frage nach den **Ursachen der Kurzsichtigkeit** blieb lange nicht überzeugend beantwortet. Allerdings war bereits früh aufgefallen, dass die Kurzsichtigkeit bei höher gebildeten Menschen häufiger auftritt. So sind in Deutschland beispielsweise über 50 % der Hochschulabsolventen von Kurzsichtigkeit betroffen – im Vergleich zu lediglich 25 % der Menschen ohne höhere Schulbildung. Neue Befunde einer Untersuchung mit kurzsichtigen Probanden bestätigen den Verdacht, dass sich Kurzsichtigkeit verstärkt entwickelt, wenn das Auge zu selten hellem Tageslicht ausgesetzt und zu oft auf Nahsicht fokussiert wird. Demzufolge macht nicht allein das **lange Lesen und das Starren auf Bildschirme** kurzsichtig, sondern der Umstand, dass man dies bei **künstlicher Beleuchtung in Innenräumen** tut. Das größte Risiko, an Kurzsichtigkeit zu erkranken, weisen folglich die Menschen auf, die viele Stunden bei schlechter Beleuchtung Bücher lesen – oder eben lange auf ein Display starren (vgl. Abb. 5.11; Bahnsen 2018; Lagrèze und Schaeffel 2017).

Die **Weltgesundheitsorganisation** listet **Myopie** (Kurzsichtigkeit) heute unter den fünf Augenerkrankungen, deren Eindämmung hohe Priorität hat – schließlich greift diese Krankheit immer weiter um sich (vgl. Lagrèze und Schaeffel 2017). Um hier vorzubeugen, werden in Schulen in China bereits Wände und Decken von Klassenzimmern verglast, damit mehr Tageslicht in die Unterrichtsräume gelangt. In China und Taiwan sorgen teilweise bereits Pulte mit metallenen Abstandshaltern dafür, dass sich Schüler nicht zu dicht über die Buchseiten beugen und damit ihr Sehvermögen langfristig verschlechtern (vgl. Abb. 5.12).

Welche Entwicklung zeichnet sich ab? Australische Forscher gehen für das Jahr 2020 von weltweit rund 2,5 Milliarden Kurzsichtigen aus. Diese Zahl

# 5 Einfluss von Smartphone, Social Media & Co. auf die physische …

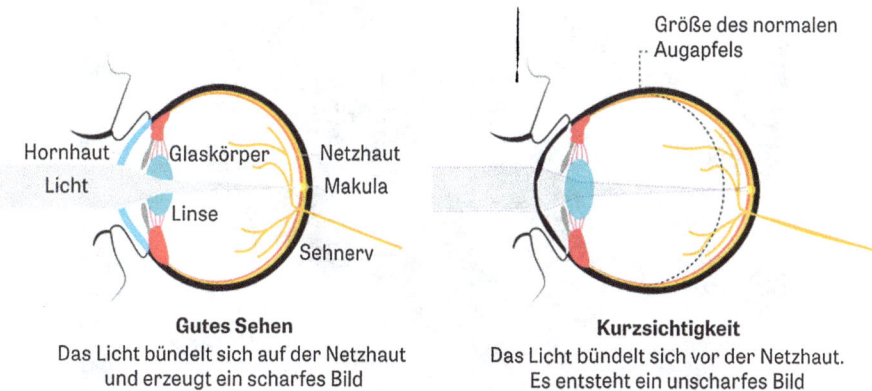

**Abb. 5.10** Gutes Sehen vs. Kurzsichtigkeit. (Quelle: Bahnsen 2018)

**Abb. 5.11** Typische Handy-Nutzung – nicht nur in Tokyo

wird bis 2050 auf über 4,7 Milliarden ansteigen. Die Konsequenz wäre eine große Zahl sehbehinderter oder sogar blinder Menschen (vgl. Bahnsen 2018).

> **Denkanstoß**
>
> Was ist die **beste Therapie für Ihre Kinder**? Ganz einfach: helles Tageslicht und Abstand halten beim Lesen – digital und analog gleichermaßen. Und öfter einfach einmal in die Ferne schauen.

**Abb. 5.12** Abstandhalter zur Vorbeugung von Kurzsichtigkeit in China. (Quelle: Macrae 2019)

Eine andere spannende Diskussion dreht sich um die Frage, welche Inhalte jungen Menschen über verschiedene Medien heute zugemutet werden können. Diese Auseinandersetzung kreist allerdings nicht um die wichtige Frage, wie diese Zielgruppe vor (digitaler) Pornografie, vor Baller-Spielen oder verstörenden Videos von IS-Propagandisten geschützt werden kann. Sondern bei der Diskussion um die sogenannten **Trigger-Warnings** in den USA und Großbritannien geht es um die Frage und die (ernstgemeinte) Forderung, dass Studenten im Voraus zu warnen sind, wenn eingesetzte Unterlagen Aussagen, Fotos oder Videos enthalten, die stärkere emotionale Reaktionen auslösen könnten.

Die *American Association of University Professors* konstatiert jedoch eine **Bedrohung für die akademische Freiheit**, wenn Dozenten solche Warnungen aussprechen und ggf. auf „verstörende Inhalte" ganz verzichten müssten. Diejenigen, die Trigger-Warnings durchsetzen möchten, begründen ihre Forderung damit, dass die Sensibilität der Studenten nicht verletzt werden dürfte, indem beispielsweise Material in Lehre und Forschung verwendet wird, das die Werte und Überzeugungen der Studenten in Frage stellen könnte. Forderungen gehen inzwischen so weit, dass die Studenten auf alle möglichen Themen aufmerksam gemacht werden müssten, von denen einige meinen, dass sie als Beleidigung verstanden werden oder sogar eine posttraumatische Belastungsstörung (PTBS) auslösen könnten. Hierbei wird insbesondere auf Inhalte abgezielt, die auf religiöse, kulturelle, sexuelle oder andere Arten von

Minderheiten verletzend wirken könnten. Solche Inhalte seien aus der Öffentlichkeit ganz zu verbannen oder eben mit Trigger-Warnings zu kennzeichnen. Hier gelte es – so die Forderungen – den universitären Bereich vor solchen „bedrohlichen Ideen" abzuschirmen (vgl. AAUP 2014).

Es stellt sich allerdings die Frage, ob und wie diese Art von **Selbstzensur** – quasi im vorauseilenden Gehorsam – mit einem **umfassenden wissenschaftlichen Diskurs** vereinbar wäre, wenn negative oder auch nur abweichende Perspektiven im Vorfeld einer Diskussion bereits ausgeblendet würden. Schon heute wird über Vorfälle berichtet, dass Personen, die **Mindermeinungen** oder **kontroverse Thesen** an Universitäten vortragen wollten, aufgrund der Proteste von Studenten (!) wieder ausgeladen werden mussten, um deren Gefühle nicht zu verletzen (vgl. Lesh 2018).

Es stellt sich allerdings die Frage, auf welche Welt die so ausgebildeten – um nicht zu sagen „verweichlichten" – Menschen vorbereitet werden, wenn nicht einmal im geschützten Lehrumfeld kontroverse und kritische Themen umfassend diskutiert werden dürfen. Gleichzeitig stellt sich die Frage, wer darüber entscheiden darf, was in Zukunft noch „diskutabel" ist und was nicht.

> Es ist nur ein kleiner Schritt von der Selbstzensur zur Zensur!

Die hier teilweise geforderte **Zensur von Wissenschaft und Gesellschaft** ist sehr kritisch zu sehen, da die gerade an Universitäten notwendige kritische Diskussion und Meinungsvielfalt unterbunden wird. Die Notwendigkeit, die heutigen Studenten „vor der bösen Welt" zu schützen, wird teilweise damit begründet, dass diese eine emotional überbehütete Kindheit aufweisen würden. Die um 1990 geborene Generation, die häufig als emotional leicht verletzbar, als psychisch fragil sowie als wenig belastbar beschrieben wird, trägt auch den wenig schmeichelhaften Namen *Generation Snowflake* (*Generation Schneeflocke*). Im Vergleich zu früheren Generationen fühlen sich Angehörige dieser Generation laut Schmitt (2016) schneller beleidigt und sind nicht bereit, sich mit Ansichten zu beschäftigen, die den eigenen Werten und Meinungen widersprechen.

Lukianoff und Haidt (2018) kritisieren, dass diese Generation aufgrund ihrer Erziehung auf ein polarisiertes politisches Klima auf dem Campus, das intellektuell herausfordert, nicht ausreichend vorbereitet wurde. Die Ursachen werden in einem **Safetyism**, einem übertriebenen Sicherheitsstreben, gesehen. Dieses umfasst neben der wichtigen **körperlichen Sicherheit** (beispielsweise Schutz vor physischen Verletzungen) auch eine **emotionale**

**Sicherheit.** Letztere versuchen Eltern dadurch zu gewährleisten, dass alle Ideen, Berichte und Diskussion vermieden werden, die psychische Probleme verursachen könnten. Die Konsequenz einer übermäßigen Konzentration auf die körperliche und geistige Sicherheit junger Menschen führt allerdings dazu, dass diese schwächer werden.

In diesem Zusammenhang wird auch von der Notwendigkeit einer **Anti-Fragilität** gesprochen (vgl. Taleb 2014). Denn in unserem **Wachstumsprozess** als Menschen profitieren wir auch von Schocks, Misserfolgen und Niederlagen. Sofern diese keine traumatischen Ausmaße annehmen, gedeihen Menschen besser, wenn sie in ihrer Entwicklung Volatilität, Zufällen, Unsicherheit, Überraschung, Unordnung, Herausforderungen und anderen Stressoren ausgesetzt sind. Nur dann können junge Menschen die Angst vor solchen Situationen überwinden und Widerstandsfähigkeit und Strategien zur Bewältigung dieser Herausforderungen entwickeln. Das ist eine Fähigkeit, die heute unter dem Begriff **Resilienz** oder **Resiliance** allerorten gefordert wird (vgl. Kap. 1).

Zusätzlich ist zu befürchten, dass Trigger-Warnings zu sich selbst erfüllenden Prophezeiungen führen. Wenn Menschen explizit und deutlich darauf hingewiesen werden, dass bestimmte Inhalte gefährlich sind und die Betroffenen davor besser zu schützen wären, können diese auf Dauer ängstlicher werden – gerade weil man sie für schutzbedürftig hält. Aber:

> Offene, kritische Debatten sind genau das Gegenteil von emotionaler Sicherheit.

Wenn es schlecht läuft, wird durch das übervorsichtige Agieren eine Generation herangezogen, die für Angst und Depression steht. Dass sich eine solche Entwicklung schon in Studien abzeichnet, verdeutlichen Lukianoff und Haidt (2018, S. 143–162) durch folgende Fakten:

- Deutlicher Anstieg von Angst, Depression und Selbstmord bei US-amerikanischen Jugendlichen (vor allem bei jungen Frauen) in den letzten fünf Jahren.
- 2016 erfüllte jedes fünfte US-amerikanische Mädchen die Kriterien, im Vorjahr eine schwere depressive Episode erlebt zu haben. Fünf Jahre vorher waren es lediglich 12 % – das stellt einen Anstieg von fast zwei Dritteln dar.
- Die Selbstmordquote bei Männern stieg um ein Drittel; die bei Frauen hat sich seit Anfang der 2000er-Jahre verdoppelt und erreichte den höchsten Wert seit 1981.

In Deutschland wurden vergleichbare Erkenntnisse gewonnen: In den letzten Jahren hat unter Jugendlichen die Zahl der Fälle von **Angst- und Zwangsstörungen**, **Depressionen** und **Selbstmordgedanken** stark zugenommen. Zu dieser Erkenntnis kommt eine Studie der KKH (2019), die auf Datensätzen von 230.000 sechs- bis 18-jährigen Versicherten basiert. Im Einzelnen wurden bei den psychischen Erkrankungen bei Schülern von 2007 auf 2017 die in Abb. 5.13 präsentierten Ergebnisse ermittelt (vgl. ergänzend DAK 2019). Bei den in Abb. 5.13 genannten somatoformen Störungen handelt es sich um körperliche Beschwerden, die sich nicht oder nicht hinreichend auf eine organische Erkrankung zurückführen lassen.

Bei der Interpretation dieser erschreckenden Zahlen sei darauf hingewiesen, dass in den letzten Jahren die Bereitschaft, sich zu diesen Erkrankungen zu bekennen, ebenfalls zugenommen hat. Ein Teil des Zuwachses mag folglich auch durch die zunehmende Akzeptanz eines Bekenntnisses zu diesen Krankheitsbildern zu erklären sein.

Lukianoff und Haidt (2018, S. 143–162) postulieren einen Zusammenhang zwischen steigenden psychischen Erkrankungen, der zunehmenden **Sicherheitskultur** und bestimmten Trends an den Universitäten. Studenten verlangen in den USA teilweise solche **Trigger-Warnings** bei Ideen, die emotional herausfordernd sind. Sie verlangen sichere Räume, um sich vor beängstigenden Situationen verstecken zu können. Und sie verlangen, dass kontroverse Sprecher wieder ausgeladen werden, damit sie sich auf dem Campus sicher fühlen können. Dieser Trend hat bereits auf Kanada, Großbritannien, Australien und Neuseeland übergegriffen.

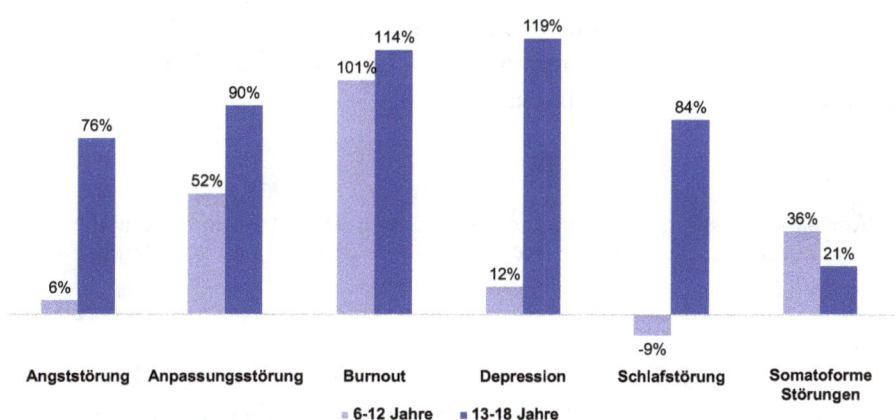

**Abb. 5.13** Prozentuale Zunahme von psychischen Erkrankungen bei Schülern in den Jahren 2007–2017 – in %. (Quelle: KKH 2019, S. 10)

Lesh (2018) berichtet über einen Vorgang an der *La Trobe University* in Melbourne, Australien, wo es der Sexualforscherin *Bettina Arndt* beinahe unmöglich gemacht wurde, über Fragen des sexuellen Missbrauchs auf dem Campus zu sprechen. Die Studenten forderten eine Zensur von *Arndt*, weil sie sich durch ihre Aussagen „unsicher" fühlten. Die studentischen Vertreter des Studentenwerks *La Trobe* haben eine Erklärung veröffentlicht, in der sie dazu auffordern, *Arndt* am Sprechen zu hindern. In der Aussage wird das Wort „sicher" insgesamt neunmal erwähnt. Einer der Studentenvertreter erklärte ausdrücklich (Lesh 2018): „What Arndt chooses to speak on makes me feel incredibly unsafe … The university is currently allowing this event to go ahead under the pretence of free speech, however I do not think free speech should come at the expense of student safety."

Diese Art des **Sicherheitsdenkens** untergräbt das Ziel der Hochschulbildung, die Studenten herauszufordern, ihr Weltbild zu hinterfragen und zu erweitern, um sie zu (selbst)kritischem und selbständigem Denken anzuregen. Ein solches Ziel setzt die Auseinandersetzung auch mit Inhalten voraus, die uns nicht gefallen oder unbehaglich erscheinen. Selbstzensur und Zensur laufen einer solchen Aufgabe entgegen. Sie verhindern die **intellektuelle Auseinandersetzung**, die mit dem Prozess und der Reibung von Argumentation und Gegenargument im wissenschaftlichen Diskurs einhergeht. Eine solchermaßen eingeschränkte oder sogar fehlende Auseinandersetzung mit unterschiedlichen Ideen führt zu einer viel schwächeren Bildung.

Doch statt diese „**Überbehütung**" an der Universität endlich zu beenden, um die Studenten auf das „wahre Leben" vorzubereiten, ist zu befürchten, dass die **Schutzmechanismen** durch Trigger-Warnings fortgesetzt werden. Die Konsequenzen einer solchen Fehlsteuerung werden wir erleben, wenn die *Generation Snowflake* Führungspositionen in Gesellschaft, Politik und Wirtschaft einnimmt oder einnehmen sollte.

> **Denkanstoß**
>
> Wer passt auf die *Generation Snowflake* eigentlich auf, wenn diese außerhalb des Campus „böse" Inhalte auf Newsseiten oder in den sozialen Medien konsumiert?

Im Gegensatz zu den Möglichkeiten auf dem Campus fehlt bei den im privaten Umfeld konsumierten Inhalten meist eine Möglichkeit, die Inhalte in einem geschützten Rahmen zu diskutieren.

> **Denkanstoß**
> Den Menschen ist die Wahrheit zuzumuten! Wie sollen denn sonst Lösungen entwickelt werden, wenn man unbequemen Wahrheiten nicht direkt ins Auge schaut? Und wer soll solche Lösungen dann noch entwickeln?

Dieses Plädoyer wird auch unterstützt durch die Applied Educational Systems (AES 2019). Hierbei handelt es sich um eine Organisation, die sich aus Lehrkräften rekrutiert und diese bei ihrer anspruchsvollen Arbeit unterstützen möchte. Sie hat **zwölf Fähigkeiten für das 21. Jahrhundert** definiert, über die heutige Schüler und Studenten verfügen sollten, um im Informationszeitalter eine erfolgreiche Karriere gestalten zu können. Die **13. Fähigkeit** habe ich aus schon genannten Gründen hier noch ergänzt:

1. Kritisches Denken
2. Kreativität
3. Zusammenarbeit
4. Kommunikation
5. Informationskompetenz
6. Medienkompetenz
7. Technologiekompetenz
8. Flexibilität
9. Führung
10. Initiative
11. Produktivität
12. Soziale Kompetenzen
13. Resilienz

Es ist unschwer zu erkennen, dass viele der hier aufgezeigten Fähigkeiten bei der übermäßigen Nutzung von Trigger-Warnings nicht erworben werden können.

Wenn Sie sich fragen sollten, warum auch hoch qualifizierte Spezialisten sich häufig – oder auch zu häufig – über die **gesellschaftlichen Auswirkungen ihrer Services** keine oder zu wenige Gedanken zu machen scheinen, gibt es jetzt vielleicht eine erste Erklärung: **Solutionism**. Mit diesem kritischen Begriff beschreibt Morozov (2014) den (Irr-)Glauben, dass sich jedwede Ineffizienz ausmerzen lasse, wenn nur genug Daten zur Verfügung stünden – und weitergefasst, dass es für alles eine „technische" Lösung gäbe.

Es sei hier allerdings auf die große Gefahr hingewiesen, dass Daten – wie objektiv sie auch immer erscheinen mögen – interpretiert werden müssen.

Diese Interpretation durch Menschen ist in jedem Falle eine subjektive Angelegenheit. Auch wenn KI-Systeme die Auswertung vornehmen, können Verzerrungen in den Daten und/oder Algorithmen vorliegen, die zum Training der KI-Anwendungen eingesetzt wurden. **Objektivität** bleibt auch dann eine Illusion (vgl. vertiefend Kreutzer und Sirrenberg 2019, S. 78–84).

Computeringenieure und Tech-Entrepreneure greifen gerne **Teilaspekte aus komplexen Aufgaben** heraus, um diese zu optimieren. Dabei kümmert man sich allerdings laut Nachtwey (2019, S. 24) zu wenig um die Probleme, die aus der technischen Lösung folgen. So können optimale Lösungen für spezifische Teilaufgaben mit negativen Auswirkungen auf das große Ganze einhergehen.

Außerdem ist es gesamtgesellschaftlich und gesamtwirtschaftlich überhaupt nicht wünschenswert, wenn alle Bereiche auf Effizienz getrimmt wären. Ein einprägsames Beispiel dafür, dass auch **Ineffizienz** vorteilhafte **soziale Entwicklungen** in Gang setzen kann, liefert Morozov (2014, S. 85): Die Tatsache, dass Journalisten von Zeitungen oder Zeitschriften früher nicht wussten, wie häufig ein Artikel gelesen wird, hat wahrscheinlich dazu beigetragen, dass sie sich ausgiebiger mit den Recherchen (und weniger mit den Klick-Zahlen) beschäftigten – und für ihre Artikel auch Überschriften wählten, die weniger reißerisch waren, dafür aber mehr zum Inhalt passten. Wir alle können täglich in Newslettern und auf News-Webseiten feststellen, dass dies heute vielfach nicht mehr der Fall ist.

> **Denkanstoß**
>
> Auch möge man uns vor einem **umfassenden Effizienzstreben** in den Bereichen Literatur, Musik, Theater, Oper, Malerei, Bildhauerei etc. sowie in der Freizeit bewahren. Was wären die Implikationen für Künstler, wenn hinter jedem ihrer Ergebnisse ein (digitaler) Controller stünde, um gleich Klicks, Likes, Shares und Comments zu zählen?
> Das Ergebnis wäre **Kunst vom Fließband**, an der die meisten sicherlich bald das Interesse verlören.

Was wir benötigen, ist folglich ein umfassendes **Technology-Assessment** – eine **Technologie-Folgeabschätzung**. Sie analysiert systematisch, welche Wirkungen und Folgen mit dem Einsatz einer Technologie für Wirtschaft, Gesellschaft, Politik und/oder Natur einhergehen können. Die **Zielsetzung einer Technologie-Folgeabschätzung** besteht darin, möglichst schon vor einem Technologie-Einsatz abzuschätzen, welche positiven und negativen Effekte bei deren Verwendung auftreten können – so auch bei Smartphone, Social Media & Co.

Allerdings sollten wir uns darüber im Klaren sein, dass wir von den Unternehmen selbst, die solche Entwicklungen erarbeiten und damit ihr Geld verdienen, ein solches Engagement kaum erwarten können, sondern eher – wie schon gezeigt – von ehemaligen Mitarbeitern dieser Unternehmen.

Hier ist vor allem die Politik gefordert – national und international –, um entsprechende **Forschungsprojekte** zu initiieren und zu finanzieren, die die notwendige **informatorische Grundlage** für eine **verantwortungsvolle Politik** schaffen. Zum Wohle der Gesellschaft und damit aller Menschen!

## Literatur

AAUP. (2014). *On trigger warnings.* https://www.aaup.org/report/trigger-warnings. Zugegriffen am 29.07.2019.

AES. (2019). *21st century skills are 12 abilities that today's students need to succeed in their careers during the information age.* https://www.aeseducation.com/career-readiness/what-are-21st-century-skills. Zugegriffen am 08.08.2019.

American Psychological Association. (2017). *Stress in America – Coping with change, part 2, stress in America survey.* www.stressinamerica.org. Zugegriffen am 09.07.2019.

Ankenbrand, H. (20. Juni 2019). Chinas große Zockerbude. *Frankfurter Allgemeine Sonntagszeitung*, S. 22.

Bahnsen, U. (2018). *Kurzsichtigkeit: Ist das noch zu lesen, oder schauen Sie zu oft auf Ihr Handy?* https://www.zeit.de/2018/23/kurzsichtigkeit-augenkrankheit-kinder-jugendliche-gefahr-smartphone/komplettansicht. Zugegriffen am 15.07.2019.

Brandt, M. (2017). *Das Smartphone (fast) immer im Blick.* https://de.statista.com/infografik/11079/erster-und-letzter-blick-auf-das-smartphone/. Zugegriffen am 11.07.2019.

DAK. (2019). *DAK-Psychoreport 2019: dreimal mehr Fehltage als 1997.* https://www.dak.de/dak/bundesthemen/dak-psychoreport-2019-dreimal-mehr-fehltage-als-1997-2125486.html. Zugegriffen am 29.07.2019.

Deloitte. (2019). *Global mobile consumer survey.* London: Deloitte.

Ebenfeld, T., & Ziems, D. (2018). *Influencer – die neue Macht im Marketing.* Köln/Berlin: insights +strategies publishing.

Everyday Ambassador. (2019). *Smart(Phone)Posture.* http://everydayambassador.org/2014/11/21/smartphone-posture/. Zugegriffen am 09.07.2019.

Harvard Health Letter. (2018). *Blue light has a dark side, what is blue light? The effect blue light has on your sleep and more.* https://www.health.harvard.edu/staying-healthy/blue-light-has-a-dark-side. Zugegriffen am 11.07.2019.

Hou, Y., Xiong, D., Jiang, T., Song, L., & Wang, Q. (2019). Social media addiction: Ist impact, mediation, and intervention. *Cyberpsychology – Journal of Psychosocial Research on Cyberspace, 13*(1). https://doi.org/10.5817/CP2019-1-4.

Jairath, A. (2018). *In pics: Beware of the WhatsApp disease which can harm your joints and bones.* https://edtimes.in/in-pics-beware-of-whatsapp-disease-which-can-harm-your-joints-and-bones/. Zugegriffen am 22.07.2019.

KGS. (o. J.). *Welttag des Sehens will Blindheit vorbeugen.* https://www.sehen.de/presse/pressemitteilungen/seh-gesundheit-und-technik/welttag-des-sehens-will-blindheit-vorbeugen/. Zugegriffen am 03.09.2019.

KKH. (2019). *Endstation Depression: Wenn Schülern alles zu viel wird.* Hannover: KKH.

Kreutzer, R., & Sirrenberg, M. (2019). *Künstliche Intelligenz verstehen, Grundlagen – Use-Cases – unternehmenseigene KI-Journey*, Wiesbaden.

Lagrèze, W. A., & Schaeffel, F. (2017). Myopieprophylaxe, Preventing myopia. *Deutsches Ärzteblatt, 114*, 35–36. https://www.aerzteblatt.de/archiv/193148/Myopieprophylaxe. Zugegriffen am 22.07.2019.

Lesh, M. (2018). *Is safetyism destroying a generation?* https://quillette.com/2018/09/02/is-safetyism-destroying-a-generation/. Zugegriffen am 29.07.2019.

Levenson, J. C., Shensa, A., Sidani, J. E., Colditz, J. B., & Primack, B. A. (2016). The association between social media use and sleep disturbance among young adults. *Preventive Medicine, 85*, 36–41.

Lukianoff, G., & Haidt, J. (2018). *The coddling of the American mind: How good intentions and bad ideas are setting up a generation for failure.* New York: Penguin Press.

Macrae, F. (2019). *Why a school has put its pupils behind bars: Reading aid for children at risk of short-sightedness.* https://www.dailymail.co.uk/news/article-2564980/Thats-one-way-control-pupils-Chinese-school-protects-childrens-eyesight-installing-bars-prevent-getting-close-books.html. Zugegriffen am 12.08.2019.

McCrae, N., Gettings, S., & Purssell, E. (2017). Social media and depressive symptoms in childhood and adolescence: A systematic review. *Adolescent Research Review, 2*(4), 45–52.

Morozov, E. (2014). *To save everything click here: The folly of technological solutionism.* New York: Public Affairs.

Nachtwey, O. (5. Mai 2019). Die Theologie des Silicon Valley. *Frankfurter Allgemeine Sonntagszeitung*, S. 24.

Pharmazeutische Zeitung. (2018). *„Handy-Daumen": Wenn mobil krank macht.* https://www.pharmazeutische-zeitung.de/2018-07/handy-daumen-wenn-mobil-krank-macht/. Zugegriffen am 15.07.2019.

Przybilla, S. (2018). *Fußgänger mit Smartphone – Smartphone-Zombies aufgepasst!* https://www.stuttgarter-zeitung.de/inhalt.fussgaenger-mit-smartphone-smartphone-zombies-aufgepasst.bd6bd6cf-0ab5-4080-8f24-dab47e9a6e78.html. Zugegriffen am 11.07.2019.

Rauch, G. (30. Juni 2019). „Schuld am Schmerz der Kinder sind Eltern, Schulen und Ärzte". *Frankfurter Allgemeine Sonntagszeitung*, S. 15.

Schmitt, U. (2016). *Die verhätschelten „Schneeflocken" und ihre Feinde.* https://www.welt.de/vermischtes/article159946299/Die-verhaetschelten-Schneeflocken-und-ihre-Feinde.html. Zugegriffen am 08.08.2019.

Taleb, N. N. (2014). *Antifragilität: Anleitung für eine Welt, die wir nicht verstehen.* München: btb.

Telegraph. (2015). *Children ‚becoming hunchbacks' due to addiction to smart phones.* https://www.telegraph.co.uk/news/health/news/11935291/Children-becoming-hunchbacks-due-to-addiction-to-smart-phones.html. Zugegriffen am 09.07.2019.

Tian, Y. (2018). *Pedestrian lane for ‚smartphone zombies' opens up in China.* https://www.nbcnewyork.com/news/local/Pedestrian-Lane-for-Smartphone-Zombies-Opens-Up-in-China-485579411.html. Zugegriffen am 11.07.2019.

Wachtlin, J. (2018). *Pressekonferenz 2018.* Augenärztliche Akademie Deutschland. http://www.aad.to/vollseite.php?jahreswahl=2018&presse_id=236. Zugegriffen am 03.09.2019.

Woods, H. C., & Scott, H. (2016). #Sleepyteens: Social media use in adolescence is associated with poor sleep quality, anxiety, depression and low self-esteem. *Journal of Adolescence, 51*, 41–49.

# 6

# Zeit zur Umkehr: Medienkompetenz, Selbstanalyse, Selbstdisziplin

„Der Mediennutzer wächst zusammen mit den medialen Contents. Sie werden ständiger Teil seiner Erlebensidentität, und die Verwischung der Grenzen zwischen dem eigenen und dem medialen Ich geht sogar soweit, dass sich oftmals nicht mehr feststellen lässt, welche Impulse des Nutzers intrinsischer Natur sind und welche von außen, durch die medialen Contents, induziert werden. Es entsteht eine Sog- und Suchtbewegung, weil die ritualisierte Begrenzung des Erlebnisraums wegfällt. Stattdessen okkupiert der mediale Erlebnisraum den gesamte Tagesablauf". (Ebenfeld und Ziems 2018, S. 28)

**Denkanstoß**

Wollen wir uns wirklich einer solchen Entwicklung ausliefern, oder merken wir, dass es jetzt höchste Zeit für eine Umkehr ist? Die Entscheidung liegt alleine bei uns!

Allerdings benötigen wir für das Umsteuern viel Kraft, weil wir aus unserer Komfortzone ausbrechen müssen, in der wir es uns mit den vielen neuen Optionen gerade so richtig gemütlich gemacht haben. Gleichzeitig gilt:

Manchmal ist die Angst vor einer Veränderung größer als die Angst vor einer Nicht-Veränderung.

Oft allerdings nicht zu recht! Außerdem sollten wir uns vor Augen führen:

Auch wer sich nicht entscheidet (jetzt etwas zu verändern), hat sich längst entschieden.

## 6.1 Aufbau von Medienkompetenz

Ich wage eine harte Aussage: Die sogenannten **Digital Natives** können zwar Apps, die sozialen Medien und ihre Smart Devices „im Schlaf" bedienen. Ihnen fehlt aber weitgehend die Medienkompetenz, um mit der dort präsentierten Vielfalt verantwortlich umgehen zu können. Allerdings nicht nur ihnen! Denn auch die **Digital Immigrants** weisen – obwohl in anderen Zeiten medial sozialisiert – oft ein großes **Medienkompetenzdefizit** auf.

Daher ist ein generationenübergreifender **Aufbau von Medienkompetenz** notwendig. Medienkompetenz beschreibt die Fähigkeit, sowohl die verschiedenen Medienkanäle als auch deren Inhalte kompetent und vor allem kritisch zu nutzen sowie mit und in diesen zu agieren. Der Begriff der Medienkompetenz schließt die in Kap. 5 genannte Informations- und Technologiekompetenz ein. Schon hier kann festgestellt werden: Posts bei *Facebook*, Tweets bei *Twitter* sowie weitere unterschiedlich medial aufbereitete Inhalte bei *Instagram*, *YouTube* & Co. als dominante Informationsquelle zu nutzen, ist kein Zeichen von Medienkompetenz.

**Medienkompetenz** kann anhand der nachfolgend beschriebenen **vier Kriterien** gekennzeichnet werden (vgl. Abb. 6.1; zu anderen Konzepten Baacke 1997, 2001; Kübler 1999; Theunert 1999; Aufenanger 2001).

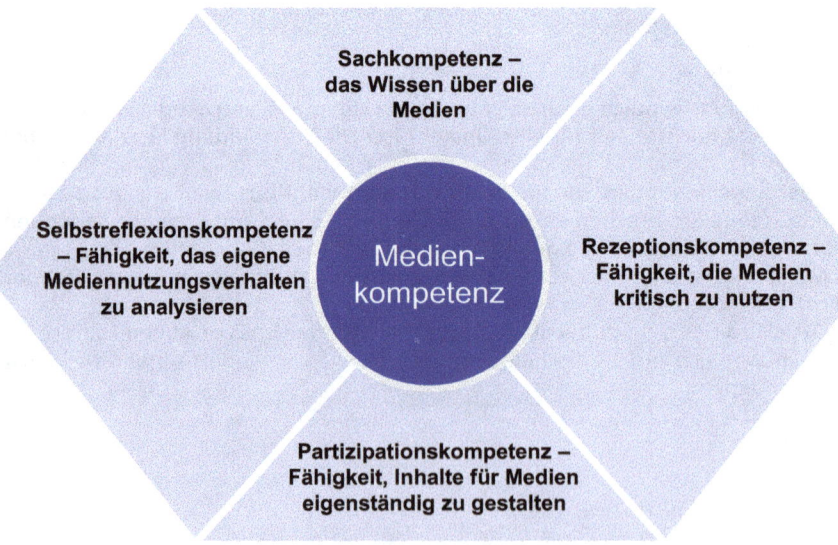

**Abb. 6.1** Dimensionen der Medienkompetenz

## Sachkompetenz – das Wissen über die Medien

Eine Grundlage der Medienkompetenz ist ein umfassendes **Wissen** über die Vielfalt der zur Verfügung stehenden **Medienkategorien**. Hierzu zählen zunächst neben den Print-Medien (Zeitungen, Zeitschriften) auch TV und Radio sowie die unterschiedlichsten Online-Angebote. Ein medienkompetenter Nutzer muss eine erste **Einordnung** der unterschiedlichen **Medienkanäle** vornehmen können.

So ist bei Zeitungen beispielsweise zwischen der **meinungsbildenden Presse** (zum Beispiel der *Frankfurter Allgemeinen Zeitung* oder der *Süddeutschen Zeitung*) und **Boulevardzeitungen** (wie etwa der *Bild Zeitung* oder der *Kronen Zeitung*) zu unterscheiden; Letzteren wird häufig nur eine eingeschränkte Seriosität zugeschrieben. Beim **investigativen Journalismus** handelt es sich um eine Sonderform des Journalismus, bei der einer Veröffentlichung oft sehr umfassende und langwierige Recherchen vorausgehen. Hier wird häufig über skandalbehaftete Entwicklungen aus Politik, Wirtschaft und/oder Gesellschaft berichtet. Bekannte Beispiele hierfür sind die Veröffentlichungen über die *Panama*-Papers, die *Snowden*-Enthüllungen zur *NSA* sowie die Ibiza-Affäre in Österreich.

Bei den **TV- und Radio-Sendern** ist zwischen öffentlich-rechtlichen Sendern und privat finanzierten Sendern zu unterscheiden. Die Art der Finanzierung wirkt sich nicht nur auf die **Programmgestaltung**, sondern auch auf die **Programmqualität** aus. Schließlich wurde für die öffentlich-rechtlichen Rundfunkanstalten im *Staatsvertrag für Rundfunk und Telemedien* (kurz *Rundfunkstaatsvertrag* oder *RStV*) präzise definiert (vgl. RStV 2019), was deren Auftrag ist. In § 11 (1, 2) RStV heißt es:

> „Auftrag der öffentlich-rechtlichen Rundfunkanstalten ist, durch die Herstellung und Vertreibung ihrer Angebote als Medium und Faktor des Prozesses freier individueller und öffentlicher Meinungsbildung zu wirken und dadurch die demokratischen, sozialen und kulturellen Bedürfnisse der Gesellschaft zu erfüllen. Die öffentlich-rechtlichen Rundfunkanstalten haben in ihren Angeboten einen umfassenden Überblick über das internationale, europäische, nationale und regionale Geschehen in allen wesentlichen Lebensbereichen zu geben. Sie sollen hierdurch die internationale Verständigung, die europäische Integration und den gesellschaftlichen Zusammenhalt in Bund und Ländern fördern. Ihre Angebote haben der Bildung, Information, Beratung und Unterhaltung zu dienen. Sie haben Beiträge insbesondere zur Kultur anzubieten. Auch Unterhaltung soll einem öffentlich-rechtlichen Angebotsprofil entsprechen.
>
> Die öffentlich-rechtlichen Rundfunkanstalten haben bei der Erfüllung ihres Auftrags die Grundsätze der Objektivität und Unparteilichkeit der Berichterstattung, die Meinungsvielfalt sowie die Ausgewogenheit ihrer Angebote zu berücksichtigen."

Um diesen Auftrag – vor allem auch im Sinne der **Objektivität** und **Unparteilichkeit** – ausüben zu können, ist in § 13 RStV die **Finanzierung der öffentlich-rechtlichen Rundfunkanstalten** wie folgt geregelt:

> „Der öffentlich-rechtliche Rundfunk finanziert sich durch Rundfunkbeiträge, Einnahmen aus Rundfunkwerbung und sonstigen Einnahmen; vorrangige Finanzierungsquelle ist der Rundfunkbeitrag. Programme und Angebote im Rahmen seines Auftrags gegen besonderes Entgelt sind unzulässig; ausgenommen hiervon sind Begleitmaterialien. Einnahmen aus dem Angebot von Telefonmehrwertdiensten dürfen nicht erzielt werden."

Alle Menschen, die in der heutigen Zeit Begriffe wie **Lügenpresse, Staatsmedien** und **Fake News** in den Mund nehmen und damit oft auch die öffentlich-rechtlichen Sender meinen, sollten sich diese Paragrafen einmal genauer anschauen. Keiner der Social-Media-Kanäle in Deutschland unterliegt auch nur annähernd einer solchen Regelung (vgl. vertiefend Glässgen 2015). In Frankreich dagegen werden seit 2019 Internetplattformen und Suchmaschinen vom französischen Fernseh- und Rundfunkrat überwacht (vgl. Wiegel 2019, S. 8).

Es liegt an jedem Einzelnen von uns, ob wir die journalistischen Medien in ihrer Rolle als **„vierte Gewalt"** – neben Exekutive, Legislative und Judikative – stärken oder schwächen; zum Wohle oder zum Schaden unserer Demokratie. Das können wir zum einen, indem wir – auch parallel zu verschiedenen anderen Informationskanälen – auf **Angebote des Qualitätsjournalismus zugreifen**.

Und ja, es geht auch darum, ob wir bereit sind, unseren Beitrag zur **Finanzierung des Qualitätsjournalismus** zu leisten. Das beginnt mit dem Verzicht auf Pop-up-Blocker auf den Newsseiten der Zeitungs- und Zeitschriftenverlage und beinhaltet auch die Unterstützung durch den Kauf der jeweiligen Produkte. So können wir jeden Tag einen (finanziellen) Beitrag zum **Aufbau der vierten Gewalt** leisten.

**Rezeptionskompetenz – Fähigkeit, die Medien kritisch zu nutzen**
Ein Element der Rezeptionskompetenz ist die **Bewertung** der in verschiedenen Quellen gewonnenen **Informationen**. Hier gilt es beispielsweise festzustellen, ob ggf. bei bestimmten Nachrichten oder bei bestimmten „Sendern" – seien es Zeitungen, Zeitschriften, Rundfunk, TV, Unternehmens-Websites, *YouTube*-Videos, *Facebook*-Posts etc. – ein **Pro-domo-Effekt** vorherrscht („pro domo" bedeutet „für das eigene Haus"). Damit ist das Phänomen gemeint, dass Unternehmen gerne positiv über eigene Leistungen

sprechen. Wenn die *Deutsche Post* zum Beispiel sagt, dass ein Werbe-Mailing die beste Art der Kundengewinnung sei, dann kann damit das Ziel verbunden sein, eigene Leistungen besonders gut darzustellen. Das ist zwar legitim; dennoch sollte ein medienkompetenter Nutzer auf die unkritische Übernahme solcher Aussagen verzichten.

Hier kann auch von einer **Hidden Agenda** gesprochen werden, weil der Präsentation von Inhalten Hintergedanken oder verborgene Motive zugrunde liegen, die einer Objektivität der Informationen zuwiderlaufen. Deshalb ist es so wichtig, etwa auch kommerzielle oder politische Interessen in journalistischen Beiträgen erkennen zu können. Stammen Erkenntnisse dagegen von renommierten Marktforschungsunternehmen, kann von einer höheren Objektivität der Ergebnisse ausgegangen werden (vgl. vertiefend Kreutzer 2018b, S. 13–16).

Bei Veröffentlichungen auf *Wikileaks* ist deshalb immer kritisch zu prüfen, wer – neben der Öffentlichkeit – an einer Veröffentlichung noch interessiert sein könnte. Diese Frage stellt sich beispielsweise dann, wenn – wie während des laufenden US-Präsidentenwahlkampfs 2016 – E-Mails von einer Kandidatin auf *Wikileaks* veröffentlicht werden, während die Plattform zu möglichen Verfehlungen des anderen Kandidaten schweigt.

**Denkanstoß**

Wenn immer jemand – auf welchem Kanal auch immer – behauptet, etwas zum **Wohle der gesamten Menschheit** zu tun (wie viele Unternehmensgründer aus dem Silicon Valley), dann sollten wir ganz besonders hellhörig und vorsichtig sein. Oft handelt es sich nur um ein vorgeschobenes, gerne gehörtes Versprechen, hinter dem sich knallharte kommerzielle Ziele verbergen. Dann geht es beispielsweise tatsächlich um das Sammeln von Daten, um diese Daten selbst oder darauf basierende zielgenaue Werbung zu verkaufen – und nicht darum, der ganzen Welt scheinbar kostenlos Informationen bereitzustellen (zu denken an *Google*) oder diese für eine leichtere Kommunikation zu vernetzen (wie bei *Facebook*).

Zusätzlich sollten wir uns immer wieder um eine **Cross-Validierung** bemühen. Damit ist gemeint, dass eine an einer Stelle gefundene Information mit Inhalten weiterer Quellen abgeglichen wird, die möglichst unabhängig voneinander sind, um so die Korrektheit einer Information zu überprüfen. Ein solches Vorgehen ist bei Informationen, die in den sozialen Medien verbreiten werden, unverzichtbar.

Es gilt immer (!) zu hinterfragen, welcher Sender mit welcher Intention Informationen präsentiert.

Hätte eine solche Cross-Validierung stattgefunden, wären nicht ganze Generationen von Kindern dazu genötigt worden, mehr Spinat zu essen. Der **Spinat-Legende** nach soll ein Lebensmittelanalytiker, der um das Jahr 1890 herum den Eisenanteil von Spinat untersuchte, das Komma beim Eisengehalt versehentlich um eine Stelle zu weit nach rechts gerückt haben. Damit wurde dem Gemüse ein zehnfacher Eisengehalt attestiert. Weil sich nachfolgende Autoren immer wieder auf den gleichen Wert bezogen, ohne ihn einer neuerlichen Untersuchung zu unterziehen, sahen sich Millionen Eltern veranlasst, ihren Kindern Spinat „schmackhaft" zu machen – mit unterschiedlichem Erfolg. Erst in den 30er-Jahren des letzten Jahrhunderts wurde dieser Fehler in Deutschland in der Wissenschaft korrigiert – in den Köpfen der Eltern blieb der falsche Wert dagegen noch viele Jahrzehnte „verhaltenswirksam" (vgl. Drösser 1997).

Ein weiteres prominentes Beispiel für einen **unzureichenden Faktencheck** ist die Erfindung eines weiteren Vornamens für den ehemaligen Bundesminister *Karl-Theodor zu Guttenberg*. Ein Spaßvogel hatte den zehn tatsächlichen Vornamen den falschen elften Vornamen *Wilhelm* auf *Wikipedia* hinzugedichtet. Mehrere Journalisten hatten zur Fundierung ihrer Beiträge über den frisch ernannten Minister *Wikipedia* als zentrale – und hier sträflich – einzige Quelle herangezogen und in ihren Berichten alle elf Vornamen erwähnt (so die *Bild Zeitung* und *sueddeutsche.de*). Hier wurde ein **mangelndes Recherche-Ethos** bei einzelnen Medien sichtbar, was auch durch die Notwendigkeit zur Schnelligkeit bei der Suche nach Informationen nicht zu entschuldigen ist (vgl. Graff und Kortmann 2010).

Wenn sich einige Master-Studenten an die Empfehlung zur Cross-Validierung gehalten hätten, wäre wohl der Begriff **„Cause-related Marketing"** nicht völlig schmerzfrei als „ursachenbezogenes Marketing" übersetzt worden. Dafür wurde lediglich schnell einmal der Online-Übersetzer angeworfen und der Begriff – KI-gestützt – übersetzt. Tatsächlich beschreibt Cause-related Marketing die Zusammenarbeit eines profitorientierten Unternehmens mit einer Non-Profit-Organisation, um einem „guten Zweck" (für die Gesellschaft, die Umwelt etc.) zu dienen. Ein Blick in ein gutes Lehrbuch oder das Online-Lexikon des *Gabler-Verlags* hätte hier für eine korrekte Definition genügt.

Immer wieder werden zur **Definition von Begriffen** lediglich Quellen herangezogen, die nur die „neue" Online-Welt abbilden. Meistens werden für die Recherche allein die sogenannten **Convenience-Sources** „angezapft": Das sind Online-Quellen, die auf Knopfdruck Ergebnisse „ausspucken" und das intensivere Lesen eines Lehrbuchs scheinbar, aber eben nur scheinbar, verzichtbar machen. Dann wird nicht erkannt – und in den Definitionen auch nicht berücksichtigt – dass Themen wie Content-Marketing, Dialog-Marketing, Blickregistrierung bei Werbemitteln etc. auch schon im vordigitalen Zeitalter existierten. Die Autoren der zitierten Quellen – und im Anschluss auch die auf dieser Basis agierenden Verfasser von Definitionen – erkennen das aufgrund einer sehr oberflächlichen Suche sowie aufgrund einer fehlenden **Kontextualisierung der Begriffsdefinitionen** nicht.

Das Gleiche gilt für eine oberflächliche Nutzung von *Wikipedia*. Ich bekenne, dass ich selbst sehr gerne *Wikipedia* nutze, um mir die Inhalte unbekannter Begriffe etc. zu erschließen. Allerdings nutze ich *Wikipedia* als **Source of Inspiration**. Das bedeutet, dass ich mich durch die dort gefundenen Inhalte anregen lasse, eigenständige Definitionen – basierend auf den Inhalten zusätzlich ausgewerteter Quellen – zu entwickeln. Häufig stelle ich außerdem fest, dass wichtige Teilaspekte bei den auf *Wikipedia* gefundenen Inhalten fehlen, diese einer logischen Überprüfung nicht standhalten oder – zunehmend – nicht mehr dem aktuellen Wissensstand entsprechen. Medienkompetente Nutzer erkennen solche Defizite und können sie durch eigenes Nachdenken und/oder das Heranziehen weiterer Quellen überwinden.

Besonders bei **Bewertungsplattformen** muss bei der Beurteilung von Inhalten die Quelle berücksichtigt werden. Diese Plattformen erwecken oft den **Anschein der Objektivität**, obwohl sie diesem hehren Ziel meist nicht gerecht werden. Wie aktuelle Studien zeigen, werden häufig bei *Biallo*, *Check24*, *Tarifcheck*, *Verivox* und anderen nur die Angebote bzw. die Unternehmen bewertet, die sich (kostenpflichtig) bei der Plattform angemeldet haben und/oder bereit sind, Vermittlungsprovisionen für Leads (Kaufinteressenten) oder Käufer zu bezahlen.

Wer als Anbieter zur Bezahlung solcher Provisionen nicht bereit ist, wird in den Trefferlisten nicht oder nur nachrangig angezeigt. Den Kunden werden also attraktivere Angebote im Netz aufgrund fehlender Zahlungsbereitschaft der Anbieter nicht oder nicht an oberster Stelle angezeigt. Es wird deutlich, dass die **Bewertung der Leistungsangebote** durch diese Plattformen häufig nicht unabhängig ist (vgl. vertiefend Klemm 2017, S. 27). Auch dies sollte bei Kaufentscheidungen berücksichtigt werden.

Zum Ausbau Ihrer ganz persönlichen Medienkompetenz bei **Warentests** sollten Sie bei folgenden Anzeichen stutzig werden, weil sie auf **betrügerische Testplattformen** hinweisen (vgl. Stiftung Warentest 2019, S. 8 f.):

- **Es werden nur „tolle" Produkte präsentiert**
  Plattformen, die sich fälschlicherweise als Tester ausgeben, bewerten häufig alle Produkte positiv – um so zum Kauf zu motivieren.
- **Einsatz von verräterischen Fotos**
  Es sollte Sie stutzig machen, wenn der „Tester" die gleichen Fotos verwendet wie der Anbieter selbst; dann liegt der Verdacht nahe, dass der Anbieter

nicht nur die Fotos, sondern ggf. auch die Produktbewertung bereitgestellt hat. Fotos während einer Testsituation zu erstellen, ist dagegen aufwändiger; insbesondere dann, wenn komplexe Testgeräte notwendig sind, über die ein Fake Tester nicht verfügt.

- **Prominenter Link zum Online-Shop**
Ein Link, der von der „Tester"-Plattform direkt zum Online-Shop verweist, ist ein deutlicher Hinweis auf eine provisionsbasierte Empfehlung (wir sprechen hier von Affiliate-Marketing; vgl. Kreutzer 2018a, S. 250–258).
- **Fehlende Beschreibung des Testprozesses**
Während seriöse Tester die Bewertungskriterien sowie den Testaufbau genau beschreiben, verzichten Fake Tester darauf; schließlich können sie ja nichts beschreiben.
- **Fehlendes Impressum auf der Homepage**
In Deutschland ist ein Impressum ein rechtlich vorgeschriebener Bestandteil des Online-Auftritts. Fehlt ein solches oder wird auf „ferne" Länder verwiesen, sind ebenfalls Zweifel an der Seriosität der Test-Plattform angebracht.

Eine Untersuchung der Stiftung Warentest (2019) zeigt, dass Produkte, die auf Fake Plattformen Top-Bewertungen aufwiesen, von der *Stiftung Warentest* nicht nur in Einzelfällen das Qualitätsurteil „mangelhaft" erhielten. Deshalb sollten wir **Fake Plattformen** nicht auf den Leim gehen.

Eine weitere Facette der Rezeptionskompetenz ist die **Erkennung von redaktionellen Inhalten und Werbung**. In Deutschland verpflichtet das **Trennungsgebot** die Werbenden dazu, Werbung durch Hinweise wie „Anzeige", „gesponsert" oder „enthält Produktplatzierungen" für den Nutzer kenntlich zu machen. Durch das Gebot der Trennung von Berichterstattung und Werbung soll **eine unbeeinflusste Berichterstattung** gesichert (vgl. Meckel 2019) und erreicht werden, dass jeder Empfänger eindeutig zwischen Nachricht und Werbung unterscheiden kann.

Allerdings zeigen Studien immer wieder, dass selbst die mit „Anzeige" gekennzeichneten **Suchmaschinenanzeigen** bei *Google* von vielen Nutzern nicht als Werbung erkannt werden. Eine repräsentative Studie von Lewandowski et al. (2019, S. 3, 7) mit 1000 Teilnehmern liefert hierzu spannende Resultate:

- Nur ein kleiner Anteil der Nutzer konnte zuverlässig zwischen bezahlten **Anzeigen** und **echten (organischen) Treffern** in den Suchmaschinenergebnissen unterscheiden. Obwohl werbliche Beiträge als solche

markiert sind, wird dies von vielen Nutzern übersehen. Die Inhalte werden dann in der Annahme wahrgenommen, es handele sich um reguläre Suchergebnisse.
- In der aufgabenbasierten Studie konnten lediglich 1,3 % der Teilnehmeralle Anzeigen und organischen Ergebnisse auf den **Ergebnisseiten der Suchmaschine** korrekt den Bereichen „Werbung" bzw. „Ergebnis der organischen Suche" zuordnen. 9,6 % der Probanden haben ausschließlich korrekte Markierungen vorgenommen – allerdings keine Vollständigkeitrekte Markierungen vorgenommen erreicht.
- Über das Geschäftsmodell von *Google* liegt auch nur begrenztes Wissen vor. Zwar führen 81 % der Probanden Werbung korrekt als **Einnahmequelle von *Google*** an. Allerdings nannten nur 60,6 % Werbung als einzige Einnahmequelle. Weitere 20,4 % nannten andere, nicht zutreffende Einnahmequellen; 9,5 % gaben eine völlig falsche Antwort. Weitere 9,5 % wussten nicht, wie *Google* seine Einnahmen generiert.
- Von den Teilnehmern, die wussten, dass man für die werbliche Platzierung auf den Trefferseiten von *Google* bezahlen kann, sagten 57,98 %, dass eine **Unterscheidung zwischen organischen Ergebnissen und Anzeigen** möglich sei – was auch zutreffend ist. 26,6 % sagten allerdings fälschlicherweise, dass dies nicht möglich sei.

Momentan werden das Trennungsgebot und damit die Verpflichtung zur sauberen und erkennbaren Differenzierung zwischen Werbung und „eigenständigen" Inhalten im Kontext des **Influencer-Marketings** intensiv diskutiert. Auch hier verwischen zunehmend die Grenzen zwischen Eigendarstellung und Werbung, so dass Influencer immer häufiger das Risiko eingehen, bei nicht gekennzeichneten werblichen Beiträgen **Schleichwerbung** zu betreiben (vgl. vertiefend zum Thema Influencer-Marketing Kreutzer und Land 2017, S. 209–229; Ebenfeld und Ziems 2018). Auch in vielen anderen Kommunikationskanälen sind die Übergänge zwischen redaktionellen Inhalten und Werbung sehr fließend – um nicht zu sagen „schleichend". Ein kritischer, aufgeklärter Mediennutzer muss dies erkennen!

Eine weitere wichtige Facette der Rezeptionskompetenz ist die **Unterscheidung zwischen Information und Kommentar**. In Deutschland wird in den Zeitungen und im Rundfunk (meist) deutlich sichtbar zwischen der reinen Berichterstattung (**Präsentation des Geschehens**) und deren bewertender Kommentierung (**Wertung des Geschehens**) unterschieden. Auf diese Weise lernen die kritischen Leser die Fakten kennen – und eine mögliche Einschätzung und Einordnung durch den Kommentator. In den sozialen Medien gibt es eine solche Unterscheidungsnotwendigkeit nicht. Wertung und

Berichterstattung gehen munter durcheinander – und es bleibt unsere Herausforderung, Fakten von Wertungen zu trennen.

Zusätzlich fällt es häufig schwer, in den sozialen Medien zu erkennen, wer der eigentliche Sender ist. Solche Sender können nicht nur **Fake Accounts** der schon beschriebenen **Trollfabriken** sein. In Zukunft werden auch immer intelligentere **Chatbots** manipulative Informationen bereitstellen. Diese Roboter können täuschend echte Botschaften in den sozialen Medien verbreiten, sie können Botschaften auch liken und weiterleiten. So können sie eine Relevanz von Themen suggerieren, die in der Gesellschaft gar nicht vorhanden ist. Beispielsweise können Trends künstlich gefördert werden – und dann sogar Maßnahmen auf der politischen Ebene anstoßen (vgl. vertiefend Kreutzer und Sirrenberg 2019, S. 126–156).

Auch hier wird wieder der große Unterschied zwischen klassischen und „sozialen" Medien deutlich. Der Verfasser wird in Zeitungen und Zeitschriften sowie in Radio und TV meist namentlich genannt; in vielen Online-Quellen – nicht nur in den sozialen Medien – fehlen solche Angaben. Das ist beim „Vertrauen" in die so kommunizierten Informationen und vor allem auch bei einer Weiterleitung derartiger Inhalte zu berücksichtigen.

In Summe gilt: Wir befinden uns im **informatorischen Schlaraffenland**. Wir laufen allerdings Gefahr, uns informatorisch zu „überfressen" oder giftige Nahrung zu erwischen. So geben drei von vier Befragten in der AWA (2019) an, dass es ihnen schwerfalle, jeweils einzuschätzen, welche **Informationsquellen vertrauenswürdig** seien.

Zur Rezeptionskompetenz gehört auch die **Fähigkeit zur kritischen Analyse der Informationen selbst**. Eine wichtige Prüfung von Inhalten ist zunächst einmal ein **Gegencheck mit eigenem Wissen**, um beispielsweise Plausibilitäten zu ermitteln. Hierzu kann es wichtig – sogar unverzichtbar – sein, dass man selbst so scheinbar banale Informationen parat hat wie die Anzahl der weltweit produzierten Pkws. Für das Jahr 2018 liegt diese Zahl bei ca. 70 Millionen (ohne Nutzfahrzeuge). Wenn man dann in einem Bericht liest, dass *Volkswagen* (als Weltmarktführer) im letzten Jahr 100.000 Autos produziert hat, sollte einen das stutzig machen. Tatsächlich liegt diese Zahl bei elf Millionen Fahrzeugen (vgl. Volkswagen 2019).

Ähnlich verhält es sich, wenn in einem Zeitungsartikel steht: „Unsere Arbeitsmarktforscher prognostizieren für dieses Jahr im Vergleich zu 2018 rund 680.000 sozialversicherungspflichtige Beschäftigte." Einem Leser mit einer groben Vorstellung zur Anzahl der sozialversicherungspflichtigen Beschäftigten in Deutschland wird unschwer auffallen, dass hier das Wörtchen „mehr" fehlt – das dem Satz einen ganz anderen Inhalt gibt.

Wenn ausreichend (geografisches) Wissen vorhanden ist, dann unterbleiben auch legendäre Aussagen von deutschen Fußballspielern mit dem wunderbaren Inhalt: „Mailand oder Madrid – Hauptsache Italien!"

Außerdem sollte jeder auch in der Lage sein, Aussagen kritisch zu hinterfragen, die durch die sogenannte **NOMS-Methode** gewonnen wurden. NOMS ist die Abkürzung für „National One Man Sample" und verdeutlicht auf ironische Weise, dass eine Information auf der Aussage einer einzigen Person basiert. Hierdurch verliert sie quasi automatisch ihre Relevanz, weil die Tatsache, dass eine Person eine Aussage tätigt, nicht bedeutet, dass diese für eine ganze Nation relevant ist.

Legendär waren solche Aussagen beim Aufkommen von *Facebook*, als CEOs in Vorstandsmeetings darüber berichtet haben, dass ein Mit-Golfer oder gerne auch die 14-jährige Tochter gesagt habe, das eigene Unternehmen müsse jetzt auch auf *Facebook* aktiv werden; selbst wenn die unternehmenseigene Zielgruppe dort gar nicht zu finden war.

> **Denkanstoß**
>
> Übrigens ist es für die eigene Glaubwürdigkeit förderlich, wenn auch wir auf die NOMS-Methode verzichten. Häufig neigen wir nämlich selbst dazu, die eigene Meinung über alles andere zu stellen – ggf. ohne ausreichend Pro- und Contra-Aspekte abgewogen zu haben. Das macht uns zu Recht angreifbar – durch medienkompetente Menschen.

Jeder Leser sollte auch den **Unterschied zwischen absoluten und relativen Zahlen** kennen. Wenn in einem Marketing-Lehrbuch steht, dass ein Unternehmen durch die sozialen Medien einen Umsatz von 2,5 Millionen Euro erzielt hat, dann klingt dies nach viel. Wenn allerdings der – im Beitrag nicht genannte – weltweite Umsatz desselben Unternehmens bei 89 Milliarden Euro liegt (ermittelt durch eine zusätzliche Recherche), schmilzt der Anteil der sozialen Medien am Umsatz auf lediglich 0,0028 % und ist auf verschwindend gering.

Zusätzlich ist es wichtig, den **Unterschied zwischen nominalen und realen Zahlen** zu kennen. Häufig werden das Wachstum der Weltwirtschaft sowie Umsatzsteigerungen von Unternehmen in nominalen Werten ausgedrückt. Die Differenz zwischen einem realen und einem nominalen Wert ist die **Inflationsrate**. Wenn ein Wachstum der Weltwirtschaft von 2,5 % ausgewiesen wird, sollten wir immer gleich fragen: real oder nominal? Bei einer weltweiten Inflationsrate von 2 % würde sich ein nominales Wachstum von 2,5 % auf ein reales („inflationsbereinigtes") Wachstum von 0,5 % verringern.

Bei einer in der Vergangenheit durchaus zu beobachtenden Inflationsrate von 6 % würde das reale Wachstum der Weltwirtschaft sogar auf −3,5 % absinken; sprich: Die Weltwirtschaft würde schrumpfen.

Im Übrigen gilt: Wenn in Veröffentlichungen von solchen Werten berichtet wird, sind es meistens „nominale" Zahlen. Werden „reale" Werte kommuniziert, ist das meistens entsprechend gekennzeichnet.

Häufig werden aus Quellen – seien es schlecht strukturierte Lehrbücher oder auch *Wikipedia* – **fehlerhafte Gliederungsstrukturen** unreflektiert übernommen. Ein Beispiel zeigt Abb. 6.2. In vielen Gliederungen von Bachelor-, aber auch von Master-Studenten finden sich solche falschen Gliederungen. Einen Unterpunkt 2.1 ohne 2.2 kann es aus logischen Überlegungen nicht geben. Wenn ein Oberpunkt nur einen Unterpunkt hat, müssten Ober- und Unterpunkt identisch sein – und könnten deshalb nicht in Ober- und Unterpunkt unterschieden werden; deshalb kann es auch keine unterschiedlichen Überschriften geben.

Ebenfalls zur Rezeptionskompetenz ist die Fähigkeit zur kritischen **Analyse von Statistiken** zu zählen. Neben dem schon legendären Satz „Glaube keiner Statistik, die du nicht selbst gefälscht hast", ist auch auf eine Aussage des verstorbenen Literaturkritikers *Marcel Reich-Ranicki* zu verweisen: „Mit Statistik kann man alles beweisen, sogar die Wahrheit. Also bin ich für Statistik."

Ich bin auch für Statistik; allerdings plädiere ich für einen gekonnten Umgang mit ihr. Welches Schindluder mit Statistiken betrieben wird, kann monatlich an der **Unstatistik des Monats** festgestellt werden. Diese wird vom *RWI (Leibniz-Institut für Wirtschaftsforschung)* ausgewählt und kommentiert. Das *RWI* ist ein führendes Zentrum für wissenschaftliche Forschung und evidenzbasierte Politikberatung in Deutschland (vgl. RWI 2019; spannende Beiträge hierfür liefern auch Bauer et al. 2014).

Jeder kritische Nutzer von Studien sollte in der Lage sein, die **Grundlagen von Befragungen und Beobachtungen** kritisch zu bewerten. Liegt den

**Abb. 6.2** *Wikipedia*-Eintrag von *Dell Technologies*. (Quelle: Wikipedia 2019)

## 6 Zeit zur Umkehr: Medienkompetenz, Selbstanalyse, Selbstdisziplin

Ergebnissen eine **repräsentative Stichprobe** zugrunde, können die Ergebnisse der Stichprobe auf die jeweilige Grundgesamtheit übertragen werden; die Ergebnisse der Stichprobe sind also repräsentativ für das größere Ganze (daher auch der Name „repräsentative Stichprobe"). Fehlt bei Studien der Hinweise auf die Repräsentativität, so kann davon ausgegangen werden, dass die Ergebnisse nicht repräsentativ sind. Da die Erstellung einer repräsentativen Stichprobe meist aufwändiger ist, wird meist auch angegeben, wenn es sich um eine solche handelt.

Bei **nicht-repräsentativen Studien** stellt sich folglich die Frage nach deren Relevanz: Was soll ich mit Ergebnissen anfangen, die zwar etwas über das Verhalten der Stichprobe aussagen, nicht aber über das größere Ganze? Mit nicht-repräsentativen Studien lässt sich alles und nichts „beweisen". Einen schwachen Indikator für die „Werthaltigkeit" von nicht-repräsentativen Studien stellt die Stichprobengröße dar, die beispielsweise mit „N = 112" angegeben wird. In einer ersten Annäherung kann man sagen, dass eine größere Stichprobe tendenziell zu valideren (gültigeren) Ergebnissen führen kann. Wenn die Stichprobe falsch gezogen wurde, kann jedoch auch bei einer größeren Anzahl der Probanden kein vernünftiges Ergebnis erzielt werden.

Eine Ausnahme von der Notwendigkeit einer Repräsentativität stellen sogenannte **explorative Studien** dar. Bei diesen geht es ganz bewusst nicht um ein repräsentatives Ergebnis, sondern um die Erforschung bzw. Exploration eines neuen Sachverhalts (zum Beispiel den Einsatz der Künstlichen Intelligenz im Bereich Kundenservice). Ziel ist es, erste – nicht unbedingt verallgemeinerbare – Erkenntnisse zu gewinnen.

Bei **qualitativen Studien,** die bspw. Tiefeninterviews einsetzen, wird keine quantitative Repräsentativität, sondern eine **strukturelle Repräsentativität** angestrebt. Das Ziel stellt folglich die Ermittlung von Strukturen dar – bspw. die Motivlage beim Kauf eines Haushaltsreinigers (vgl. weiterführend Kreutzer 2018b, S. 99–103).

Ein weiteres Element der Rezeptionskompetenz ist die Fähigkeit zur **Unterscheidung von Korrelationen und Kausalitäten**. Eine **Korrelation** beschreibt eine Beziehung zwischen zwei oder mehr Merkmalen, Ereignissen und/oder Zuständen. Ein Mehr vom einen kann mit einem Mehr oder einem Weniger von etwas anderem einhergehen. Dieser Zusammenhang wird beispielsweise durch den **Korrelationskoeffizienten** gemessen, dessen Wert zwischen „1" (absolut gleichlaufende Beziehung), „0" (keinerlei Beziehung) und „−1" (absolut gegenlaufende Beziehung) liegen kann.

Wichtig ist, dass die durch eine Korrelation gemessene Beziehung nicht kausal, das heißt ursächlich sein muss. Das Lieblingsbeispiel dafür, dass eine Korrelation keine Kausalität bedeutet, stellt die Beobachtung dar, dass am Neusiedler

See die Anzahl der gesichteten Störche mit der Anzahl der neugeborenen Kinder korreliert (Motto: mehr Störche, mehr Kinder). Es ist jedoch eine dritte Variable für die Korrelation verantwortlich: die Industrialisierung. Der eigentliche (kausale) Zusammenhang besteht zwischen der Industrialisierung und der Anzahl der Störche sowie der Industrialisierung und der Anzahl an Babys (in industrialisierten Gebieten gibt es sowohl weniger Störche als auch weniger Babys).

Wichtig ist folglich der Hinweis, dass eine **Korrelation keine kausale Beziehung** bzw. Ursache-Wirkungs-Beziehung beschreibt. Eine Korrelation weist lediglich auf einen Zusammenhang hin. Ein weiteres Beispiel: Aus einer im Sommer festgestellten positiven Korrelation zwischen einem hohen Trinkwasserkonsum und einer Vielzahl von Sonnenbränden kann nicht darauf geschlossen werden, dass der Trinkwasserkonsum „kausal" bzw. „ursächlich" für die Sonnenbrände sei. Dagegen ist davon auszugehen, dass die intensive Sonnenbestrahlung sowohl kausal für die Sonnenbrände als auch über die durch die Sonne verursachte Wärme kausal für den Trinkwasserkonsum ist. Auch hier ist wie im Störche-Babys-Beispiel folglich eine dritte Größe die Ursache für die festgestellte Korrelation.

Von einer **Kausalität** bzw. einer **kausalen Beziehung** wird gesprochen, wenn eine Ursache zu einer Wirkung führt. Ein Ergebnis oder ein Zustand A führt zu einem Ergebnis, einem Zustand oder einer Wirkung B. So führt ein sehr intensives Sonnenbaden (Ereignis A) bei den meisten Menschen zu einem Sonnenbrand (Ereignis B). Das Sonnenbaden ist hier die Ursache für den Sonnenbrand.

In vielen Beiträgen – on- wie offline – wird über Korrelationen oft so berichtet, als ob Kausalitäten bestünden. Gerade populistische Stimmungsmacher bedienen sich dieses manipulativen Tricks, um einfache Erklärungen zu liefern nach dem Motto: „Schuld an X ist alleine Y" – obwohl die Realität viel komplexer aussieht. Deshalb hier noch einmal der Hinweis, dass **monokausale Erklärungsansätze** mit der Realität häufig nicht viel zu tun haben.

Ein weiterer Teilaspekt der Rezeptionskompetenz ist das **korrekte Zitieren von Informationsquellen** – basierend auf einem fundierten **Quellenstudium**. Eigentlich stellt es eine Selbstverständlichkeit dar, den Zugriff auf bzw. die Nutzung von **geistigem Eigentum Dritter** in Veröffentlichungen zu kennzeichnen (weitere interessante Impulse zu diesem Thema vermitteln Bänsch und Alewell 2013; Kornmeier 2013; Manschwetus 2016; Theisen 2017; Zielinski 2013). Allerdings erfolgt selbst bei wissenschaftlichen Veröffentlichungen nicht immer ein korrektes Zitieren, wodurch sich die so Agierenden eines **Plagiats** schuldig machen.

Deutschland ist wohl eines der wenigen Länder der Welt, in dem amtierende Minister zurücktreten und sich aktive Politiker aus der Parteiarbeit zurückziehen mussten, weil ihnen öffentlich ein zu laxer Umgang mit fremden Ideen in ihrer Doktorarbeit nachgewiesen werden konnte. Zur Liste der betroffenen Minister gehören *Karl-Theodor zu Guttenberg* und *Annette Schavan*. Zu den aktiven Politikern, die auf ihren Doktortitel verzichten mussten, gehören *Silvana Koch-Mehrin, Jorgo Chatzimarkakis* sowie *Margarita Mathiopouos*.

**Partizipationskompetenz – Fähigkeit, Inhalte für Medien eigenständig zu gestalten**
Zur Partizipationskompetenz gehört die **Fähigkeit zur mitwirkenden Kommunikation**. Diese erschöpft sich allerdings nicht alleine darin, bei Beiträgen – etwa auf *LinkedIn* – mit Symbolen für „Gefällt mir", „Applaus", „Wunderbar", „Inspirierend" oder „Nachdenklich" zu reagieren. Echte Partizipationskompetenz zeigt sich auch durch die **selbständige Kreation von Kommentaren** zu präsentierten Inhalten.

In welchem Umfang solche tatsächlich geliefert werden, zeigt beispielhaft Abb. 6.3. Dieser ironisch auf Reaktionen ausgelegte Beitrag von mir wurde 13.081 Mal „gesehen" (wir wissen, was das heißt!). Es erfolgten 121 Reaktionen (Response-Quote 0,93 %). 24 Kommentare wurden verfasst; die Kommentarquote lag folglich bei beeindruckenden 0,18 %.

Solche **Response-Werte** sind nachvollziehbar, wenn man sich vor Augen führt, wie viele Hunderte von Posts von einem durchschnittlichen Social-Media-Nutzer pro Tag „gesehen" werden. Vor lauter Lesen bleibt keine Zeit zum Verarbeiten und Kommentieren, weil man schon wieder beim nächsten Post ist und dann zum übernächsten eilt.

Welchen Wert weist eine solche **Rezeption von Inhalten** dann eigentlich noch auf?

Zur **Eigenkreation von Inhalten** bietet das Internet, insbesondere aber die sozialen Medien, eine Vielzahl von Plattformen an. Das Spektrum reicht von der Inszenierung auf *Facebook, Instagram, LinkedIn, Snapchat* und *Xing* über die Kreation von Videos für *TikTok* und *YouTube* bis zum Verfassen von Blogs und Wikis bis zur Gestaltung eigener Websites. Natürlich kann man auch in der Offline-Welt kreativ sein und bei einer Schüler- oder Studentenzeitung mitwirken, Flugblätter erstellen oder – auch das gibt es noch – Leserbriefe an Zeitungen schreiben.

Was eine analoge **One-Girl-Demo** in der heutigen Zeit auslösen kann, zeigt exemplarisch die durch *Greta Thunberg* weltweit ausgelöste Welle „*Fridays for Future*". Die ganze Bewegung hat mit einer einfachen Sitzdemo von *Greta Thunberg* begonnen (vgl. Abb. 6.4).

*Ein schönes Erlebnis hatte ich beim Besuch am Brandenburger Tor in Berlin. Dort fand vor Jahren eine friedliche Demonstration statt, bei der Europa- und*

Ihr am 24. Juni 2019 veröffentlichtes Bild    121 Reaktionen 24 Kommentare

13.081 Ansichten    8 Mal erneut geteilt

**Ralf T. Kreutzer**
Professor für Marketing bei Hochschule für Wirtschaft und Recht, Berlin - Trainer, Coach, Consultant und Keynote-Speaker
1 Monat

In einer leicht ironischen Variante habe ich die 5 Ls des modernen #Managements zusammengefasst. #Loslassen bedeutet, Aufgaben, Verantwortung und Kompetenz zu delegieren. #Lernen bedeutet, dass wir unser Wissen tagtäglich ergänzen müssen. #Leiden geht mit dem Aufbruch ins (digitale) Neuland einher. #Lockerbleiben ist die Kunst, auch bei zunehmendem KPI-Druck die Leichtigkeit des Seins nicht zu verlernen. #Lachen schließlich ist die Währung, damit auch die Lebensfreude nicht verloren geht. Wer hat weitere spannende Ls als Ergänzung?
Mehr dazu in #Kreutzer, Ralf T., #ToolboxfuerMarketingundManagememen. Mehr zu mir unter ralf-kreutzer.de.

## Die 5 Ls des modernen Managements

 Loslassen

 Lernen

 Leiden

 Lockerbleiben

 Lachen

Prof. Dr. Ralf T. Kreutzer, Toolbox für Marketing und Management, SpringerGabler, 2018    Seite 1

**Abb. 6.3** Kommunikationsintensität bei *LinkedIn*. (Quelle: LinkedIn)

**Abb. 6.4** Beginn der weltweiten „*Fridays-for-future*"-Bewegung durch eine One-Girl-Demo in der Offline-Welt. (Quelle: Glikson 2019)

# 6  Zeit zur Umkehr: Medienkompetenz, Selbstanalyse, Selbstdisziplin

*Türkei-Flaggen gleichzeitig hochgehalten wurden. Da ich mir auf die Zielsetzung dieser Demonstration keinen eindeutigen Reim machen konnte, fragte ich einen Demonstrationsteilnehmer nach den Zielen der Demonstration.*

*Seine ehrliche, aber auch erstaunliche Antwort: „Das weiß ich nicht. Man hat gesagt, ich soll hier mitgehen!"*

*Wenn man durch sein „körperliches Erscheinen" bei einer Demonstration seine Identifikation mit einem Thema zum Ausdruck bringt, dann sollte man dieses zumindest auch kennen!*

**Selbstreflexionskompetenz – Fähigkeit, das eigene Mediennutzungsverhalten zu analysieren**

Ein – vor allem bei Kreationen in den digitalen Medien – wichtiger Aspekt der Medienkompetenz ist die **Fähigkeit zur kritischen Bewertung von Eigenkreationen** – idealerweise vor einer Veröffentlichung. Immer wieder ist man versucht, Kommunikatoren auf den unterschiedlichsten Kanälen zuzurufen:

> „Wenn Du geschwiegen hättest, wärst Du ein Philosoph geblieben!"

Nicht nur in Worten, sondern auch in Taten – dokumentiert über Fotos und Videos – erzählen viele Menschen so viel mehr über sich selbst, als sie sich vor Augen führen. Man möchte, dass manche die legendären Worte des König Davids beherzigen (Psalm 141, 3):

„Herr, stelle eine Wache vor meinen Mund, behüte das Tor meiner Lippen!"

Da das Internet nichts vergisst, sind solche Inhalte auch dann noch auffindbar, wenn potenzielle Arbeitgeber Bewerbernamen googeln oder Vermieter im Vorfeld das Partyverhalten potenzieller Mieter ermitteln. Auch Statements von Politikern – im Unverstand, aufgrund von Unwissen bzw. Unfähigkeit und/oder im Alkoholrausch über *Twitter* & Co. kommuniziert – haben bereits Amtszeiten amtierender „Staatsdiener" beendet und noch Jahre später Karrieren verhindert.

Ein besonders anspruchsvoller Teil der Selbstreflexionskompetenz ist eine **medienbezogene Meta-Analyse** (vgl. vertiefend Abschn. 6.2). In diesem Fall analysiert man selbst, wie man die unterschiedlichsten Medien nutzt. Hierbei geht es nicht um die Inhalte der Mediennutzung, sondern um den Prozess der Mediennutzung selbst sowie um deren Auswirkungen. Der erste Teil dieser Meta-Analyse beschäftigt sich folglich mit dem **Prozess der eigenen Mediennutzung**, um diesen einer selbstkritischen Würdigung zu unterziehen. Wie viel Zeit verbringe ich in den sozialen Medien? Wie nutze ich diese Medien?

Der zweite Teil dieser Meta-Analyse beschäftigt sich mit den **Auswirkungen des eigenen Medienkonsums** auf das eigene Leben, die Beziehungen zu anderen Menschen, die Arbeitsfähigkeit (im Beruf, Schule und Universität), die Freizeitgestaltung, die Kreativität etc. Durch die Integration der Wirkungen des Medienkonsums auf andere erhält die Dimension „Selbstreflexionskompetenz" eine ethische Komponente.

Ein damit zusammenhängender Aspekt der Selbstreflexionskompetenz besteht schlicht und ergreifend im **Stopp eines übermäßigen Medienkonsums**. In Studien wird immer wieder festgestellt, dass der Medianutzer einer „… Art medialer ‚All-Gier' erliegt … Was immer ihn im jeweiligen Augenblick umtreibt, das ständig verfügbare Angebot an digitalen Inhalten macht es möglich, diesen Impulsen sofort nachzugeben" (Ebenfeld und Ziems 2018, S. 27).

Deshalb ist es wichtig, sich selbst immer wieder **Stopp-Signale** zu geben, damit die **Entgrenzung des medialen Angebots** nicht zu einer permanenten oder wiederholten **Entgrenzung der medialen Nutzung** führt. Schon heute wird nicht nur stundenlanges Online-Gaming betrieben, sondern es werden auch stundenlang ganze TV-Serien konsumiert – schlicht, weil es geht. Ein solches Verhalten wird als **Binge-Watching** bezeichnet (vgl. Kap. 4).

Wenn die bisherigen Ausführungen Sie als Eltern, Großeltern, Manager, Lehrer, Hochschullehrer, Schüler, Jugendlicher, Auszubildender, Student, Sie nachdenklich gemacht haben, hat mein Beitrag schon ein erstes Ziel erreicht. Allerdings sollte **Nachdenklichkeit** dann auch zu relevanten Verhaltensänderungen führen.

Eine Studie des BSI (Bundesamt für die Sicherheit in der Informationstechnologie 2019, S. 3–12) zeigt, dass gerade die Digital Natives besonders anfällig für **Cyberkriminalität** sind. Hierzu wurden in Deutschland 2000 Personen in einer repräsentativen Stichprobe befragt. Danach sind die 16- bis 29-Jährigen am häufigsten Opfer von **Betrug beim Online-Shopping**, beim **Phishing** (Fachbegriff für das Abfischen von Passwörter – Password-Fishing), bei der **Nutzung von Schadsoftware** sowie von **Identitätsdiebstahl**, bei dem sich eine dritte Person für einen selbst ausgibt. Gleichzeitig erstatten diese Personen am seltensten Anzeigen gegen die Straftäter und informieren sich am wenigsten über Möglichkeiten, ihre Sicherheit im Netz zu erhöhen.

Im Zeitalter von Fake News, Deep Fakes, Trollfabriken, Chatbots etc., die vor allem westliche Demokratien unterwandern und/oder politische und gesellschaftliche Diskurse zu manipulieren versuchen, ist ein hohes Maß an Medienkompetenz unverzichtbar.

> Der Aufbau und die Pflege der eigenen Medienkompetenz ist eine nie aufhörende Aufgabenstellung!

## 6.2 Selbstanalyse zur Ermittlung des Status quo

„Wir haben mit der Digitalisierung die Hektik in unser Leben gelassen, haben die Ruhe aus unseren Seelen gerissen. Das wieder zu ändern ist eine der wohl wichtigsten Aufgaben unserer Zeit" (Otto 2019, S. 10)

Wie kann die notwendige **Motivation für eine Umsteuerung des Medienkonsums** geschaffen werden? Schließlich ist eine große Motivation notwendig, weil das **Ausbrechen aus medialen Abhängigkeitsverhältnissen** genauso schwierig ist, wie den Alkohol- oder Nikotinkonsum zu reduzieren oder einzustellen. Der Internetpionier Lanier (2018) hat in seinem Werk sehr plakativ zehn Gründe aufgeführt, warum man seine Social-Media-Accounts sofort löschen sollte. Vielleicht können Sie schon aus den folgenden Gründen erste **Motivationsschübe** gewinnen, um Ihr Verhalten zu überdenken und zu verändern.

1. Du verlierst deinen freien Willen.
2. Social Media ist ein Bummer (damit wird das folgende Geschäftsmodell beschrieben: Behaviors of Users Modified and Made into an Empire for Rent – sprich: Veränderung der Verhaltensmuster der Nutzer, die gleichzeitig dritten Parteien zur Verwendung angeboten werden).
3. Social Media macht dich zum Arschloch.
4. Social Media untergräbt die Wahrheit.
5. Social Media macht das, was du sagst, bedeutungslos.
6. Social Media tötet dein Mitgefühl.
7. Social Media macht dich unglücklich.
8. Social Media fördert prekäre Arbeitsverhältnisse.
9. Social Media macht Politik unmöglich.
10. Social Media hasst deine Seele.

Man könnte über jeden Punkt intensiv diskutieren; vieles ist auch schon angesprochen worden. Die krasse Wortwahl hilft uns vielleicht, einfach einmal einen etwas kritischeren Blick auf das zu werfen, was die sozialen Medien mit uns tun. Um selbst zu erkennen, in welchem Maße man von den in diesem Werk beschriebenen Risiken bedroht ist, bedarf es einer intensiven **Selbstanalyse**. Hierzu werden im Folgenden ein paar hilfreiche Ideen entwickelt.

**Analyse Ihres Social-Media-Verhaltens**
Zunächst können Sie die im Kontext Medienkompetenz (vgl. Abschn. 6.1) angesprochene **Meta-Perspektive** einnehmen und durch die **Meta-Analyse Ihres Social-Media-Verhaltens** Antworten auf die folgenden Fragen finden:

- Was machen die sozialen Medien mit mir?
- Bin ich Diener oder souveräner Nutzer der sozialen Medien?
- Wie viel Zeit verbringe ich mit den sozialen Medien – ggf. parallel zu Aktivitäten, die für mein weiteres Leben wichtiger sind (beispielsweise das Lernen in Schule, Ausbildung und Universität) oder für die ich bezahlt werde (im Beruf)?
- Wie viel Freude und wie viel Leid erfahre ich durch die sozialen Medien?
- Erlaube ich mir, bei meinem Engagement in den sozialen Medien so zu sein, wie ich bin, oder baue ich eine fiktionale Welt auf, die es zu erhalten gilt?
- Fühle ich mich genötigt, permanent neue Inhalte zu gestalten und hochzuladen – auch wenn ich eigentlich nichts zu berichten haben?
- Erlebe ich einen Zwang, dauernd auf die Inhalte (unbekannter) Dritter zu reagieren, nur um zu zeigen, dass auch ich aktiv bin?
- Nehme ich mir kaum Zeit dafür, einmal tiefer in Inhalte einzusteigen, bevor ich like, teile oder retweete?

**Durchführung eines FOMO-Self-Checks**
In Kap. 2 habe ich Ihnen den Fear-of-missing-out(FOMO)-Effekt vorgestellt. Ob Sie selbst an diesem Effekt leiden, können Sie durch diesen **FOMO-Self-Check** ermitteln. Hierfür müssen Sie nur die folgenden Fragen ehrlich beantworten:

- Fällt es Ihnen schwer, einen **Film** (TV oder Streaming) anzuschauen, ohne in regelmäßigen Abständen Ihr Handy oder Ihr Tablet in die Hand zu nehmen?
- Müssen Sie parallel zum Lesen in einem **Buch**, einer **Zeitschrift** oder einer **Zeitung** (on- oder offline) immer wieder Ihr Device nach eingegangenen Nachrichten überprüfen – oder haben Sie dort Alerts installiert, die immer wieder Ihre Aufmerksamkeit auf sich ziehen?
- Beklagen sich **Freunde** oder **Familienmitglieder** regelmäßig darüber, dass Sie beim Essen oder bei Gesprächen nicht wirklich anwesend sind, weil Sie ständig die Nachrichtenströme auf einem mobilen Device scannen?
- Geraten Sie bei dem Gedanken in Panik, über Stunden oder gar Tage (!) einmal **keinen Online-Zugriff** und damit kein digitales Fenster zur Welt zu haben – etwa weil der Akku leer ist oder kein Internetzugang besteht?

Wenn Sie beim **FOMO-Selbst-Check** eine oder mehrere Fragen mit „Ja" beantwortet haben, leiden Sie selbst auch unter dem FOMO-Syndrom. Um einen FOMO-Effekt zu bekämpfen, hilft das sogenannte **Reframing** (auf

Deutsch **Umdeutung**). Das Reframing stellt eine Technik dar, bei der einer Situation oder einem Geschehen eine andere Bedeutung oder ein anderer Sinn zugewiesen wird. Hierzu wird versucht, eine bestimmte Situation oder ein spezifisches Geschehen in einen anderen Kontext bzw. einen anderen „Rahmen" (deshalb „frame" für „Rahmen") zu setzen. Durch diesen Rahmen wird unsere Sicht auf die Dinge verändert, so dass unsere bisherige geistige Bewertung durch neue Vorstellungen und Deutungsmöglichkeiten „überschrieben" werden kann.

Ein **Reframing beim FOMO-Effekt** können Sie mit dem **Führen eines Gedankenjournals** beginnen. Hierbei erfassen Sie beispielsweise, welche negativen Gedanken bei Ihnen entstehen, wenn Prominente, Influencer oder Freunde – wieder einmal – über die tollsten Restaurantbesuche, die berauschendsten Partys, die schönsten Shopping-Erfahrungen oder die überwältigendsten Urlaubserlebnisse berichten. Dann beginnen Sie, diese negativen Gedanken zu analysieren. Sie sollten herausfinden, warum bzw. in welcher Weise diese Gedanken Sie einschränken bzw. warum sie bei Ihnen negative Gefühle auslösen.

Dann setzt das eigentliche **Reframing** ein: Sie ersetzen die aufgetauchten negativen Gedanken durch „vernünftigere" Gedanken. Um diese zu finden, helfen Ihnen die folgenden Fragen weiter:

- Stellt die von Dritten beschriebene Situation tatsächlich deren Alltag dar – oder sind die Inhalte nicht vielmehr außergewöhnliche Ausnahmen von einem eher „normalen" Leben?
- Wie viel Wahrheit ist in diesem Post wirklich enthalten – und was ist ggf. Fälschung?
- Welche Hindernisse musste diese Person ggf. überwinden, um das Gezeigte zu erreichen?
- Welchen Preis muss diese Person wahrscheinlich dafür bezahlen, ein solches Ereignis, Erlebnis etc. erreicht zu haben?
- Welches Ziel möchte die Person durch den Post erreichen?
- Was kann ich aus dieser Situation lernen?

Sie brauchen sich nur selbst einmal zu fragen, wer aus dem Urlaub beispielsweise das Folgende postet: Hotel schmutzig und zu laut, der Service eine Katastrophe, das Wetter miserabel und die Mitreisenden eine Zumutung. Motto: „Ich habe bei meinem Urlaub alles falsch gemacht!" Auch wenn meist gilt „Bad news are good news", möchten wir doch gerne nach außen kommunizieren, dass wir in Sachen Urlaub alles richtig gemacht haben. So wie die Millionen anderen auch, die sich dadurch soziale Anerkennung, Aufwertung und Beachtung erwerben möchten – eine **„Bezahlung" in der Währung der sozialen Medien**.

Wenn Sie für sich persönlich die Idee, ein solches **Gedankenjournal zu führen**, besonders abwegig finden, könnte es genau das perfekte Vorgehen für Sie darstellen.

**Durchführung des Tests auf Social-Media-Disorder**
Sie können den in Kap. 2 vorstellten Test zur **Ermittlung einer problematischen Social-Media-Nutzung** auch einmal selbst durchführen – oder Ihre Kinder bitten, dies zu tun. Hierbei kommt die bereits vorgestellte Social-Media-Disorder-Scale mit folgenden neun Statements zum Einsatz:

- Ich habe im vergangenen Jahr oft soziale Medien genutzt, um nicht an unangenehme Dinge denken zu müssen.
- Ich habe im vergangenen Jahr oft heimlich soziale Medien genutzt.
- Ich habe im vergangenen Jahr die Nutzung sozialer Medien nicht stoppen können, während andere mir sagten, dass ich das wirklich tun müsste.
- Ich habe mich im vergangenen Jahr oft unglücklich gefühlt, wenn ich keine sozialen Medien nutzen konnte.
- Ich habe im vergangenen Jahr regelmäßig an nichts anderes denken können als an den Moment, an dem ich wieder soziale Medien werde nutzen können.
- Ich habe mich im vergangenen Jahr regelmäßig unzufrieden gefühlt, weil ich mehr Zeit für soziale Medien aufwenden wollte.
- Ich hatte im vergangenen Jahr aufgrund meiner Nutzung der sozialen Medien regelmäßig Streit mit anderen.
- Ich habe im vergangenen Jahr regelmäßig kein Interesse an Hobbys oder anderen Beschäftigungen gehabt, weil ich mich lieber mit sozialen Medien beschäftigt habe.
- Ich hatte im vergangenen Jahr ernsthafte Probleme mit Eltern, Brüdern oder Schwestern oder Freunden durch die Nutzung sozialer Medien.

Beantworten Sie oder Ihre Kinder fünf oder mehr dieser Statements mit „Ja", wird eine **pathologische Social-Media-Nutzung** angenommen. In diesem Falle könnte eine therapeutische Unterstützung notwendig werden.

**Erfassung des individuellen Medienhaushalts**
Vertiefend können Sie sich Ihren ganz **individuellen Medienhaushalt** vor Augen führen. Hierzu ermitteln Sie, welche Informationsquellen Sie für wel-

che Art von Fragestellungen bzw. Aktivitäten nutzen. Hierbei können Sie sich auf das sogenannte **Relevant Set** der jeweiligen Medienkategorie beschränken. Beim Relevant Set handelt es sich um die Quellen, die Sie beispielsweise in 80 bis 90 % der Nutzungssituationen heranziehen. Es geht hier folglich nicht darum, alle möglichen und ggf. nur von Zeit zu Zeit genutzten Quellen zu nennen, sondern allein die für Sie persönlich wichtigsten. Sie brauchen bei diesen Quellen nicht zwischen online und offline zu unterscheiden. Notieren Sie einfach, welche Quellen Sie bei verschiedenen Anliegen nutzen. Hierbei können Ihnen die folgenden Fragen helfen. Wenn eine oder mehrere Aktivitäten für Sie nicht relevant sind, können Sie diese Fragen einfach überspringen.

- **Allgemeine Informationen**
  - Welche Quellen ziehe ich primär für **Nachrichten über Politik, Wirtschaft und Gesellschaft** heran?
  - Wo hole ich mir primär Informationen über das **Wetter**?
  - ...
- **Fach- bzw. berufsbezogene Informationen**
  - Wo gewinne ich primär Informationen zu meiner **Ausbildung, meiner Weiterbildung, meinem Beruf**?
  - Wo informiere ich mich primär über (alternative) **Job-Angebote**?
  - Auf welchen Kanälen gewinne ich primär Anregungen für relevante **Fachliteratur**?
  - ...
- **Inspirationsquellen**
  - Auf welchen Kanälen hole ich mir primär **Inspirationen für meine allgemeine Freizeitgestaltung**?
  - Auf welchen Kanälen hole ich mir primär **Inspirationen für meinen Urlaub**?
  - Auf welchen Kanälen hole ich mir primär **Inspirationen für meine Dekoration in Haus/Wohnung**?
  - Auf welchen Kanälen hole ich mir primär **Inspirationen für meinen Garten**?
  - Auf welchen Kanälen hole ich mir primär **Inspirationen für meine sportlichen Aktivitäten**?
  - Auf welchen Kanälen hole ich mir primär **Inspirationen für meine Ernährung**?
  - ...

- **Einkauf**
  - Wo suche ich primär nach **Produkten und Dienstleistungen**?
  - Wo erhalte ich primär **vergleichende, bewertende Informationen über Produkte und Dienstleistungen**?
  - Durch welche Quellen gewinne ich primär **preisvergleichende Informationen**?
  - Wo kaufe ich primär **Kleidung** ein?
  - Wo kaufe ich primär **Schuhe** ein?
  - Wo kaufe ich primär **Möbel** ein?
  - Wo kaufe ich primär **Bücher** ein?
  - Wo buche ich primär **komplette Urlaubsreisen**?
  - Wo buche ich primär **Unterkünfte**?
  - …
- **Allgemeine Kommunikation**
  - Auf welchen Kanälen findet primär mein **Austausch mit Freunden** statt?
  - Über welche Kanäle erhalte ich primär **Informationen über Aktivitäten** meiner Freunde?
  - …
- **Unterhaltung**
  - Auf welchen Kanälen schaue ich primär **Filme**?
  - Auf welchen Kanälen höre ich primär **Musik**?
  - Auf welchen Kanälen beschäftige ich mich primär mit **Fotos**?
  - Auf welchen Kanälen lese ich primär **Unterhaltungsliteratur**?
  - Auf welchen Kanälen findet **Gaming** primär statt?
  - …

Jetzt können Sie in einer neuen Art von **Meta-Analyse** die **Dominanz einzelner Informationsquellen** ermitteln. Hierbei helfen die folgenden Fragen weiter:

- Sind *Facebook*, *Instagram* oder *YouTube* für Sie die dominanten Quellen – bei Unterhaltung und Nachrichten gleichermaßen?
- Stellen Sie fest, dass Ihr „Relevant Set" aus nur wenigen Medien besteht und damit sehr eingeschränkt ist?
- Kommen bei Ihren hauptsächlich genutzten Kanälen auch Quellen vor, die dem Qualitätsjournalismus zuzurechnen sind?
- …

# 6 Zeit zur Umkehr: Medienkompetenz, Selbstanalyse, Selbstdisziplin

**Erfassung des individuellen Anstandsniveaus**
Durch einen kleinen **Selbst-Check** können wir prüfen, wie es um unseren eigenen Anstand bestellt ist. Sie können beispielsweise selbst einmal prüfen, wie sich Ihre gesprochenen und geschriebenen Worte nach den verschiedenen Zielgruppen unterscheiden:

- Wie formulieren Sie, wenn Sie mit Ihrem **Vorgesetzten** oder sonstigen **Autoritätspersonen**, wie Ärzten, Rechtsanwälten, Professoren, kommunizieren?
- Wie schreiben und sprechen Sie, wenn Sie sich mit **Kollegen** austauschen, die auf der gleichen „Rangstufe" stehen?
- Und wie verhalten Sie sich, wenn Sie beispielsweise eine Reklamation beim **Service-Personal** im Hotel vorbringen – oder sich am Flughafen-Check-in darüber beschweren, dass der Flug ohne Sie gestartet ist, obwohl Ihr Name vorher mehrfach und deutlich aufgerufen wurde.
 Gerade hier können Sie häufig kostenlos „Anstands"-Studien durchführen. Auch unser Umgang mit Reinigungs- und Kantinenpersonal, Postboten und Polizisten sagt einiges über unser Anstandsniveau aus.

Alle hier gewonnenen – ehrlichen – Erkenntnisse steigern die **Qualität unseres Selbstbildes** und können uns **erste Handlungsimpulse** geben, um etwas zu ändern. Dann sollte man sich die folgenden Fragen stellen, die uns in unserer Komfortzone besonders herausfordern:

- **Wer, wenn nicht ich?**
- **Wo, wenn nicht hier?**
- **Wann, wenn nicht jetzt?**

## 6.3 Schaffung von Selbstdisziplin zur Verhaltensveränderung

**Aufbau von Motivation zur Verhaltensänderung**
Um die als notwendig erkannten Verhaltensänderungen zu erzielen, benötigen wir in hohem Maße **Selbstdisziplin** – denn von anderen Seiten kann die notwendige Disziplin nicht kommen. Um die zur Veränderung notwendige Selbstdisziplin aufzubauen, ist es wichtig, sich die **Konsequenzen einer Nicht-Veränderung** möglichst drastisch vor Augen zu führen. Hierfür kann

es sehr zielführend sein, wenn Sie einen kleinen **Zeitsprung** vornehmen und sich folgende Fragen stellen, die sich zum Beispiel auf einen Zeitpunkt in zwölf Monaten beziehen:

- Was passiert bis dahin, wenn ich meine Social-Media-Abhängigkeit nicht in den Griff bekomme und weiterhin stundenlang auf den entsprechenden Kanälen unterwegs bin?
- Welche Konsequenzen wird dies auf meine schulische/universitäre Bildung, auf meine Ausbildung und/oder auf meinen Beruf haben?
- Welche Wirkungen wird mein übermäßiger Social-Media-Konsum auf meine Familie und meinen Freundeskreis haben?
- Wie „beziehungsfähig" bin oder bleibe ich, wenn ich stundenlang in virtuellen Welten unterwegs bin?
- Wie wird mein Weltbild geprägt, wenn ich immer in den gleichen Echo-Kammern unterwegs bin und immer nur nach Meinungen suche, die meine eigene Weltsicht bestätigen?
- Was passiert mit mir – als Mensch, als Partner, als Lernender, als Arbeitnehmer, wenn ich mir meine Nächte weiterhin mit Online-Spielen um die Ohren schlage?
- …

Durch die Antworten auf diese Fragen wird es Ihnen gelingen, eine starke **intrinsische** – von innen kommende – **Motivation** zur Verhaltensänderung aufzubauen. Nur eine solche Eigenmotivation verschafft Ihnen die Energie, die zur dauerhaften Veränderung notwendig ist. Zusätzliche Energie können Sie gewinnen, wenn Sie sich anhand der folgenden Fragen deutlich vor Augen führen, welche **Gewinne im analogen Leben** auf Sie warten:

- Was ist mir wirklich wichtig im Leben?
- Was möchte ich im Leben noch sehen und erreichen?
- Was bietet mir das aktive Miteinander mit anderen Personen im direkten (analogen) Austausch?
- Was kann ich gewinnen, wenn ich mich mit der abweichenden Weltsicht Dritter kritisch auseinandersetze?
- Welche Möglichkeiten bieten sich mir, wenn ich meine Social-Media-Nutzung in Einklang bringe mit den Anforderungen von Ausbildung und/oder Beruf?
- Was könnte ich gewinnen, wenn ich mich einmal länger auf eine Tätigkeit (Buch oder Zeitung lesen, Film schauen, Musik hören, mit der Liebsten sprechen) konzentrieren könnte?

- Wie kann ich auch im sozialen (analogen) Alltag Anerkennung und Wertschätzung erfahren – ohne mich davon abhängig zu machen?
- Wie kann ich meinen Arbeits- und Freizeitbereich von Ablenkungen befreien?
- …

Jede einzelne Antwort auf diese Fragen kann Ihnen wichtige **Impulse für Ihre Verhaltensänderung** geben.

**Wie Sie den Multitasking-Versuchungen widerstehen können**
Leben Sie auch noch im Irrglauben an eine Überlegenheit des Multitaskings?

- Wenn ja, dann schlage ich vor, dass Sie nochmals in Kap. 2 meine Ausführungen dazu nachlesen, damit Sie sich vom Glauben an die Leistungsstärke des Multitaskings verabschieden.
- Wenn nein, Sie sich dennoch immer wieder dabei ertappen, es doch zu praktizieren, dann hilft erneut nur Selbstdisziplin weiter.

Um der **Multitasking-Versuchung** nicht immer wieder aufs Neue zu erliegen, gilt es, mögliche Versuchungen – wir sollten sie eher **Störungen** nennen – so weit wie möglich zu **eliminieren**. Sonst sind alle unsere guten Bemühungen um Konzentration schnell zum Scheitern verurteilt. Hier ein paar bewährte **Maßnahmen zur Eliminierung von Störungen**, die ich selbst konsequent einsetze:

- Mein Arbeitstag beginnt meist um 7:30 Uhr – und zwar nicht mit dem **Check meiner E-Mails sowie der sozialen Medien**, sondern mit dem Projekt, das ich mir für den Tag vorgenommen habe.
- Über den Tag verteilt checke ich fünf bis sieben Mal **meinen E-Mail-Eingang**. Dann werden alle Mails – Last in, First out – abgearbeitet. Wo immer möglich – oft bei 99 % der Fälle – versuche ich, eine **abschließende Bearbeitung der Mails** zu erreichen. Am Abend ist der Posteingang (meistens) leer.
- Störungen durch E-Mails habe ich dadurch eliminiert, dass ich mich von vielen **E-Newslettern abgemeldet** habe.
- In der **Mittagspause** und beim **Abendessen** ist das Handy nicht dabei – oder im Flugmodus.
- Bei *WhatsApp* und anderen **Messenger-Diensten** bin ich nicht präsent, weil diese aus meiner Sicht eine Fernsteuerung meines Lebens darstellen. Schließlich heißt es „Instant" Messenger. Das bedeutet, dass der Sender

eine möglichst schnelle Rückmeldung verlangt. Ich lasse mich aber ungern von anderen fernsteuern.
- Meinen *LinkedIn*-**Account** prüfe ich vier bis fünf Mal in der Woche – und poste etwas an zwei oder drei Tagen.
- Die meisten **Telefontermine** verabrede ich im Vorfeld – und bin dann auf die Gespräche optimal vorbereitet. Dazu stelle ich mir ein paar Minuten vorher einen Wecker, damit mich nicht erst das Telefonat aus meinem Flow holt.
- Alle **Spiele** habe ich von meinen Devices verbannt – weil ich gemerkt habe, dass ich dafür durchaus Suchtpotenzial aufweise.
- So kommt es, dass die „**Bildschirmzeit**" meines Handys beim Arbeiten im Homeoffice lediglich vier bis sechs Minuten pro Tag anzeigt. Bin ich unterwegs, ist meine intensivste Handynutzung das Bearbeiten meiner E-Mails und ein kurzer Blick auf *LinkedIn* – sonst nichts.
- Ich kontrolliere regelmäßig meine **Bildschirmzeit** per App, um mir selbst Rechenschaft für mein Tun bzw. meine Abhängigkeit von bestimmten Online-Angeboten zu verschaffen.
- **Newsseiten** suche ich den ganzen Tag über nicht auf; interessiert, wie ich an Wirtschaft, Gesellschaft, Politik, Kultur etc. bin, könnte ich hier auch Stunden verbringen. Ich hole mir mein News-Update ganz klassisch durch gut recherchierte Radio-Nachrichten (etwa beim *Deutschlandfunk*) sowie **TV-Nachrichtensendungen** der öffentlich-rechtlichen Sender und durch Recherchen in den **Print-Medien** (on- und offline) meines Vertrauens, für die ich auch gerne bezahle.
- Ich habe alle **Alert-Funktionen von Apps** deaktiviert, die nicht wirklich wichtig sind (beispielsweise bei Flügen oder Bahnverbindungen).
- Ich reduziere die Erlaubnis von **Push-Nachrichten** auf ein Minimum – bei mir ist dieses Minimum „null".
- Ich habe jede Art von **Information-Ping** deaktiviert, der mir zum Beispiel den Eingang einer neuen E-Mail anzeigt.
- Ich lasse **Smartphone und Tablet** jeden Tag ab 19:00 Uhr **im Arbeitszimmer,** um mich etwas Schönem zu widmen. Ins Schlafzimmer hat es mein Handy noch nie geschafft. Bei Hotelaufenthalten, wenn ich mein Handy als Wecker nutze, wird es ganz selbstverständlich auf Flug-Modus gestellt.
- Ich lasse die mobilen Devices über das **Wochenende** im Arbeitszimmer und rühre sie nicht an – von Freitagabend bis Montagmorgen (außer vielleicht für eine schnelle – allerdings nicht-fachliche) Recherche.
- Auf meinem heimischen Schreibtisch liegt – neben der Bronzeskulptur des Rosenkavaliers von *Loriot* – seit vielen Jahren ein **Dirigentenstab.** Dieser

# 6 Zeit zur Umkehr: Medienkompetenz, Selbstanalyse, Selbstdisziplin

erinnert mich jeden Tag daran, dass ich der **Dirigent meines Lebens** bin – niemand sonst. Die Feder in Abb. 6.5 soll mir die Leichtigkeit des Seins täglich vor Augen führen. Die Karte ist ein Geschenk früher Master-Studenten.

> **Lesetipp**
>
> Wer den **Ursachen und Konzepten des Digital Detox** noch tiefer auf den Grund gehen möchte, findet im Werk *Digital Detox: Wie Sie entspannt mit Handy & Co. leben* von der Literaturwissenschaftlerin *Daniela Otto* weitere spannende Impulse.

Spannend ist, dass die heute diskutierten Empfehlungen zum Umgang mit Smartphone, Social Media & Co. (beispielsweise im Werk von Bailey 2019) schon sehr, sehr alt sind. Seifert (1990) hat im Kontext des **Time-Managements** unter dem Titel *Mehr Zeit für das Wesentliche* Empfehlungen propagiert, die auch heute noch uneingeschränkt und sogar mehr denn je gelten. Dazu gehören auch Empfehlungen von Küstenmacher (2001), der diese unter dem Titel *Simplify your life* kommuniziert hat. Es läuft immer wieder auf gleiche Muster hinaus:

- Konzentration auf eine einzige Aufgabe.
- Reduzierung von Störungen, zum Beispiel durch eine „Stille Stunde". Darunter versteht man im Büro eine Zeit, in der man nicht gestört werden darf. Häufig – so meine eigene Erfahrung – kann ich in einer solchen „Stillen

**Abb. 6.5** Dirigentenstab auf meinem Schreibtisch

Stunde" mehr Aufgaben erfolgreich abschließen als in den folgenden sechs, sieben oder acht Stunden hektischer Beschäftigung im Unternehmen.
- Konsequente Eliminierung von Energiefressern, die laufend auf noch zu erledigende „Aufgaben" aufmerksam machen (Stapel von Büchern, Zeitschriften und Zeitungen, die noch gelesen werden müssen; Wäsche, die noch gebügelt, Wäsche, die noch in die Reinigung gebracht werden müsste …). Hierzu ist es sehr hilfreich, die eigene Aufschieberitis – auch Prokrastination genannt – zu überwinden. Sicher kennen wir alle die Weisheit: Was Du heute kannst besorgen, das verschiebe nicht auf morgen!

**Werden Sie Ihr eigener Zeitmanager**
Um zu sehen, in welchem Umfang Sie **Ihr eigener Zeitmanager** sind, können Sie an zwei oder drei Tagen ein **Aktivitätentagebuch** führen. Dieses kann wie in Abb. 6.6 strukturiert sein. Der für eine bestimmte Aktivität benötigte Zeitraum ist in der Form „8:45–8:51" anzugeben. Das Ergebnis kann die Ausprägungen „erledigt", „unterbrochen" und „vertagt" aufweisen.

Ich kann Ihnen garantieren: Schon nach wenigen Stunden werden viele von Ihnen die Hände über dem Kopf zusammenschlagen – und zwar nicht aus Freude. Es wird Ihnen – vielleicht zum ersten Male – ganz konkret bewusst, wie unzureichend Sie sich einer Aufgabe widmen können, weil Sie permanent Störungen und Ablenkungen „erleiden" müssen.

Und seien Sie versichert: Diese Störungen und Ablenkungen haben nicht nur Auswirkungen auf die **Qualität Ihrer Arbeit,** sondern auch – mindestens genauso wichtig – auf Ihre **Arbeits- und damit Ihre Lebenszufriedenheit!**

Zur Erreichung einer hohen Arbeitsqualität und gleichzeitig von Arbeits- und Lebenszufriedenheit trägt auch ein weiterer „Klassiker" des Time-Managements bei: die **To-do-Liste für jeden Tag.**

In den **klassischen, papiergestützten Tagesplanern** von *Time/system* & Co. gab und gibt es für jeden Tag eine **Aufgabenspalte,** die Sie idealerweise

| Tag: | | |
|---|---|---|
| Zeitraum | Aktivität | Ergebnis |
| | | |
| | | |
| | | |
| | | |

**Abb. 6.6** Aktivitätentagebuch

## 6 Zeit zur Umkehr: Medienkompetenz, Selbstanalyse, Selbstdisziplin

am Ende eines Arbeitstags für den nächsten Tag befüllen. Hierbei sind Sie angehalten, für jede Aktivität anzugeben, ob es sich um eine **A-, B- oder C-Priorität** handelt (vgl. Abb. 6.7). Das zwingt Sie dazu, für den nächsten Tag klare **Prioritäten** zu setzen, was einen Überblick über alle laufenden Aufgaben voraussetzt.

Diese **Aufgaben** sollten Sie **möglichst präzise zu formulieren**. Denn je präziser Sie die Aufgabe definieren, desto größer ist die Wahrscheinlichkeit, dass die Aufgabe erfolgreich bearbeitet wird. Folglich sollte es statt „neue Abnehmer für unseren Service gewinnen" sehr viel prägnanter lauten: „Zwei neue Kunden für den Service XY bis 17:00 akquirieren". Schon durch die Formulierung bringt die letztere Aufgabenbeschreibung ein sehr viel höheres Maß an Motivation mit sich. Das gilt übrigens auch für Vorhaben zur Steigerung der eigenen Fitness: Statt „morgen Sport machen" sollte es viel besser und damit auch motivierender heißen: „18:30 Lauftreff mit Avo"!

Natürlich stehen auch für diese Art von To-do-Listen vielfältige Apps zur Verfügung. Allerdings müssen diese Apps geöffnet sein, um die Aufgaben immer deutlich vor Augen zu haben. Deshalb präferiere ich **To-do-Listen auf Papier**; dann können sie mir auch beim flüchtigen Blick auf meinen Schreibtisch die gesetzten Prioritäten den ganzen Tag über immer wieder vor Augen führen – und das wirkt sehr gut.

Bei der Erstellung einer To-do-Liste ist es wichtig, dass Sie ausreichend **Luft für „Unvorhergesehenes"** vorsehen. Die Notwendigkeit hierfür ist zum einen durch Ihr **Aufgabenspektrum** und zum anderen durch Ihre **Stellung in der Hierarchie** bestimmt. Wenn Sie als Chef ganz oben stehen, werden Sie manchmal weniger, manchmal aber auch mehr fremdgesteuert sein als jemand, der am unteren Ende der Hierarchie steht und Stunde für Stunde Aufgaben übertragen bekommt. Allerdings sollten Sie unabhängig von Ihrer Position versuchen, Ihre Aufgaben und damit Ihr ganz persönliches Time-Management zumindest partiell zu steuern.

| Tag: | | |
|---|---|---|
| Priorität | Aktivität | Ergebnis |
| | | ✓ |
| | | ✓ |
| | | ✓ |
| | | |
| | | |

**Abb. 6.7** To-do-Liste

Das – für mich persönlich – Schönste an einer To-do-Liste ist das **Häkchen-Setzen**, wenn ich Aufgaben erfolgreich abgeschlossen habe (vgl. Abb. 6.7). Bei großen wie bei kleinen Aufgaben bin ich stolz darauf, etwas erledigt zu haben. In diesem Sinne bekenne ich mich dazu, gerne ein **Terminator** zu sein. Wir alle wissen: **Nichts ist motivierender als Erfolg!** Also gönnen wir uns doch täglich unsere (kleinen) Erfolge und Erfolgserlebnisse. Dazu benötigen wir keinen anderen Menschen – nur wiederum etwas Selbstdisziplin.

**Mehr Zeit für das Wesentliche – gerade auch im Privatleben**
Solche Erfolge können wir übrigens ebenfalls im Privatbereich erzielen, indem wir uns auch dort – idealerweise etwas spielerischer – Ziele (beispielsweise für ein Jahr) setzen. Sie können dazu mit Ihrer/Ihrem Liebsten oder Ihrer Familie eine **Mind-Map „Ziele 20XX"** entwickeln. Hierzu nehmen Sie sich – ganz in der analogen Welt verhaftet – ein Blatt der Größe DIN A3 oder DIN A4 vor. Natürlich stehen online auch verschiedene digitale Mind-Map-Versionen zur Verfügung; allerdings empfehle ich auch hier Papier und Bleistift, weil wir uns dann nicht um die Technik kümmern müssen. Außerdem können – bei mehreren Personen – alle ähnlich gut auf das entstehende Ergebnis schauen.

Platzieren Sie zunächst Ihr **Hauptthema** in der Mitte des Blattes. Das kann lauten „Planung mit Sweetheart 20XX". Ausgehend von diesem Hauptthema werden die weiteren Gedanken und Ideen als **Schlüsselwörter auf Linien** aufgetragen, die vom Hauptthema ausgehen. Die vom Hauptthema ausgehenden Linien zeigen eine **hierarchische Struktur**. Die direkt am Hauptthema entspringenden Linien stellen die Oberpunkte des zu behandelnden Themas dar. Dies soll am Beispiel **„Planung mit Sweetheart 20XX"** verdeutlicht werden (vgl. Abb. 6.8). Bei diesem privaten Thema könnten Sie zum Beispiel die folgenden **Oberpunkte** als Hauptäste vorsehen:

- Urlaube
- Finanzielle Ziele
- Haus und Wohnung
- Aktivitäten mit Freunden
- Aktivitäten mit der Familie
- Sportaktivitäten
- Kulturaktivitäten
- Weiterbildung

# 6 Zeit zur Umkehr: Medienkompetenz, Selbstanalyse, Selbstdisziplin

Hierbei ist nicht entscheidend, dass Sie gleich alle relevanten Oberpunkte erkennen und festhalten. Es kann beispielsweise sein, dass Sie eine Reise nach Dubai planen und Ihnen dann klar wird, dass Sie ein Oberthema „Urlaube" benötigen. Dann fügen Sie dieses Oberthema als **Hauptast** in die Mind-Map ein. Noch bevor Sie direkt – auf einem nächsten Ast des Gedankenbaums – „Dubai" eintragen, kommt Ihnen vielleicht eine weitere Idee. Sie halten es für sinnvoll, dass in Ihrer Planung zwischen „Kurzurlaub" und „langer Urlaub" unterschieden wird. Also fügen Sie zunächst diese beiden weiteren **Nebenäste** ein und tragen „Dubai" dann bei den Kurzurlauben ein, weil Sie dort nur fünf Tage verbringen möchten (vgl. Abb. 6.8).

Dann fällt Ihnen ein, dass Sie Ihren runden Geburtstag groß feiern wollen. Das ist aber selbst kein Oberpunkt, sondern gehört eher zu den „Aktivitäten mit Freunden". Und schon haben Sie den nächsten Hauptast definiert. Auf diese Weise können Sie kreativ sein, von Idee zu Idee springen – und nichts geht mehr verloren. Wenn Sie einen Detailpunkt haben, dann prüfen Sie zunächst, zu welchem übergeordneten Thema und damit zu welchem Haupt- und/oder Nebenast dieser gehört, und fügen den oder die Ober- und ggf. weitere Unterpunkte ein. Wichtig ist, dass alle Äste miteinander verbunden sind und im Zentrum der Mind-Map zusammenlaufen.

Bei der Erstellung einer Mind-Map werden meist nur **Schlüsselbegriffe** oder **Kurzsätze** für die angestrebten Ziele oder Aufgaben verwendet, um eine

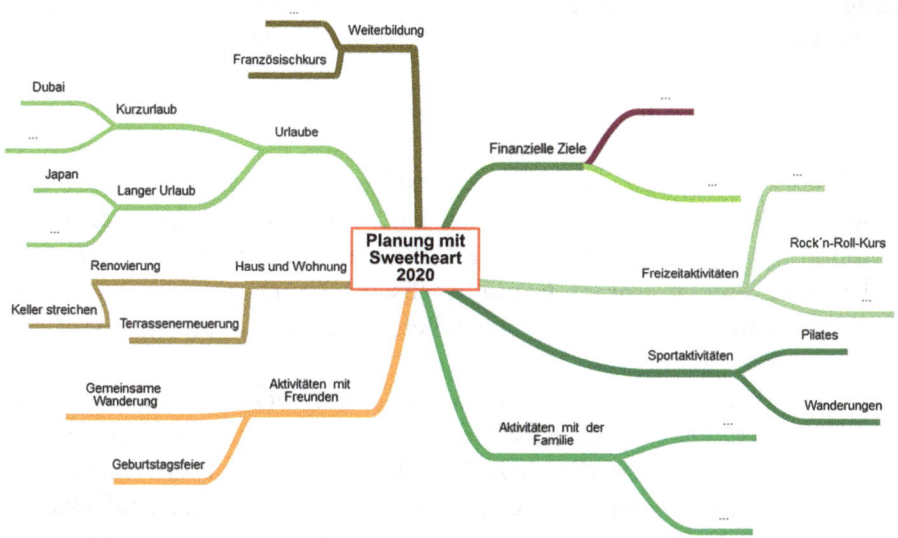

**Abb. 6.8** Konzept der Mind-Map

Lesbarkeit sicherzustellen. Wichtig ist, dass Sie jeweils eine möglichst präzise Vorstellung haben, was mit diesen jeweils gemeint ist. Auch bei diesem Kreativprozess können Sie – analog zum Brainstorming – zunächst möglichst viele Ideen für die unterschiedlichsten Aktivitäten sammeln. Eine Prioritätensetzung und eine Entscheidung, wann welche Aktivitäten konkret angegangen werden, kann anschließend anhand des Ergebnisbilds erfolgen.

Eine Mind-Map muss keinen künstlerischen Anforderungen entsprechen. Es geht um **Lesbarkeit und Transparenz** – und sie stellt ein ganz persönliches Arbeitswerkzeug für Sie dar. Ähnlich wie bei Ihrer täglichen To-do-Liste können Sie bei der Jahresplanung alle zwei bis drei Monate einmal prüfen, ob Sie die gesteckten Ziele erreicht haben, ob Planänderungen notwendig oder neue Ziele ins Zentrum gerückt sind (vgl. weiterführend Kreutzer 2018b, S. 198–201).

Aufgrund meiner persönlichen Erfahrungen mit diesem Vorgehen – mehr als 20 Jahre – kann ich Ihnen sagen, dass eine solche Planung zum einen sehr viel Spaß bereitet. Wir planen immer am 1. Januar eines neuen Jahres – gleichsam als **Navigator durch das Jahr.** Und es macht zum anderen auch sehr viel Spaß, im Laufe des Jahres immer wieder festzustellen, dass man geplante Aktivitäten tatsächlich umgesetzt hat. So wurde schon manches große Ziel erreicht.

**Online-Helfer für das Time-Management und für Digital Detox**
Das Online-Zeitalter wäre nicht das Online-Zeitalter, wenn zur **Unterstützung einer Refokussierung** nicht eine ganze Palette von Online-Angeboten existieren würde. Die folgenden Apps sind ganz gezielt dazu entwickelt worden, Ihnen hierfür Hilfe anzubieten.

- *Forest*-App – Konzentriert bleiben
  Diese App kann Sie spielerisch unterstützen, Ihr Handy vorübergehend wegzulegen. Damit Sie sich stärker auf Ihre aktuelle Arbeit konzentrieren können, öffnen Sie *Forest* und pflanzen einen **Samen**. Dieser Same kann zu einem großen **Baum** wachsen. Wenn Sie anderen Online-Versuchungen aber nicht widerstehen können und die App verlassen, verwelkt Ihr Bäumchen.
  So soll der schnelle Blick auf *Facebook*, *Instagram* oder *LinkedIn* verhindert werden. Die App ermöglicht es Ihnen, auf Ihre wöchentlichen, monatlichen und jährlichen Wälder zurückzublicken – oder auf öde Landschaften ohne Bäume. Die Anbieter versprechen, dass echte Bäume gepflanzt werden, wenn Nutzer ihre Handys für eine bestimmte Zeit nicht anrühren (allerdings nur bei der kostenpflichtigen Premium-Version). Die *Forest*-App ist für *Android* verfügbar (vgl. Abb. 6.9; Google Play 2019a).

- *Space*-App – Besiege die Smartphone-Sucht
*Space* ist eine *Android*-App zur **Bekämpfung von Smartphone-Sucht**. Sie wurde bereits von über 800.000 Menschen heruntergeladen. Das **personalisierbare, digitale Verhaltensänderungsprogramm** wurde in Partnerschaft mit führenden Universitäten entwickelt. Es soll Sie unterstützen, die Kontrolle über Ihr Smartphone zurückzugewinnen.

    Durch die App kann gesteuert werden, wie lange das Smartphone jeden Tag benutzt werden darf. Um hier zu unterstützen, möchte die App zunächst wissen, weshalb der Nutzer das Handy in die Hand nimmt: zum Arbeiten, zur Unterhaltung – oder schlicht, um Zeit totzuschlagen. Dann fragt *Space* nach den meistgenutzten Apps, wie oft der Nutzer das Handy verwendet und welches Ziel er erreichen möchte. Daraus erstellt die App ein **Profil**, vom **Langeweile-Bekämpfer** bis zum **Social-Media-Junkie**.

    Jetzt kann sich der Nutzer **Ziele setzen**, beispielsweise wie viele Minuten er mit dem Smartphone verbringen möchte oder wie oft er das Gerät entsperren will. Zusätzlich können Benachrichtigungen ausgeblendet werden, um den Nutzer nicht abzulenken. Wer seine festgesetzten Ziele erreicht, kann sich über die Zeit eine kleine **Galaxie aus virtuellen Monden und Planeten** aufbauen. Um diese Erfolge mit Freunden oder der Familie zu teilen, ist die kostenpflichtige Pro-Version nötig (vgl. Google Play 2019b; Strathmann 2017).

- *Flipd*-App – Stay focused, remove distractions
*Flipd* ist ein **Ablenkungsblocker**, der Sie unterstützt, sich auf das Wesentliche zu konzentrieren, Ihre Aufmerksamkeit zu verbessern und die Produktivität zu steigern (vgl. Abb. 6.11). Hierzu erinnert Sie *Flipd* daran, an

**Abb. 6.9** *Forest*-App. (Quelle: Google Play 2019a)

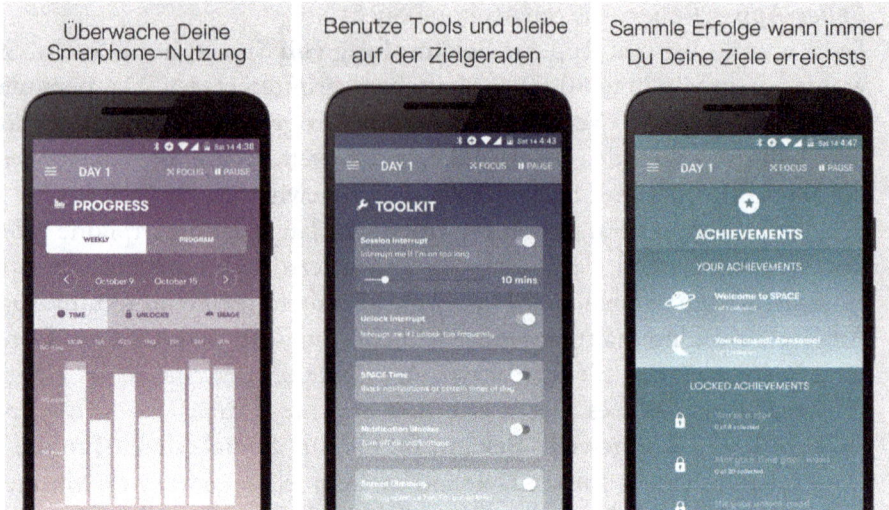

**Abb. 6.10** *Space*-App. (Quelle: Google Play 2019b)

**Abb. 6.11** *Flipd*-App. (Quelle: Google Play 2019c)

einer Aufgabe zu bleiben, indem es die Unterbrechungen dokumentiert, die Sie permanent vornehmen. Sie können auch eine **Vollsperre für Ihr Device** nutzen, um sich vor störenden Anwendungen und Spielen zu schützen. Hierdurch wird es Ihnen unmöglich gemacht, zwischendurch immer wieder einmal Ihr Smartphone zu nutzen. Durch die Mitwirkung in der Flipd-Community können Sie Ihre Freunde beim Kampf um mehr Konzentration herausfordern (vgl. Google Play 2019c).

- **AppDetox** – Digital Detox
  *AppDetox* unterstützt Sie, die **Nutzung Ihrer mobilen Apps zu reduzieren** und damit eine **digitale Entgiftung** durchzuführen. Hierzu können Sie Ihre eigenen Regeln für Ihre Anwendungen festlegen, um sich von einer zu intensiven Nutzung zu befreien. Jedes Mal, wenn Sie gegen eine Ihrer eigenen Regeln verstoßen (beispielsweise Dauer der App-Nutzung), wird *AppDetox* Sie daran erinnern, eine Pause einzulegen und Ihre intensive App-Nutzung einzustellen (vgl. Abb. 6.12). Wenn Sie merken, dass zum Beispiel *Facebook* einer Ihrer **Zeitfresser** ist, können Sie eine Höchstgrenze für die Nutzung von 15 Minuten pro Tag definieren. Außerdem können Sie einstellen, welche App an bestimmten Wochentagen oder innerhalb eines definierten Zeitfensters nicht geöffnet werden soll. Auch die Anzahl der erlaubten App-Öffnungen pro Tag oder Woche können Sie festlegen. Sie können diese Verhaltensmuster auch in einem Protokoll verfolgen (vgl. Google Play 2019d).

> **Denkanstoß**
>
> Eigentlich ist es pervers: Um unsere **suchtgesteuerte Nutzung mobiler Devices** in den Griff zu bekommen, werden Apps angeboten, die teilweise die gleichen süchtig machenden Elemente wie **Gamification** (beim Baumwachstum) oder **Peer-Pressure** (über einen Wettbewerb in einer Community – ähnlich der anonymer Alkoholiker) einsetzen.

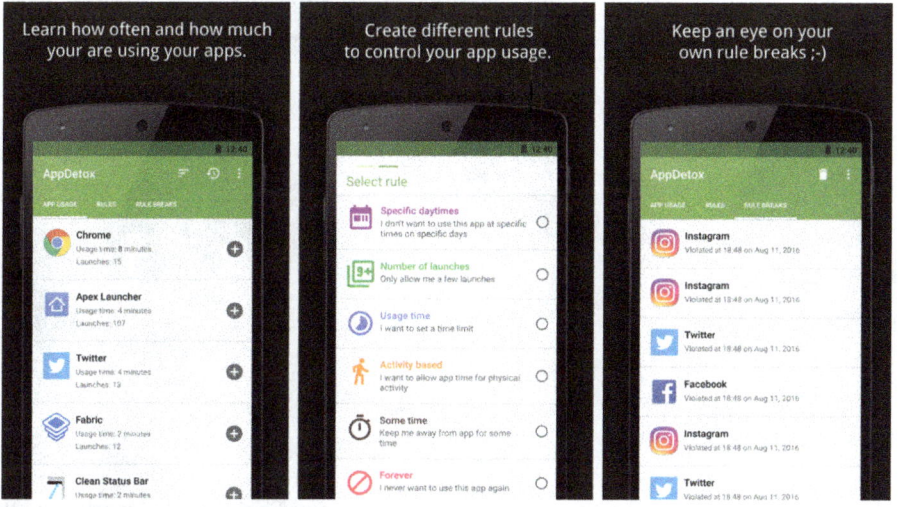

**Abb. 6.12** *AppDetox*. (Quelle: Google Play 2019d)

- Brauchen wir solche **digitalen „Helfer"**?
- Sind wir wirklich schon so abhängig und damit willensschwach, dass wir unsere **Abhängigkeit** vielleicht noch erkennen, aber aus eigener Kraft keinen Aus-Knopf mehr finden können?
- Wohin soll eine solche Entwicklung führen, wenn über **KI-gesteuerte Algorithmen** unser Suchtpotenzial noch exakter ermittelt und entsprechend bedient werden kann – one-to-one?

Wenn ich diese Entwicklung weiterdenke, kommt mir das kalte Grausen!

Interessant ist, dass heutzutage bei der Suche nach dem Begriff **Achtsamkeit** 17,6 Millionen Treffer, beim englischen Begriff Mindfulness sogar 109 Millionen Treffer und bei der Suche nach **Achtsamkeitstraining** 376.000 Treffer bei *Google* erzielt werden. Das spiegelt den Zustand und das Interesse in unserer Gesellschaft wider. Wie stark die Relevanz dieses Themas in den letzten Jahren angestiegen ist, zeigt *Google Trends* auf (vgl. Abb. 6.13).

Menschen (beispielsweise Manager) geben heute inzwischen viel Geld dafür aus, dass sie drei Minuten ganz bewusst eine Rosine kauen dürfen, um das eigene Geschmacksempfinden zu schulen. Oder sie gehen in kleinen Gruppen in den Wald – allerdings nicht, um eine Marathonstrecke möglichst schnell zu absolvieren. Ganz im Gegenteil: Es geht darum, den Wald zu riechen, Borke zu fühlen und vielleicht sogar einen Baum zu umarmen.

> Es geht darum, im Hier und Jetzt zu sein.

**Abb. 6.13** Steigende Relevanz des Begriffs „Mindfulness" bei *Google Trends*. (Quelle: Google Trends)

## 6 Zeit zur Umkehr: Medienkompetenz, Selbstanalyse, Selbstdisziplin

Hier eine schöne Geschichte, die viele von uns kennen, deren Botschaft wir aber dennoch nicht oder nur selten befolgen:

Ein **gestresster Manager** kam eines Tages zu einem weisen, glücklichen alten Mann (es könnte genauso gut eine Frau gewesen sein) und fragte ihn, wie er denn zu Weisheit, Gesundheit und Lebensglück gekommen sei. Er antwortete:

- „Wenn ich laufe, laufe ich.
- Wenn ich stehe, stehe ich.
- Wenn ich sitze, sitze ich."

Der Manager entgegnete entgeistert: „Was, das soll schon alles sein? So funktioniert das bei mir doch auch! Für so eine einfache Antwort hätte ich nicht zwei volle Arbeitstage investieren müssen!"

Darauf antwortete der Weise:

- „Du handelst nicht wirklich so!
- Wenn Du läufst, stehst Du schon.
- Wenn Du stehst, sitzt Du schon.
- Und wenn Du sitzt, läufst Du schon wieder."

Ich gebe zu, dass ich beim Frühstück häufig auch bereits über mein laufendes Publikationsprojekt nachdenke – statt mich auf das Frühstück zu konzentrieren. Und in der Sauna schweifen die Gedanken auch häufig weit ab. Was ich bisher aber schon ganz gut vermieden habe, war die Planung eines neuen Urlaubs, während ich gerade den einen genieße oder genießen sollte.

Harari (2018, S. 62) formuliert dazu treffend:

„Um wahres Glück zu erlangen, müssen die Menschen das Streben nach angenehmen Empfindungen verlangsamen, nicht beschleunigen."

Allerdings befassen sich ganze Industrien – vor allem das Entertainment-Business, aber auch die Hardware- und Software-Branche sowie Millionen weiterer Unternehmen – damit, dass wir immer wieder neuen Reizen ausgesetzt sind (und seien es neue Eis-, Schokolade- oder Spaghetti-Varianten) und bloß keinen einen einzigen langweiligen Moment mehr erleben, während wir auf den nächsten Kick warten.

Mit diesem Werk möchte ich – durch **Anstöße zur Reflexion** – zu unser aller Wohlergehen einen kleinen Anstoß geben.

**Zeit zur Umkehr**
Lassen Sie uns träumen: Wir stehen morgens auf und schauen zuerst unserer oder unserem Liebsten in die Augen. Wir gönnen uns einen ganz analogen Einstieg in den Tag und konzentrieren uns auf das, was uns in der **analogen Welt** umgibt. Das Trommelfeuer der wichtigen und vor allem der unwichtigen Nachrichten aus aller Welt und aus unserem „Freundeskreis" sperren wir noch für viele Stunden aus. Wir genießen ein **gemeinsames Frühstück** und unterhalten uns einfach „nur"!

Dann geht unser Griff zur **Tageszeitung** oder zum **Tablet**, um uns ganz gezielt auf den aktuellen Stand zu bringen – auf Kanälen, die wir als relevant, zuverlässig und vertrauenswürdig erachten. Hierbei können wir auch auf die reine Boulevard-Berichterstattung über die Promis der Welt und deren Eskapaden verzichten. Und natürlich fangen wir nicht schon zu lesen an, während der oder die Liebste noch frühstückt.

Bei der **Online-Recherche** lassen wir uns nicht von reißerischen Überschriften von unserem Lesestrom ablenken – von dramatischen Überschriften, die häufig mit der eigentlichen Botschaft nicht mehr viel zu tun haben und nur unsere Aufmerksamkeit und unsere Klicks erzwingen möchten.

Auf dem Weg zur Arbeit können wir die **Herausforderungen des Tages** durchgehen, uns einen **Plan für das Vorgehen** zurechtlegen (wenn wir dies nicht schon am Vorabend gemacht haben) oder einfach nur unser **Umfeld in Augenschein** nehmen. Wir verzichten darauf, uns kontinuierlich durch Nachrichten, Musik oder Podcasts berieseln zu lassen, damit sich unser Geist eigenständig beschäftigen kann – und wir merken, wie inhaltsreich und spannend unsere **inneren Dialoge** sind.

Je nach Arbeitsauftrag sichten wir über den Tag verteilt drei oder fünf Mal unsere **Inboxen**, um Mails und sonstige Nachrichten zu bearbeiten. Deshalb haben wir auch alle Information-Pings, Vibrationsalarme und sonstigen Konzentrationskiller ausgestellt. Wir haben doch – in unterschiedlichem Maße – **Zeitsouveränität**. Vielleicht gönnen wir uns – in Absprache mit unserem Team – eine **„stille Stunde"** ohne jegliche Störungen, wie sie das Time-Management seit vielen Jahrzehnten propagiert.

Wir verzichten auch ganz bewusst darauf, in jeder freien Minute zu prüfen, was es bei *Facebook* Neues gibt, ob unsere neuen Fotos bei *Instagram* gelikt oder unsere Beiträge auf *LinkedIn* gut angekommen sind. Ja, wir sind neugierig – aber dennoch lauschen wir dem Rauschen dort nur drei- oder viermal am Tag – oder nur einmal. Auch ersparen wir es uns und unserem Geist, alle 30 Minuten irgendeine spannende Newsseite aufzusuchen, um uns über die Geschehnisse der Welt auf dem Laufenden zu halten. Oder wollen wir uns 20 Mal am Tag die gute Laune durch Horrormeldungen aus aller Welt verderben? Wenn wir ganz altmodisch sind – oder besser: wenn wir Wert auf qualifizierte Nachrichten legen –, dann können wir uns eine qualifizierte **Newssendung im linearen oder nicht-linearen öffentlich-rechtlichen TV** ansehen, wo ohne künstliche Aufgeregtheit die Geschehnisse des Tages eingeordnet und ggf. kommentiert werden.

Gleichzeitig erlauben wir uns, jede Art der Informationsverarbeitung mit einer **eigenen Reflexion** zu verbinden. Man glaubt nicht dem jeweils letzten Sender, sondern strebt durch die Nutzung mehrerer Informationsquellen eine **Cross-Validierung** an, um Dichtung und Wahrheit besser zu unterscheiden und um eine eigene Meinung und ein eigenes Wertekorsett zu entwickeln. Wir verlassen uns nicht alleine auf die sogenannten **Convenience-Quellen**, die einem auch komplexeste Sachverhalte ganz einfach erklären wollen – wie so manche Politiker und manche Partei. Manches Mal geht das nämlich nicht.

Wir nutzen natürlich auch die sozialen Medien, aber wir sind nicht mehr deren Sklaven, sondern deren Master:

- Wir bestimmen die **Taktzahl der Nutzung** – nicht die Medien mit ihren süchtig machenden Mechanismen.
- Wir sind uns dieser **süchtig machenden Mechanismen** bewusst und wir wissen, dass auch wir ihnen erliegen (weil wir Menschen sind) – und nur deshalb können wir uns aus der Abhängigkeit befreien.
- Wir haben eine eigene **Medienkompetenz** aufgebaut und wissen die Herausforderungen von Smartphone, Social Media & Co. intelligent zu meistern.

Vielleicht haben wir auch beschlossen – basierend auf den Erkenntnissen der *Stavanger-Erklärung* (vgl. Kap. 3) –, umfassende Texte ab jetzt (heute! oder besser: sofort!) wieder offline zu lesen – weil so eine umfassendere Durchdringung von Inhalten und deren Memorierung besser gelingen können. Dann nehmen wir uns auch viele Stunden und Tage Zeit, um beispielsweise ein anspruchsvolles Buch selbst durchzulesen, statt uns einen Podcast in der *Blinkist*-App anzuhören, die uns einen 15-minütigen Kurztext zum Selberlesen oder eine Zusammenfassung als Audio-Version anbietet (vgl. Kap. 2). Und ja:
**Wir sind gewillt, uns anzustrengen.**

Denn ohne unseren qualifizierten Input funktionieren weder Wirtschaft noch Politik noch Gesellschaft. Und ja, unsere Natur können wir auch nicht retten, wenn wir am Strand in fernen Ländern darüber reflektieren, dass die Politiker doch endlich etwas tun müssten – aber bitte ohne dass wir selbst unser Verhalten ändern müssten.

Wie heißt es doch so schön?
**Do you want change? – Yes! Yes! Yes!**
**Do you want to change? – Schweigen**

## Literatur

Aufenanger, S. (2001). Multimedia und Medienkompetenz – Forderungen an das Bildungssystem. In S. Aufenanger, R. Schulz-Zander & D. Spanhel (Hrsg.), *Jahrbuch Medienpädagogik 1* (S. 109–122). Opladen: Leske und Budrich.

AWA. (2019). *Allensbacher Markt- und Werbeträgeranalyse 2019, Bundesbürger hätten gern mehr Lesezeit*. https://www.boersenblatt.net/2019-07-11-artikel-allensbacher_markt-_und_werbetraegeranalyse_2019.1690874.html. Zugegriffen am 06.08.2019.

Baacke, D. (1997). *Medienpädagogik. Grundlagen der Medienkommunikation* (Bd. 1). Tübingen: Niemeyer.

Baacke, D. (2001). Die Familie im Internationszeitalter – Medienkompetenz als Herausforderung. In S. Aufenanger, R. Schulz-Zander & D. Spanhel (Hrsg.), *Jahrbuch Medienpädagogik 1* (S. 123–134). Opladen: Leske und Budrich.

Bailey, C. (2019). *Hyperfocus: Wie man weniger arbeitet und mehr erreicht*. München: Redline.

Bänsch, A., & Alewell, D. (2013). *Wissenschaftliches Arbeiten* (11. Aufl.). München: Oldenbourg.

Bauer, T., Gigerenzer, G., & Krämer, W. (2014). *Warum dick nicht doof macht und Genmais nicht tötet: Über Risiken und Nebenwirkungen der Unstatistik*. Frankfurt a. M.: Campus.

Bundesamt für die Sicherheit in der Informationstechnologie. (2019). *Digitalbarometer: Bürgerbefragung zur Cyber-Sicherheit*. Bonn: Bundesamt für die Sicherheit in der Informationstechnologie.

Drösser, C. (1997). *Falsches Komma*. https://www.zeit.de/stimmts/1997/1997_41_stimmts. Zugegriffen am 29.07.2019.

Ebenfeld, T., & Ziems, D. (2018). *Influencer – die neue Macht im Marketing*. Köln/Berlin: insights +strategies publishing.

Glässgen, H. (Hrsg.). (2015). *Im öffentlichen Interesse. Auftrag und Legitimation des öffentlich-rechtlichen Rundfunks*. Leipzig: VISTAS.

Glikson, A. (2019). *Greta Thunberg says ‚you lied to us' in climate change*. https://countercurrents.org/2019/05/greta-thunberg-says-you-lied-to-us. Zugegriffen am 26.07.2019.

Google Play. (2019a). *Forest*. https://play.google.com/store/apps/details?id=cc.forestapp&hl=de. Zugegriffen am 11.07.2019.

Google Play. (2019b). *Space*. https://play.google.com/store/apps/details?id=mrigapps.andriod.breakfree.deux&hl=de. Zugegriffen am 11.07.2019.

## 6  Zeit zur Umkehr: Medienkompetenz, Selbstanalyse, Selbstdisziplin

Google Play. (2019c). *Flipd.* https://play.google.com/store/apps/details?id=com.flipd.app&hl=de. Zugegriffen am 11.07.2019.

Google Play. (2019d). *AppDetox.* https://play.google.com/store/apps/details?id=de.dfki.appdetox&hl=de. Zugegriffen am 11.07.2019.

Graff, B., & Kortmann, C. (2010). *Die Welt als Wilhelm und Vorstellung.* https://www.sueddeutsche.de/kultur/minister-guttenberg-falscher-vorname-die-welt-als-wilhelm-und-vorstellung-1.471072. Zugegriffen am 29.07.2019.

Harari, Y. N. (2018). *Homo Deus. Eine Geschichte von Morgen.* München: Beck.

Klemm, T. (9. Juli 2017). Die Check24-Masche. *Frankfurter Allgemeine Sonntagszeitung,* S. 27.

Kornmeier, M. (2013). *Wissenschaftlich schreiben leicht gemacht für Bachelor, Master, Dissertation* (6. Aufl.). Bern: Haupt.

Kreutzer, R. T. (2018a). *Praxisorientiertes Online-Marketing. Konzepte – Instrumente – Checklisten* (3. Aufl.). Wiesbaden: Springer Gabler.

Kreutzer, R. T. (2018b). *Toolbox für Marketing und Management. Kreativkonzepte – Analysewerkzeuge – Prognoseinstrumente.* Wiesbaden: Springer Gabler.

Kreutzer, R. T., & Land, K.-H. (2017). *Digitale Markenführung. Digital Branding in Zeiten des digitalen Darwinismus.* Wiesbaden: Springer Gabler.

Kreutzer, R. T., & Sirrenberg, M. (2019). *Künstliche Intelligenz verstehen. Grundlagen – Use-Cases – unternehmenseigene KI-Journey.* Wiesbaden: Springer Gabler.

Kübler, H.-D. (1999). Medienkompetenz – Dimensionen eines Schlagworts. In F. Schell, E. Stolzenburg & H. Theunert (Hrsg.), *Medienkompetenz: Grundlagen und pädagogisches Handeln* (S. 25–48). München: KoPäd.

Küstenmacher, W. T. (2001). *Simplify your life.* Frankfurt a. M.: Campus.

Lanier, J. (2018). *Zehn Gründe, warum du deine Social Media Accounts sofort löschen musst.* Hamburg: Hoffmann und Campe.

Lewandowski, D., Sünkler, S., & Hanisch, F. (2019). Anzeigenkennzeichnung auf Suchergebnisseiten. *Information, Wissenschaft & Praxis, 70*(1), 3–13.

Manschwetus, U. (2016). *Ratgeber wissenschaftliches Arbeiten.* Lüneburg: Thurm.

Meckel, A. (2019). *Trennungsgebot.* https://wirtschaftslexikon.gabler.de/definition/trennungsgebot-47790/version-271052. Zugegriffen am 26.07.2019.

Otto, D. (2019). Wir sind längst vom Handy vergiftet, In *Die Welt,* S. 10, 28.02.2019.

RStV (2019). *Staatsvertrag für Rundfunk und Telemedien,* Berlin.

RWI. (2019). *Unstatistik des Monats.* http://www.rwi-essen.de/unstatistik/. Zugegriffen am 29.07.2019.

Seifert, L. (1990). *Mehr Zeit für das Wesentliche* (11. Aufl.). Landsberg am Lech: MI.

Stiftung Warentest (2019). Vorsicht, Falle. *Test, 8,* 8–9.

Strathmann, M. (2017). *Diese fünf Apps helfen bei der Smartphone Auszeit.* https://www.sueddeutsche.de/digital/digital-detox-diese-fuenf-apps-helfen-bei-der-smartphone-auszeit-1.3783179. Zugegriffen am 11.07.2019.

Theisen, M. R. (2017). *Wissenschaftliches Arbeiten* (17. Aufl.). München: Vahlen.

Theunert, H. (1999). Medienkompetenz: eine pädagogisch und altersspezifisch zu fassende Handlungsdimension. In F. Schell, E. Stolzenburg & H. Theunert (Hrsg.), *Medienkompetenz: Grundlagen und pädagogisches Handeln* (S. 50–58). München: KoPäd.

Volkswagen. (2019). *Automobil-Produktion des Volkswagen Konzerns von 2006 bis 2018.* https://de-statista-com.ezproxy.hwr-berlin.de/statistik/daten/studie/181503/umfrage/automobil-produktion-des-volkswagen-konzerns/. Zugegriffen am 29.07.2019.

Wiegel, M. (14. Juli 2019). Macrons Facebook. *Frankfurter Allgemeine Sonntagszeitung*, S. 8.

Wikipedia. (2019). *Dell Technologies.* https://de.wikipedia.org/wiki/Dell_Technologies. Zugegriffen am 29.07.2019.

Zielinski, D. (Hrsg.). (2013). *Master presenter, lessons from the world's top experts on becoming a more influential speaker.* San Francisco: Wiley.

# 7

# Ausblick

Meine Ausführungen sollen helfen, die **Chancen und Risiken des umfassenden Einsatzes von Smartphone, Social Media & Co.** zu erkennen und entsprechend damit umzugehen. Ich konnte mir den Hinweis und die Empfehlung, immer auch anspruchsvollere Quellen zu nutzen und auch einmal dickere Bücher zu schmökern, nicht verkneifen.

Hierfür möchte ich Ihnen auch gerne den Grund nennen. Studien belegen immer wieder die Relevanz des sogenannten **kulturellen Kapitals** (vgl. Jæger und Karlson 2018). Das Konzept des kulturellen Kapitals wurde grundlegend von Bourdieu (2012) erarbeitet. Er stellt das **kulturelle Kapital** neben das **ökonomische Kapital**, das den materiellen Besitz beschreibt. Zusätzlich unterscheidet er noch **soziales und symbolisches Kapital**, die eine übergeordnete Rolle spielen. Das soziale Kapital ist unser individueller „Wert", den uns die Gesellschaft zurückspiegelt. Symbolisches Kapitel geht bspw. mit hierarchischen Positionen in Unternehmen, Verbänden sowie in der Politik einher; auch akademische Titel verleihen ihrem Träger ein solches symbolisches Kapital. Die beiden letztgenannten Begriffe bezeichnen vor allem die Möglichkeiten, die nicht nur zur Gewinnung, sondern auch zum Erhaltung von sozialer Anerkennung und sozialem Prestige führen. Diese können durch die beiden erstgenannten Kapitalarten gewonnen werden. Im Kontext des vorliegenden Werkes ist vor allem das kulturelle Kapital von Bedeutung.

Das **kulturelle Kapital** beinhaltet im Kern die Bildung, die vor allem in sozialen Beziehungsnetzen – im Privatleben wie im Beruf – einen großen Nutzen mit sich bringt. Bourdieu (2012) unterscheidet drei Arten des Kulturkapitals:

- **Inkorporiertes bzw. verinnerlichtes Kulturkapital**
 Beim sogenannten inkorporierten bzw. verinnerlichten Kulturkapital handelt es sich um die Bildung, die durch Erziehung – innerhalb und außerhalb der Familie – erlangt wird. Diese Art von Kapital muss folglich selbst – teilweise mühsam – erworben werden. Sie kann nicht ererbt oder gekauft werden.
- **Objektiviertes Kulturkapital**
 In Abgrenzung dazu umfasst das objektivierte Kulturkapital alle „anfassbaren" Formen von Bildung. Hierzu zählen beispielsweise Bücher/Lexika, Bilder/Gemälde, Musikinstrumente etc. Diese sind im Vergleich zum verinnerlichten Kulturkapital vererbbar und können auch selbst erworben werden. Damit diese Kulturgegenstände ihren „kulturellen Auftrag" erfüllen können, muss der Besitzer über verinnerlichtes kulturelles Kapital verfügen.
 Denn was nützt ein schönes Biedermeier-Klavier, wenn man es nicht spielen kann? Und was bewirken die schönsten Originalausgaben von *Jean de La Fontaine* oder von *Fjodor Michailowitsch Dostojewski*, wenn man weder der französischen noch der russischen Sprache mächtig ist? Dann reduziert sich der Wert dieser Objekte auf reine Ausstattungsgegenstände.
- **Institutionalisiertes Kulturkapital**
 Beim institutionalisierten Kulturkapital handelt es sich um selbst erworbene akademische Titel, beispielsweise durch Schul- oder Universitätsabschlüsse. Solche Titel korrelieren in hohem Maße mit dem ökonomischen Kapital. Außerdem wird Trägern von akademischen Titeln (zum Beispiel Prof., Dr.) eine institutionelle Anerkennung zuteil.

**Kulturelles Kapital** – oder nennen wir es ruhig einfach nur **Bildung** – stellt für die Gewinnung und für den Erhalt von **ökonomischem Kapital** eine wichtige Voraussetzung dar. Eine Ausnahme ist das Vererben größerer Vermögen. Allerdings sieht man hier, dass die Erben der 2. und 3. Generation – aufgrund eines fehlenden kulturellen Kapitals – die Erbschaft häufig verspielen (manches Mal im wörtlichen Sinne).

Kulturelles Kapital kann in ökonomisches Kapital umgewandelt werden – wie auch umgekehrt. Einerseits ermöglicht eine gute Ausbildung – das zeigen Studien immer wieder – die Übernahme anspruchsvollerer Aufgaben, die wiederum mit höheren Einkommen einhergehen. Andererseits wird es durch ökonomisches Kapital möglich, Geld in Aus- und Weiterbildung zu investieren, womit eine Erhöhung des kulturellen Kapitals einhergehen kann. Dieses Zusammenspiel ist für mich im Kontext dieses Werkes von entscheidender Bedeutung:

Kulturelles und ökonomisches Kapital wiederum zahlen auf die Erlangung von **sozialem und symbolischem Kapital** ein. Deshalb ist für mich ein Konzept wie das bedingungslose Grundeinkommen auch viel zu kurz gegriffen, weil hier zwar die materielle Versorgung gesichert wird, alle anderen „Kapitalarten" aber sträflich vernachlässigt werden – beispielsweise die Pflege beruflicher Kontakte sowie die Erzielung von Erfolgen sowie das Managen von Misserfolgen, die mit einer Berufstätigkeit einhergehen.

Was können wir aus dem Vorgenannten ableiten? Es geht schlicht und ergreifend die **enorme Relevanz von Bildung!**

*Gerade komme ich aus der Bonner Ausstellung „**Goethe – Verwandlung der Welt**". Auf die Frage, wie **Goethe** zu einem solchen Universalgenie werden konnte, antwortete der Führer: „Die Eltern von Goethe achteten auf eine gute und vor allem umfassende Ausbildung für ihren Sohn Johann Wolfgang und ihre Tochter Cornelia. Sie besuchten beide nur ein knappes Jahr eine öffentliche Schule; anschließend wurden sie von sechs Lehrern und zwei Lehrerinnen zu Hause unterrichtet. Der Stundenplan war reich gefüllt und umfasste neben Latein, Griechisch, Englisch, Italienisch und Französisch auch naturwissenschaftliche Fächer, Religion, Zeichnen, Musikunterricht (Klavier und Cello) sowie Fechten, Reiten und Tanzen. Im Laufe seines Lebens lernte Goethe zusätzlich noch Hebräisch. Zudem verfügte die wohlhabende Familie Goethe über eine reich bestückte Bibliothek, die dem Wissensdurst des heranwachsenden Goethe viel Lehrmaterial bot" (vgl. vertiefend hierzu die faszinierende Goethe-Biografie von Safranski 2013).*

> Genialität braucht einen guten Nährboden!

Warum Bildung so wichtig ist, wurde in Kap. 4 anhand des **Dunning-Kruger-Effekts** verdeutlicht. Es ist hart zu sagen, aber wohl zutreffend: Wer dumm ist, merkt es in der Regel nicht, überschätzt sich selbst und unterschätzt die Kompetenzen anderer. Schlimmer geht es nicht!

Deshalb frustriert es mich zutiefst, wenn Erstsemester an der Universität stolz erzählen, dass sie noch nie ein Buch zu Ende gelesen haben. Ich frage mich dann, wie eine solche Person die Hochschulzugangsberechtigung erlangen konnte!

Dies ist ein Appell – auch und gerade in einer Zeit mit einem **Instant-Zugriff auf das gesamte Wissen der Menschheit**, sich selbst Wissen anzueignen und damit verbunden eigene Werte, eigene Meinungen, eigene Sichten auf die Welt zu entwickeln. Denn wie heißt es so schön?

> Wer nichts weiß, muss alles glauben!

Ich wünsche Ihnen von Herzen, dass Sie viel wissen und nur wenig „glauben" müssen, weil Ihnen die relevanten Grundlagen fehlen. Wissenserwerb findet in hohem Maße über das Lesen statt – allerdings lieber analog in Druckwerken lesen als digital. Nur so wird ein vertieftes Verständnis möglich. Und deshalb war ich auch so über die bereits in Kap. 1 zitierte Aussage schockiert: „Ich lese nicht mehr"!

Welche Bildung kann eine solche Person denn an die nächste Generation weitergeben, wenn das eigene kulturelle Kapital immer mehr abnimmt? Man möchte es sich nicht vorstellen, weil dann „Hartz-4-Karrieren" zunehmen werden. Schon heute sagen Kinder – manchmal nicht im Scherz: „Ich möchte Hartzer werden!" Das ist noch schlimmer, als von einer Karriere als „Influencer" zu träumen! Ich kann es auch ganz hart formulieren:

Ein solches **bildungsfernes Agieren** können wir uns weder als Einzelperson noch als Team oder als Gesellschaft und schon gar nicht als Nation erlauben, wenn wir die Zukunft mitgestalten möchten. Sonst tun dies andere für uns – mit allen möglichen Konsequenzen.

Zumindest ich möchte das nicht! Sie sicherlich auch nicht, oder?

> In diesem Sinne: ein Hoch auf die Bildung!

Zum Abschluss noch ein Zitat des britischen Physikers *Stephen Hawking* (2018):

„Unsere Zukunft ist ein Wettlauf zwischen der wachsenden Macht unserer Technologien und der Weisheit, mit der wir davon Gebrauch machen. Wir sollten sicherstellen, dass die Weisheit gewinnt."

*„Our future is a race between the growing power of our technology and the wisdom with which we use it. Let's make sure that wisdom wins."*

# Literatur

Bourdieu, P. (2012). Ökonomisches Kapital, kulturelles Kapital, soziales Kapital. In U. Bauer, U. Bittlingmayer & A. Scherr (Hrsg.), *Handbuch Bildungs- und Erziehungssoziologie. Bildung und Gesellschaft* (S. 229–242). Wiesbaden: Springer VS.

Hawking, S. (2018). *Brief answers to the big questions by Stephen Hawking review – God, space, AI, Brexit.* https://www.theguardian.com/books/2018/oct/19/brief-answers-to-the-big-questions-stephen-hawking-review. Zugegriffen am 02.08.2019.

Jæger, M., & Karlson, K. (2018). Cultural capital and educational inequality: A counterfactual analysis. *Sociological Science*, 775–779. https://www.sociological-science.com/articles-v5-33-775/. Zugegriffen am 01.08.2019.

Safranski, R. (2013). *Goethe – Kunstwerk des Lebens: Biografie*. München: Hanser.

# Der Autor

**Prof. Dr. Ralf T. Kreutzer** ist seit 2005 Professor für Marketing an der Berlin School of Economics and Law sowie Marketing und Management Consultant, Trainer und Coach. Er war 15 Jahre in verschiedenen Führungspositionen bei Bertelsmann, Volkswagen und der Deutschen Post tätig, bevor er 2005 zum Professor für Marketing berufen wurde.

Prof. Kreutzer hat durch regelmäßige Publikationen und Vorträge maßgebliche Impulse zu verschiedenen Themen rund um Marketing, Dialog-Marketing, CRM/Kundenbindungssysteme, Database-Marketing, Online-Marketing, den digitalen Darwinismus, Dematerialisierung, digitale Transformation, Change-Management, strategisches sowie internationales Marketing sowie im Bereich Künstliche Intelligenz gesetzt und eine Vielzahl von Unternehmen im In- und Ausland in diesen Themenfeldern beraten und Führungskräfte auf Middle- und Top-Management-Ebene trainiert und gecoacht. Prof. Kreutzer ist ein gefragter Keynote-Speaker auf nationalen und internationalen Konferenzen. Er moderiert auch World-Café-Formate und weitere interaktive Formen der Gruppenarbeit.

Seine jüngsten Buchveröffentlichungen sind „Dematerialisierung – Die Neuverteilung der Welt" (2015, zusammen mit Karl-Heinz Land), „Digital Darwinism – Branding and Business Models in Jeopardy" (2015, zusammen mit Karl-Heinz Land), „Digitaler Darwinismus – der stille Angriff auf Ihr Geschäftsmodell und Ihre Marke" (2. Auflage, 2016, zusammen mit Karl-Heinz Land), „Kundenbeziehungsmanagement in digitalen Zeitalter" (2016), „Digital Business Leadership – Digitale Transformation – Geschäftsmodell-Innovation – agile Organisation – Change-Management" (2017, zusammen mit Tim Neugebauer und Annette Pattloch), „Digitale Markenführung" (2017, zusammen mit Karl-Heinz Land), „Praxisorientiertes Online Marketing" (3. Auflage, 2018), „Social-Media-Marketing kompakt" (2018), „E-Mail-Marketing kompakt" (2018), „Führung und Organisation im digitalen Zeitalter kompakt" (2018), „Digital Business Leadership. Digital Transformation, Business Model Innovation, Agile Organization, Change Management" (2018, zusammen mit Tim Neugebauer und Annette Pattloch), „Toolbox für Marketing und Management" (2018), „Online-Marketing – Studienwissen kompakt" (2. Aufl., 2019), „Toolbox for Marketing and Management" (2019), „Künstliche Intelligenz verstehen" (2019, zusammen mit Marie Sirrenberg), „Understanding Artificial Intelligence" (2019, zusammen mit Marie Sirrenberg) und „B2B-Online-Marketing und Social Media" (2. Aufl., 2019, zusammen mit Andrea Rumler und Benjamin Wille-Baumkauff).

# Stimmen zum Buch

„Dieses Buch ist ein wichtiger Beitrag zur ganzheitlichen Einordnung der digitalen Medienrevolution. Professor Kreutzers Thesen korrespondieren mit unseren tiefenpsychologischen Analysen des digitalen Verbraucherverhaltens."
*Dirk Ziems und Thomas Ebenfeld, Managing Partner, concept m research + consulting, Cologne – Berlin – London – Los Angeles – Shanghai*

„Was passiert mit einer Kultur, wenn die Mona Lisa zum Selfie-Hintergrund wird? Sie ist, so Ralf T. Kreutzers kritische Analyse, auf dem besten Weg zum Untergang. Der Autor zeichnet das Sittenbild einer zunehmend selbstentfremdeten Gesellschaft, die hoffnungslos dem „Selfiismus", dem Zwang, die Wirklichkeit durch künstliche Farbfilter und inszenierte Ausschnitte „instagramable" zu machen, verschrieben zu sein scheint. Dabei plädiert er ganz klar für ein Umdenken, das Anlass zur Hoffnung gibt: Wir können vom permanenten „Inszenierungs-Modus" wieder zurück in den „Jetzt-Modus" schalten – und zurückfinden zu einem achtsamen, bewussten Dasein im Hier und Jetzt."
*Dr. Daniela Otto, Autorin von „Digital Detox" und Dozentin für Literaturwissenschaften, u. a. an der Ludwig-Maximilians-Universität, München*

„Der unkontrollierte und unreflektierte Gebrauch von Smartphones, wie auch der sozialen Medien, hat einen nachhaltig negativen Einfluss auf die Entwicklung von uns allen, vor allem jedoch auf die Entwicklung der Fähigkeiten und Fertigkeiten von Kindern und Jugendlichen. Hier sind wir alle gefordert, dieser Entwicklung Einhalt zu bieten – an welcher Stelle wir auch immer stehen mögen. Wenn Menschen immer weniger zu Konzentration, zu Kontemplation, zur (wertschätzenden) Kommunikation mit anderen und zum Leben im „Hier und Jetzt" bereit sind, wird sich unsere Lebensqualität verschlechtern. Diese Verhaltensmuster wirken sich schon heute negativ auf viele Aspekte des individuellen und sozialen Lebens aus: soziale und emotionale Intelligenz, zwischenmenschliche Kommunikation, Fantasie und Kreativität sowie die Bereitschaft und den Willen, sich aktiv und selbstbewusst Neues zu erschließen. Die zahlreichen problematischen „Nebenwirkungen" des exzessiven Gebrauchs von Smartphones sind zunehmend auch ein Thema in Therapie, Paarberatung und auch im Firmencoaching. Dabei ist es das Ziel, ein prinzipiell sinnvolles Medium durch Bewusstheit und Achtsamkeit innerhalb eines konstruktiven Rahmens einzusetzen. Alles andere wird nicht ohne problematische Folgen für unsere Gesellschaft und unsere Wirtschaft bleiben.

Gut, dass Ralf T. Kreutzer mit diesem Buch wichtige Transparenz und – noch wichtiger – wertvolle Lösungsideen präsentiert. Gut geschrieben – mit wichtigen Inhalten, die uns alle angehen!"

*Dr. Wolfgang Merz, Psychotherapeut und Coach*

# Stichwortverzeichnis

**A**

Abhängigkeit 40
Abhängigkeitsbeziehung 29
Ablenkungsgesellschaft 28
Achtsamkeit 164
Achtsamkeitstraining 164
Addiction by Design 107, 27
Agenda-Setting 10
Agreeableness 82
Aktivitätentagebuch 156
Alerts 101
Algorithmus als Ungleichmacher 88
Alltagsgestaltung 101
Analyse von Statistiken, kritische 138
Anerkennung, soziale 30
Angry people click more 71
Angst 44
   soziale 44
Angst- und Zwangsstörung 119
Anschein der Objektivität 133
Anstandsniveau, Erfassung des individuellen 151

Antidepressivum, steigender Konsum 44
Anti-Fragilität 118
Antimediation 28
Antwortmodus 26
App
   Einstellungen 85
   Detox 163
Asymmetrie der Wahrnehmung 42
Attention-Economy 3. *Siehe auch* Aufmerksamkeitsökonomie
Attention Residue 49. *Siehe auch* Aufmerksamkeitsrückstand
Aufmerksamkeit 5, 25
Aufmerksamkeitsökonomie 3
Aufmerksamkeitsrückstand 49
Aufmerksamkeitsschwund 24
Aufmerksamkeitsspanne 24
Aufmerksamkeitsspirale 11
Ausbrechen aus medialen Abhängigkeitsverhältnissen 145
Auseinandersetzung, intellektuelle 120

Austauschbeziehung 4
Autocomplete 86

B

Baby Boomer 103
Bedrohung für die akademische
   Freiheit 116
Beeinflussung des Wahlverhaltens in
   den USA 81
Begriffsdefinition 132
   Kontextualisierung 133
Belästigungsniveau 98
Belastungsstörung,
   posttraumatische 116
Belohnung, intermittierende variable 28, 29, 43
Berichtsmodus 25
Bewegtbild-Junkie 2
Bewegungsmangel 105
Bewertungsplattform 133
Bewertung von Eigenkreation 143
Beziehung, kausale 140. *Siehe auch*
   Kausalität
Big-Five-Konzept 82
   Agreeableness 82
   Conscientiousness 82
   Extraversion 82
   Neuroticism 82
   Openness 82
Bildschirmlesen 60
Bildschirmzeit 26
Bildung 172
Bildungsmitte, politisierte 74
Binge-Watching 92, 144
Bodenampel 104, 105
Braindrain 30
Brain-on-Demand 86
Brandbeschleuniger, digitaler 78
Brandstifter, digitaler 71
   Methoden 72

Bruchlinie einer Gesellschaft 72
Brückenkurs 15

C

Chatbot 136
Check-App 101
Code, standardisierter 41
Conscientiousness 82
Constrained Cities 87
Content-Analyst 77. *Siehe auch*
   Content-Moderator
Content-Moderation 77
Content-Moderator 77
Convenience-Sources 132
Cookies 85
Cybermobbing 47

D

Dauerbeobachtung, hypernervöse 112
Dauerkommentierung, gnadenlose 112
Debattenkultur, aggressive 79
Deep Fake 93
Delegitimierung des Staates 72
Demagogie 68
   algorithmenbasierte 67
   Siegeszug der 67
Demokratie, Gefährdung der 74
Depression 44, 119
Desinformation 91
   Geschäft mit der 71
   Pseudo-Informiertheit durch 74
   Verhaltenskodex zur
      Bekämpfung 74
Desinformationskampagne,
   organisierte 72
Digital Immigrants 128
Digitalisierung
   in der Lehre 32
   Einfluss auf die Lesepraxis 60

von Schulen und Hochschulen 31
Digital Natives 128
Digital Snack 57
Diskurs, wissenschaftlicher 117
Drogen- und Suchtbericht der Bundesregierung 35
Druck, sozialer 81
Dunning-Kruger-Effekt 92, 173

E

Echokammer 86. *Siehe auch* Filterblase
Egozentrismus 91
Eigenkreation von Inhalten 141
Einschlaf- bzw. Schlafstörung 109
Eliminierung von Störungen 153
Embodied Cognition 61
Emotionalisierung der Nutzer 94
Energiefresser 99
Entgrenzung
  auf der Angebotsseite 98
  der medialen Nutzung 144
  des medialen Angebots 144
  Überforderung durch 98
  von Freizeit und Arbeitszeit 100
Entwöhnung 42
Erklärungsansatz, monokausaler 110, 140
Erkrankung, psychische, Zunahme 119
Erregungshäppchen 56
Erregungskultur, digitale 71
Erregungskurve 57
Eskalationsspirale 79
Everything-on-demand 58
Extraversion 82

F

*Facebook*
  Einstellungen zu 80
  Empfindungen bei Inhalten bzw. Kommentaren 80

Fähigkeiten für das 21. Jahrhundert 121
Fake
  Account 136
  Media 90
  News 130
    Richtigstellung 89
    Verbreitung 88
  oder Wahrheit 57
  Plattform 134
  Potenzial 84
*FakeApp* 93
Fake-News-Welt 88
Fakt, alternativer 58
Faktencheck 132
Fakten-Checker 57
Falschnachricht, Verbreitung 72
Fear of missing out 42. *Siehe auch* FOMO
Filterblase 73, 86
  im analogen Umfeld 88
Filterkammer 102
*Flipd*-App 161, 162
Flow 50
  Voraussetzungen 50
Flynn-Effekt 2
  negativer 2
FOMO 42
  Effekt 42, 44
  Self-Check 43, 146
    Durchführung 146
*Forest*-App 160
Fünf-Faktoren-Modell 82. *Siehe auch* Big-Five-Konzept

G

Gamification 163
Gaming, extensives 35
Gatekeeper 70
Gedankenjournal 147, 148
Gefühlsmanipulation 81
Gegencheck mit eigenem Wissen 136

Gehspuren auf Bürgersteigen 104
Gemeinschaft, virtuelle 43
Generation
   *Schneeflocke* 117. Siehe auch Snowflake
   *Snowflake* 117, 120
   X 103
   Z 37
Gesellschaft, Polarisierung der 74
Gesetz zur Verbesserung der Rechtsdurchsetzung in sozialen Netzwerken (NetzDG) 75
Gewalt
   digitale 75
   vierte 130
Gewichtsbelastung 103
GIF (Graphics Interchange Format) 2
Giftmüll, digitaler 77
Gliederungsstruktur, fehlerhafte 138
Glückshormon 28
Grenze des Sagbaren 68
Grenzüberschreitung 68
Gretchen-Frage 2.0 63
Grundlagen von Befragungen und Beobachtungen 138
Grundvertrauen, Erschütterung 38

H

Handy
   *Aktivitäten-Profil* 25
   Nacken 103
   Nutzung, typische 115
Handydaumen 112
   Mittel gegen 113
Häppchen-Kommunikation 56
*HateAid* 75
Hatespeech 68
Hate-Storm 75

Headline-Hunter 56, 93
Hidden Agenda 131
Hyper-Media-System 33

I

Identitätsfindung, digitale 40
Influencer-Marketing 135
Information, Fähigkeit zur kritischen Analyse 136
Informationsarchitektur, Verschiebung der 70
Informationsquelle 7
   soziale Medien 8
Informationsstrom, digitaler 47
Inhaltsanalyse, quantitative 13
Inkompetenz 3
   digitale 3
   Treiber der digitalen 1
Inspiration, digitale 40
Instagram 37, 39
Instagramable 26
Instant-Interpretation 58
Instant Messenger 59
Instant-Society 58
Inszenierungsmodus 26
Inszenierungswettbewerb 26
Intelligenz, künstliche 76
   Explainable AI 85
Internetnutzung, pathologische 35
Internetsucht 35
IQ-Entwicklung der Menschheit 2

J

Jetzt-Modus 26
JOMO (Joy of missing out) 45
Journalismus, guter 70
Joy of missing out 45. *Siehe auch* JOMO

## K

Kapital
  kulturelles 171, 172
  ökonomisches 171, 172
  soziales 171, 173
  symbolisches 171, 173
Kausalität 140
Kognition 61
Kommerzialisierung der Unterhaltung 14
Kommunikation, mitwirkende 141
Kommunikationshoheit 59
Kompromiss 70
  Kritik 70
Konsequenz einer Nicht-Veränderung 151
Kontemplation 55
Kontemplationsfähigkeit 55
  mangelnde 55
Kontrollverlust
  auf allen Ebenen 38
  auf der familiären Ebene 38
  auf der gesellschaftlichen Ebene 38
  auf der physischen Ebene 38
  Strategien dagegen 38
Konzentrationsfähigkeit
  mangelnde 23
Konzentrationsfähigkeit
  mangelnde 50
  Nachlassen der 27
Konzentrationsfähigkeit 23
Körperhaltung 103
Körperunzufriedenheit, Prävention 47
Korrelation 139
Korrelationskoeffizient 139
Kosten-Nutzen-Abwägung 4, 99
Kriegsführung, hybride 91
Kulturkapital
  inkorporiertes 172
  institutionalisiertes 172
  objektiviertes 172

Kulturtechnik 2
Kurzsichtigkeit 113, 114, 115
  Abstandhalter zur Vorbeugung 116
  Ursachen 114

## L

Lebensform
  kontemplative 56
  praktische 56
Lehre
  digitale Formate 32
  Digitalisierung 32
  Empfehlungen 62
Lernen, individuelles digitales 32
Lernprofil 60
Lesen
  Deep Reading 63
  digitales 62
  Empfehlungen 62
  langer Texte 60
Licht, blaues 109
Low Tech 31
Lügenpresse 130
Lügenpresse 90

## M

Manipulation 83
  US-Wahlkampf 83
Matures 103
Medienhaushalt
  individueller 5, 148
Medienkompetenz 128
  Aufbau 128
  Dimensionen 128
Medienkompetenzdefizit 128
Medienkonsum
  Auswirkungen 144
  Motivation für eine Umsteuerung 145

Mediennutzung 6
  entgrenzte 12, 144
  episodenhafte 11
  Prozess der eigenen 143
Mediennutzungsverhalten 6, 14
Medium
  digitales, Wirkung auf Leistung und Motivation 32
  soziales 45 (*Siehe auch* Social Media)
Meinungsführer
  analoger 70
  digitaler 70
Melatonin 109
Memes 39
Meta-Analyse, medienbezogene 143
Meta-Perspektive 145
Micro-Targeting 83
Millennials 102
Mindfulness 164
Mind-Map 158
  Konzept 159
Mono-Tasking 49
Motorik 61
Multiple-Screen-Usage 49
Multitasking 49
  Irrglaube an eine Überlegenheit 153
  Versuchung 153

N
Nachrichtenquelle
  Glaubwürdigkeit 6
  Ranking nach Vertrauen 6
NetzDG 75. *Siehe auch* Gesetz zur Verbesserung der Rechtsdurchsetzung in sozialen Netzwerken (NetzDG)
*Netzwerkdurchsetzungsgesetz* 75
Neuroplastizität des Gehirns 33
Neuroticism 82

No-Mobile-Phone-Phobia 30. *Siehe auch* Nomophobie
Nomophobie 30
NOMS-Methode 137
Nutzungsintensivität 15

O
OCEAN-Modell 82. *Siehe auch* Big-Five-Konzept
One-Girl-Demo 141
Online-Nachricht
  Zugangswege 8
  algorithmenbasierte 8
Online-Nutzung in Deutschland 14, 15
Online-Spiel 73
Openness 82
Orientierungsanker 100
Osteoporose 105
Overblocking 76

P
Parallelwelt 38
  auf Instagram 37
Partizipationskompetenz 141
Peer-Pressure 163
Personalisierung des Schlechten 69
Persönlichkeitsstruktur der Nutzer 82
Plagiatsvorwurf 140
Polarisierung 69
Populismus 68, 70
  Erstarkung 74
Präsentation des Geschehens 135
Presse
  Boulevardzeitungen 129
  investigativer Journalismus 129
  meinungsbildende 129
Priorität 157
Pro-domo-Effekt 130
Programmgestaltung 129

Programmqualität 129
Pseudo-Informiertheit 56
PTBS 116. *Siehe auch*
 Belastungsstörung,
 posttraumatische

Q

Qualitätsjournalismus 58, 130
 Finanzierung 130
Quellenstudium 140

R

Radikalisierung
 des Denkens 68
 des Tuns 68
 selbstbestätigende 72
Rassismus, Erstarkung 74
Rattenfänger, digitaler 92
Realitätskonstruktion, hybride 48
Realtime-Berichterstattung 10
Recherche-Ethos 132
Rechtschreib- und
 Interpunktionsregeln 15
Rechtsverstoß 98
Reframing 146, 147
 beim FOMO-Effekt 147
Relevant Set 149
Renaissance des Anstands 69
Repräsentation
 mentale 61
 von Denkprozessen 61
Resiliance 118. *Siehe auch* Resilienz
Resilienz 19, 118
Re-Synchronisation der inneren
 Uhr 108
Rezeptionskompetenz 130
Rezeption von Inhalten 141
Rhythmus, zirkadianer 108
Rollenmodell 36

RStV 129. *Siehe auch* Staatsvertrag für
 Rundfunk und Telemedien
Rückzug aus dem sozialen Umfeld 45
Rundfunkstaatsvertrag 129. *Siehe auch*
 Staatsvertrag für Rundfunk
 und Telemedien

S

Sachkompetenz 129
Safetyism 117
Schlafstörung bei
 Late-Night-Smartphone-
 Nutzern 108
Schlaf-Wach-Rhythmus 108
Schlagwortwissen 56
Schlaraffenland, informatorisches 136
Schleichwerbung 135
Schutzmechanismus 120
Second Amendment 83
Second-Screen-Usage 49
Selbstanalyse 145
Selbstbeschränkung 102
Selbst-Check 151
Selbstdisziplin 151
Selbstmordgedanke 119
Selbstmordquote 47
 bei Teenagern 47
Selbstoptimierung 102
Selbstreflexionskompetenz 143
Selbstüberschätzung 92
Selbstvertrauen, Mangel 45
Selbstwertgefühl 40
 Verlust 44
Selbstzensur 117
Selfiismus 37
Sensorik 61
Sicherheit
 emotionale 118
 körperliche 117
Sicherheitsbeauftragter 76

Sicherheitsdenken 120
Sicherheitskultur 119
Sippenbildung 88
Smartphone
   Buckel 103, 104
   Hunchback 104 *Siehe auch* Buckel
   Nutzung
      erste und letzte 108
      Folgen 107
      Intensität in Deutschland 106
      letzte 108
      Share of Time 106
   Zombies 104
Social Media
   Auswirkungen einer intensiven Beschäftigung 109
   Disorder 35, 36
      Scale 35, 148
      Test 148
   Kanal, Nutzung in Deutschland 27
   Nutzung 44
      Auswirkungen 36
      Ermittlung einer problematischen 148
      gesundheitliche Effekte 102
      Motive 45
      pathologische 35, 37, 148
      Problematik 35
      Zusammenhang mit depressiven Symptomen 110
   Selbsthilfeprogramm 111
   Sucht 111
   Verhalten
      Analyse 145
      Meta-Analyse 145
Sofortismus 58, 59
Solutionism 121
Source of Inspiration 133
*Space*-App 161, 162
Spinat-Legende 132
Spontanerregungskultur 56
Staatsmedium 130

Staatsvertrag für Rundfunk und Telemedien 129
Stavanger-Erklärung zur Zukunft des Lesens im Zeitalter der Digitalisierung 59
Steve-Jobs-Schule 31
   Grundidee 32
Stichprobe, repräsentative 139
Studie
   explorative 139
   nicht-repräsentative 139
Stunde, stille 166
Suche nach widerrechtlichen Kommentaren 76
Suchmaschinenanzeige 134
Sucht nach Aufmerksamkeit und Anerkennung 59, 78
Symptom, depressives 110

T

Technologie-Folgeabschätzung 122
   Zielsetzung 122
Technology-Assessment 122. *Siehe auch* Technologie-Folgeabschätzung
Tellonym 47, 48
Tendenz, exhibitionistische 40
Testplattform, betrügerische 133
Text-Neck 103. *Siehe auch* Handy-Nacken
*The Cleaners* 77
*TikTok* 4
Time-Management 155
   Online-Helfer 160
To-do-App 101
To-do-Liste 157
   für jeden Tag 156
Trade-off 4
Traum der Unverwundbarkeit 41
Traumwelt 38
   Erschaffung 38
Trennungsgebot 134

## Stichwortverzeichnis 189

Tribalismus, digitaler 88, 89
Trigger-Warning 116, 118, 119, 120
Troll 90
Trollfabrik 90, 136
*TU9* 15
TV- und Radio-Sender 129

### U

Überbehütung 120
Übererregung, mediale 10
Überfülle des Angebots 98
Übergang von einer Medien- zu einer Empörungsdemokratie 70
Übergewicht 105
Übersättigung 99
Umdeutung 147. *Siehe auch* Reframing
Unangreifbarkeit, standardisierte 41
Unstatistik des Monats 138
Unterlegenheit des Bildschirms gegenüber dem Papier 60
Unterscheidung
  von Korrelationen und Kausalitäten 139
  zwischen Information und Kommentar 135
Unterschied
  zwischen absoluten und relativen Zahlen 137
  zwischen nominalen und realen Zahlen 137

### V

Verbesonderung, narzisstische 40
Verhaltensänderung
  Impulse 153
  Motivation 151
Verhaltensveränderung 151
Vermummungsverbot, digitales 74
Verrohung der Sprache 68

Verschwörungstheorie 100
Verständnis langer Informationstexte 60
Verstehensprozess 62
Vita
  activa 56 (*Siehe auch* Lebensform, praktische)
  contemplativa 56. (*Siehe auch* Lebensform, kontemplative)

### W

Währung, digitale 78
Waldorfschule 31
Warentest 133
Wechselkosten 99
Wertung des Geschehenen 135
WhatsApp-Disease 112. *Siehe auch* Handy-Daumen
WhatsAppitis 112. *Siehe auch* Handy-Daumen
Widerstandsfähigkeit, psychische 19
Wirkungsnetz 10, 73

### Y

YOLO 45
You only live once 45. *Siehe auch* YOLO
*YouTube*-Kanal 13

### Z

Zeitalter
  der Demagogen 58
  der Jetzigkeit 58
  der Lügen und Unwahrheiten 58
  postfaktisches 58
Zeitfresser 99
Zeitmanagement 156. *Siehe auch* Time-Management
Zeitsouveränität 166

Zensur
  digitale 77
  von Wissenschaft und
    Gesellschaft 117
Zerstreuungsmechanismus 56

Zitieren von Informationsquellen 140
Zustand der Übererregung 11
Zwang
  zur Jetzigkeit 58
  zur Schnelligkeit 11

GPSR Compliance

The European Union's (EU) General Product Safety Regulation (GPSR) is a set of rules that requires consumer products to be safe and our obligations to ensure this.

If you have any concerns about our products, you can contact us on

ProductSafety@springernature.com

In case Publisher is established outside the EU, the EU authorized representative is:

Springer Nature Customer Service Center GmbH
Europaplatz 3
69115 Heidelberg, Germany